Digital ProLine

Das Profihandbuch zur
Sony α450/500/550

Frank Exner

DATA BECKER

Wichtige Hinweise

Die in diesem Buch wiedergegebenen Verfahren und Programme werden ohne Rücksicht auf die Patentlage mitgeteilt. Sie sind für Amateur- und Lehrzwecke bestimmt.

Alle technischen Angaben und Programme in diesem Buch wurden vom Autor mit größter Sorgfalt erarbeitet bzw. zusammengestellt und unter Einschaltung wirksamer Kontrollmaßnahmen reproduziert. Trotzdem sind Fehler nicht ganz auszuschließen. DATA BECKER sieht sich deshalb gezwungen, darauf hinzuweisen, dass weder eine Garantie noch die juristische Verantwortung oder irgendeine Haftung für Folgen, die auf fehlerhafte Angaben zurückgehen, übernommen werden kann. Für die Mitteilung eventueller Fehler ist der Autor jederzeit dankbar.

Wir weisen darauf hin, dass die im Buch verwendeten Soft- und Hardwarebezeichnungen und Markennamen der jeweiligen Firmen im Allgemeinen warenzeichen-, marken- oder patentrechtlichem Schutz unterliegen.

Alle Fotos und Abbildungen in diesem Buch sind urheberrechtlich geschützt und dürfen ohne schriftliche Zustimmung des Verlags in keiner Weise gewerblich genutzt werden.

Copyright	© DATA BECKER GmbH & Co. KG Merowingerstr. 30 40223 Düsseldorf
E-Mail	buch@databecker.de
Produktmanagement	Lothar Schlömer
Textmanagement	Jutta Brunemann
Layout	Jana Scheve
Umschlaggestaltung	Inhouse-Agentur DATA BECKER
Textverarbeitung und Gestaltung	Astrid Stähr
Produktionsleitung	Claudia Lötschert
Druck	Mohn media, Gütersloh

Alle Rechte vorbehalten. Kein Teil dieses Buches darf in irgendeiner Form (Druck, Fotokopie oder einem anderen Verfahren) ohne schriftliche Genehmigung der DATA BECKER GmbH & Co. KG reproduziert oder unter Verwendung elektronischer Systeme verarbeitet, vervielfältigt oder verbreitet werden.

ISBN 978-3-8158-3509-8

Vorwort

Sony schickt mit den drei neuen Spiegelreflexkameras α450, α500 und α550 eine neue, leistungsstarke Generation ins Rennen. Besonderer Wert wurde auf ein sehr gutes Rauschverhalten gelegt. Dies machen Sonys neu entwickelter Exmor-CMOS-Sensor und die verbesserte Signalverarbeitung möglich. Sie profitieren so besonders in lichtschwachen Situationen von den stark verbesserten Eigenschaften. Neu sind zudem ein weiterer Live-View-Modus für feines Scharfstellen, eine HDR-Funktion, mit der ohne Umwege über ein Softwareprogramm Szenen mit hohem Dynamikumfang leicht bewältigt werden können, und eine schnelle Serienbildfolge.

Auch Einsteiger werden noch stärker unterstützt. So stehen eine Hilfefunktion sowie eine Gesichts- und Lächelnerkennung zur Verfügung.

Sicher haben Sie sich die α450/500/550 angeschafft, um noch bessere Fotos zu realisieren. Sei es als Umsteiger von einer kompakten Kamera oder als Aufsteiger von einem anderen Modell. Das Buch soll Sie dabei unterstützen, Ihre neue Kamera bis ins Detail kennenzulernen und Sie mit diesem Wissen zu herausragenden Bildergebnissen zu führen.

Es ist sicherlich von Vorteil, wenn Sie die der Kamera beiliegende Bedienungsanleitung zumindest einmal überflogen haben. In diesem Buch wird ein Großteil der Punkte der Anleitung wesentlich weiter vertieft, es werden vielerlei Hinweise gegeben und dort nicht erwähnte Tricks preisgegeben.

Sie lernen auf anschauliche Weise Ihre Kamera bis ins Detail kennen. Besonderer Wert wurde hierbei auf die praxisnahe Darstellung gelegt. Zahlreiche Workshops finden sich zu den unterschiedlichsten Fotobereichen, die von Ihnen spielend leicht nachempfunden werden können. Zudem werden typische und auch ganz spezielle Einsatzfälle des Fotoalltags betrachtet. Auch Lösungsvorschläge für schwierige Fotosituationen kommen nicht zu kurz. Recht schnell können Sie so Ihre Fototechnik perfektionieren. Ihrer Kreativität steht somit nichts mehr im Wege, um bisher nicht erreichte hervorragende Fotos umzusetzen.

An dieser Stelle möchte ich mich besonders bei Herrn Schlömer als Projektmanager und seinem Team vom DATA BECKER-Verlag bedanken. Ohne die vielen fleißigen Helfer wäre das Buch wohl nicht das, was es ist. Mein Dank gilt ebenfalls Sony Deutschland und Sonys Agentur Häberlein & Mauerer für die freundliche Unterstützung.

Ich wünsche Ihnen nun viel Spaß mit Ihrer Kamera und würde mich über Ihre Rückmeldungen und Fragen freuen. Sie erreichen mich per E-Mail unter *info@frank-exner.com*.

Mit besten Grüßen
Frank Exner
www.frank-exner.com

1 Die Technik der α450/500/550 im Detail 9

1.1 Technische Details der drei Alphas 11
1.2 Details der Live-View-Modi der Alphas 30
1.3 Die Leistung der Kit-Objektive 32
1.4 Praxistipps zu entscheidenden Bedienelementen 34
1.5 Voreinstellungen optimieren 35
1.6 Individualfunktionen gekonnt einsetzen 38

2 Automatisch und manuell scharf stellen 43

2.1 Dem Alpha-Autofokussystem auf den Grund gegangen 44
2.2 Der Einsatz des Neun-Punkt-Autofokus 57
2.3 Schwierigkeiten, mit der Schärfe umzugehen 59
2.4 Schnelle Objekte optimal einfangen 61
2.5 Falsch gelagerten Hauptsensor sicher erkennen 63
2.6 Komplizierte Scharfstellsituationen meistern 69
2.7 Mit Schärfentiefe Bilder gestalten 71
2.8 Mit einem schönen Bokeh zum perfekten Hintergrund 74
2.9 Parfokale Objektive zur genauen Schärfeprüfung nutzen 76
2.10 Den Schärfebereich optimal hyperfokal einstellen 77
2.11 Spezielle Hilfsmittel für mehr Schärfe 79

3 Professionelle Belichtung 83

3.1 Details zu den Belichtungsmessmethoden 84
3.2 Mit motivgerechten Szenenwahlprogrammen direkt
     zu besseren Fotos 92
3.3 Die Kreativprogramme im Detail 100
3.4 Den Dynamikumfang der Bilddateien ausreizen 106
3.5 Sonys Dynamikbereich-Optimierer für sich
     bewegende Motive 108

3.6	Hochkontrastreiche statische Bilder mit der neuen HDR-Funktion der α450/500/550 meistern	110
3.7	Weitere Tools für faszinierende HDR-Fotos	112
3.8	Das Rauschen mit den richtigen ISO-Werten im Griff haben	122
3.9	Trotz wenig Licht gute Aufnahmen meistern	132
3.10	Mit Langzeitbelichtungen zu nicht alltäglichen Fotos	135

Blitzlichteinsatz an der α450/500/550 141   4

4.1	Grundlagen der Blitzfotografie	142
4.2	Was bieten Sonys Blitzgeräte im Einzelnen und welche Alternativen können empfohlen werden?	143
4.3	Blitzen in besonderen Situationen	149
4.4	Gezielte Wahl der Blitzmodi der Alphas	164

Farbräume und Farbprofile 167   5

5.1	Farbraumeinstellungen richtig wählen	168
5.2	sRGB und Adobe RGB: Wann sollte man welchen Farbraum nutzen?	168
5.3	Kalibrierung und Profile für ein durchgängiges Farbmanagement	171

Farbrichtige Aufnahmen mit den Alphas 175   6

6.1	Den Weißabgleich perfekt durchführen	176
6.2	Farbabweichungen mit der Live View überprüfen	182
6.3	Schwierige Lichtsituationen meistern	183
6.4	Histogramme für die perfekte Belichtung nutzen	187
6.5	Mit Gradationskurven Bilder optimieren	191
6.6	Mit den Kreativmodi die Bildausgabe gezielt anpassen	194

	6.7 Tipps zur Belichtungs-, Tonwert- und Farbkorrektur an der α450/500/550	200
	6.8 Optimierung der Farbwerte	202

7 Dateiformate und Datenspeicherung — 205

7.1	Immer das optimale Dateiformat	206
7.2	Gezielte Bildspeicherstrategien	209

8 Empfehlenswerte Objektive an der α450/500/550 — 215

8.1	Unschärfe durch Diffraktion vermeiden	218
8.2	Mehr Schärfe durch apochromatische Objektive im Telebereich	219
8.3	Randabschattung und Verzeichnung einfach beseitigen	221
8.4	Geeignete Sony-Objektive für die α450/500/550	223
8.5	G- und Zeiss-Objektive für höchste Ansprüche	229
8.6	Objektive von Fremdanbietern an der α450/500/550	231
8.7	Erweitern des Brennweitenbereichs mit Telekonvertern	235
8.8	Die eigenen Objektive testen	238
8.9	Wann lohnt der Einsatz von Grau-, UV- und Polfiltern?	245

9 Die α450/500/550 in Aktion — 249

9.1	Hallen- und Konzertaufnahmen meistern	250
9.2	Gekonnte Astrofotografie	255
9.3	Natur- und Landschaftsfotografie: richtige Einstellungen und Tipps	263
9.4	Den Makrokosmos ergründen	269
9.5	Professioneller Studioeinsatz und Tipps zu Porträts	287

10 Der Workflow mit Sonys Kamerasoftware und Alternativen — 295

10.1 Was bietet Sonys Kamerasoftware? — 296
10.2 Softwarealternativen: RAW-Konverter und mehr — 300
10.3 Auf Firmwareupdate prüfen — 303
10.4 Mit Geo-Imaging Ihren Bildern Standorte zuweisen — 304

11 Zubehör, Kamerapflege und -schutz — 309

11.1 Tipps zum Originalzubehör und Alternativen — 310
11.2 Die Sensorreinigung, aber richtig und sicher — 312
11.3 Die Feuchtreinigung für hartnäckigen Schmutz — 315
11.4 Schutz und Reinigung von Gehäuse und Objektiven — 316

Stichwortverzeichnis — 317

1. Die Technik der α450/500/550 im Detail

Wenn man ein Werkzeug, in diesem Fall Ihre Kamera, effizient einsetzen möchte, ist es u. a. wichtig, sich mit der Technik vertraut zu machen. In diesem Kapitel soll ein Überblick über die Neuheiten und besonderen Funktionen bzw. Techniken der α450/500/550 gegeben werden. Auch wird untersucht, was die Kit-Objektive leisten. Tipps zu den wichtigsten Bedienelementen, Voreinstellungen und Individualfunktionen runden das Kapitel ab. Lassen Sie sich begeistern und inspirieren von der modernen und ausgefeilten Technik dieser Kamera.

Technik der Alphas

▲ Die α550 in der Frontdarstellung mit Hochformathandgriff.

Bisher klaffte in Sonys DSLR-Sortiment zwischen der α300-Serie und der α700 eine Lücke. Diese wurde nun mit den drei Mittelklassekameras α450, α500 und α550 geschlossen. Eine hohe Auflösung, der integrierte Verwacklungsschutz SteadyShot, die Live View und eine deutlich verbesserte Rauschunterdrückung sind nur einige der herausragenden Eigenschaften. Sonys Live-View-Technik ist momentan immer noch ungeschlagen, wenn es um die Autofokusgeschwindigkeit geht.

Die Abwärtskompatibilität zum Minolta- bzw. Konica Minolta-System wurde beibehalten. Es eröffnet sich Ihnen hierdurch ein großes Potenzial an guten und sehr hochwertigen gebrauchten Objektiven und entsprechendem Zubehör.

Tipps für Aufsteiger

Besaßen Sie vorher eine Dynax 5D/7D oder eine der kleineren Alphas, werden Sie sofort merken, dass das Bedienkonzept ähnlich ist und Sie sich schnell zurechtfinden werden. Die Menüführung und Bedienung sind weitestgehend gleich geblieben.

Sie profitieren aber von einer höheren Sensorauflösung (je nachdem, welches Modell Sie vorher besaßen), von einem wesentlich verbesserten Rauschverhalten und von den Möglichkeiten des MF Check LV. Action- und Sportfotografien mit schnell bewegten Objekten werden Ihnen aufgrund des verbesserten Autofokus nun noch mehr Vergnügen bereiten.

Die α450/500/550 unterstützt keine CompactFlash-Speicherkarten, sodass Sie diese eventuell vorhandenen Karten nicht weiterverwenden können.

Was sind die wichtigsten Unterschiede der drei Alphas?

Die drei Kameras sind sich sehr ähnlich. Der entscheidende Unterschied besteht in der Auflösung der Kameras. Der Bildsensor der α500 besitzt eine effektive Auflösung von 12,3 Megapixeln, während es der Bildsensor der α550 auf eine etwas höhere Auflösung von 14,2 Megapixeln bringt.

Als ein besonderes Merkmal der α550 hat Sony ihr einen High-Speed-Auslösemodus mitgegeben. Hiermit sind Serien mit bis zu 7 Bildern pro Sekunde möglich, allerdings ohne Schärfenachführung. Die speicherintensivere Auflösung und Serienbildgeschwindigkeit machen bei der α550 einen größeren internen Pufferspeicher notwendig.

Technische Details der drei Alphas

▲ Sony selbst bietet bereits einen recht umfangreichen Objektivpark an. Wer hier nicht fündig wird, hat immer noch die Möglichkeit, bei Fremdherstellern nach den gewünschten Objektiven Ausschau zu halten. Sony ist aber bemüht, eventuelle Lücken zu schließen, und beobachtet den Markt sehr genau. Zukünftig ist also noch einiges zu erwarten (Foto: Sony).

Während die α500 mit einer Monitorauflösung von 230.400 Punkten (Clear Photo LCD Plus) auskommen muss, besitzt der Monitor der α550 eine Auflösung von 921.600 Punkten (Xtra Fine LCD).

Die α450, die ein paar Monate später als die α500 bzw. α550 auf den Markt kam, besitzt den Bildsensor der α550. Für alle, die auf die Live View mit Autofokus verzichten können, hat Sony diese Funktion eingespart. Dafür fällt der optische Sucher etwas größer aus. Als LCD-Monitor wurde ein nicht neigbarer 2,7-Zoll-Clear-Photo-LCD-Monitor mit einer Auflösung von 230.400 Punkten verbaut. Wie die α550 bringt die α450 auch den High-Speed-Serienbildmodus mit 7 Bildern/Sek. mit. Die Summe der Hardwareeinsparungen bringt letztendlich eine Gewichtsreduzierung von etwa 80 g.

1.1 Technische Details der drei Alphas

Im Folgenden werden wichtige Details der Kameras etwas genauer betrachtet und besondere Features beleuchtet.

Das professionelle Design der Alphas

Das Gehäuse der α450/500/550 besteht größtenteils aus Kunststoff, der sich haptisch sehr solide

Technik der Alphas

anfühlt. Das Objektivbajonett besteht aus Metall, wie man es von hochwertigen Kameras gewohnt ist, da in der Regel mit mehreren Objektiven und den entsprechenden Objektivwechseln gearbeitet wird, was bei einem Kunststoffbajonett zu erhöhtem Verschleiß führen kann.

Die Rückansicht des Gehäuses wurde sehr ergonomisch aufgebaut. Alle Bedienelemente liegen dort, wo man sie vermuten würde, und lassen sich intuitiv bedienen. Doppelbelegungen von Tasten oder viele Untermenüs wurden weitgehend vermieden. Das Gehäuse liegt gut in der Hand. Sony hat auf die Bedienung mit nur einer Hand Wert gelegt und die Tasten entsprechend angeordnet.

Vor dem Auslöser befindet sich ein mit dem Zeigefinger leicht zu bedienendes Einstellrad, mit dem z. B. im Blendenprioritätsmodus (A) die Blende bzw. im Verschlusszeitenprioritätsmodus (S) die Zeiten einzustellen sind. Der Blendenprioritätsmodus ist wohl das meistgenutzte Programm ambitionierter Fotografen. Hiermit lässt sich die Blen-

▲ Wahlweise können Sie nun SD-Karten oder das Sony-eigene Format, die Memory Sticks PRO Duo, verwenden.

▲ Auf dem Display lassen sich nun als Hilfestellung die Auswirkungen von Blendenzahl (unten) und Belichtungszeit (oben) visualisieren.

▲ Wichtig bei häufigem Wechsel von Objektiven: ein robustes Metallbajonett.

▲ Schon die α100 (links) kann als Mittelklassekamera bezeichnet werden und hätte eigentlich ihren Platz in der 500er-Serie gehabt. So kann sie im Prinzip als Vorgänger zur α450/500/550 (rechts α500) gesehen werden.

Technische Details der drei Alphas

de vorwählen, die passenden Verschlusszeiten werden dann von der Kamera ausgewählt. So hat der Fotograf die Kontrolle über die Schärfentiefe, die eine wesentliche Rolle bei der Bildgestaltung spielt.

Die Benutzeroberfläche wurde gleichermaßen für Anfänger wie für fortgeschrittene Fotografen entwickelt. So steht für beide Gruppen jeweils eine Ansicht zur Verfügung. Zusätzlich wurde ein Hilfesystem integriert, das sich aber auch abschalten lässt. Insgesamt wurde auf eine intuitive Benutzung Wert gelegt.

Der leistungsstarke Exmor-CMOS-Sensor

Die α450/500/550 hat als Herzstück die neuen Exmor-CMOS-Bildsensoren im APS-C-Format (23,5 x 15,8 mm) aus dem Hause Sony eingebaut bekommen. Das APS-Format (**A**dvanced **P**hoto **S**ystem) wurde 1996 von Kodak für den analogen Markt entwickelt, konnte sich dort aber nie richtig durchsetzen.

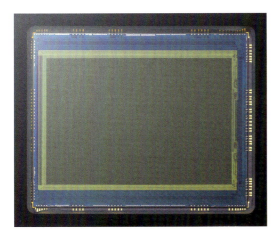

▲ Sonys Exmor-CMOS-Bildsensor (Bild: Sony).

Da die Größe der heutzutage oft in DSLR-Kameras eingesetzten Bildsensoren in etwa dem APS-C-Format entspricht, spricht man häufig vom APS-C-Format-Sensor. Das Seitenverhältnis des Sensors beträgt 3:2 und ist damit bestens für den Druck geeignet. Eine DIN-A4-Seite z. B. entspricht ebenfalls dem Seitenverhältnis von 3:2 (297 x 210 mm). So ist ein randloser Druck ohne Beschnitt des Bildes möglich.

Effektiv sind auf der Sensorfläche 14.200.000 (12.300.000) Pixel untergebracht. Der exakte Brennweitenumrechnungsfaktor (Cropfaktor) beträgt 1,53. Wenn man sich darüber klar wird, dass 14,2 bzw. 12,3 Millionen Pixel auf einer Fläche von 3,7 cm^2 unterzubringen sind, erahnt man schon den technologischen Aufwand, der dahintersteckt.

Im Gegensatz zu Kompaktdigitalkameras ist die Packungsdichte aber noch relativ großzügig gewählt, was besonders dem Rauschverhalten zugutekommt. Teilweise besitzen Kompaktkameras Packungsdichten, die dem Siebenfachen der Packungsdichte der α450/500/550 entsprechen. Starkes Rauschen bei höheren ISO-Werten ist damit vorprogrammiert.

Sonys Live-View-Technologie

Sony hat bei der Entwicklung seiner Live-View-Technik besonderen Wert auf einen schnellen Autofokus gelegt. DSLR-Kameras anderer Systeme verfügen zwar im Suchermodus über einen schnellen Autofokus, müssen sich aber im Live-View-Modus mit einer Verringerung der Geschwindigkeit bzw. umständlicher Bedienung zufriedengeben.

Der Nachteil bei Kompaktkameras ist, dass der Sucher ebenfalls auf elektronischer Basis funktionieren muss, da er die Daten vom Bildsensor erhält. Die heutigen elektronischen Sucher sind leider in Auflösung und Helligkeit nicht vergleichbar mit den optischen Suchern, wie sie die Alpha-Modelle besitzen. Eine Beurteilung der Schärfe und der Schärfentiefe ist mit elektronischen Suchern nur eingeschränkt möglich. Zudem muss das dar-

Technik der Alphas

zustellende Bild erst berechnet werden, was eine gewisse Zeit in Anspruch nimmt und meist zu Verzögerungen führt.

Anders ist z. B. das Konzept der Olympus-DSLR E330: Hier wird über einen halb durchlässigen Spiegel das Sucherbild auf einen zusätzlichen CCD-Sensor übertragen und ist sofort auf dem Display sichtbar. Der Nachteil dieses Systems ist die Sucherhelligkeit. Außerdem ist keine Belichtungsvorschau auf den Weißabgleich und eine eventuelle Falschbelichtung möglich. Die Kamera bietet dafür einen zweiten Modus an. Hier wird auf dem Display eine echte Belichtungsvorschau, ähnlich der von Kompaktkameras, möglich. Diese Funktion wiederum bedingt andere Einschränkungen. Nun stehen der optische Sucher sowie der Autofokus nicht mehr zur Verfügung. Außerdem vergeht bis zum Auslösen etwa eine Sekunde, da der Verschluss geschlossen und der Spiegel in Ruhestellung bewegt werden muss, um die Belichtungsmessung durchführen zu können.

ter auf die Live View stellen, gelangt das Licht nicht mehr zum Sucher. Es wird nun über einen klappbaren Spiegel zu diesem Sensor geleitet. Nachdem die Belichtungsmessung und der Weißabgleich durchgeführt wurden, wird das Bild auf dem LCD-Monitor ausgegeben. Der Vorteil bei diesem System ist, dass die Autofokusmessung nor-

▲ Beim Umschalten in den Live-View-Modus klappt ein Spiegel um und leitet das Licht auf einen zusätzlichen Sensor. Die aufgefangenen und verarbeiteten Daten sehen Sie sofort auf dem LCD-Monitor Ihrer α500/550. Der Sucher wird dabei verschlossen.

Sony geht mit der α500/550 einen anderen Weg und gestattet auch im Live-View-Modus einen schnellen Autofokus. Dies wird möglich durch einen zusätzlichen Sensor. Sobald Sie den Schal-

▲ An der α500/550 stehen neben dem Suchermodus (oben) zwei Live-View-Modi zur Verfügung. Zum einen der Live-View-Modus mit Autofokus (Mitte) und der MF-Check-Live-View-Modus (unten) für die manuelle Schärfekontrolle (Bilder: Sony).

mal weiterarbeiten kann. Sie müssen also nicht erst auf den optischen Sucher umschalten, um in den Genuss des automatischen Scharfstellsystems zu kommen. Ein kleiner Nachteil soll an dieser Stelle indessen nicht verschwiegen werden. Der optische Sucher fällt auch bei diesem System etwas kleiner aus als bei den Alphas ohne Live View.

Neu ist der MF-Check-LV-Modus. Mit ihm lässt sich die Schärfe statischer Motive sehr genau einstellen. Im Live-View-Modus ist ein maximales zweifaches Vergrößern des Bildausschnitts möglich. Dies ist bedingt durch die geringe Auflösung des Zusatzsensors. Im MF-Check-LV-Modus dagegen können Sie nun bis zum 14-Fachen in das Bild hineinzoomen, da der Hauptsensor verwendet wird. Ein weiterer Vorteil ist hier, dass 100 % des Bildes dargestellt werden können.

Neue Technik gegen Rauschen und optimale Bildqualität

Die α450/500/550 verwenden, wie bereits beschrieben, einen CMOS-Bildsensor.

Im Gegensatz zum CCD-Bildsensor hat ein CMOS-Bildsensor wie bei der α700, α850 oder α900 mit jedem Pixel einen Verstärker integriert, der die Ladungen direkt in Spannungen umwandelt. Der Analog-digital-Wandler kann von jedem Pixel direkt angesprochen werden. Das heißt, es findet eine parallele Auslesung der Daten statt, was im Gegensatz zum seriellen Auslesen eines CCD-Sensors Geschwindigkeitsvorteile bietet. Außerdem tritt der Blooming-Effekt deutlich weniger auf, da keine Ladungen verschoben werden müssen. Auf der anderen Seite muss auf dem Chip wesentlich mehr Elektronik untergebracht werden. Das Rauschen fällt im Allgemeinen höher aus als bei CCD-Bildsensoren.

Die Lichtausbeute ist bei CCD-Bildsensoren höher, da nur wenige lichtunempfindliche Bauteile auf der Chipoberfläche vorhanden sind, was auch zu einer besseren Dynamik beiträgt. Prinzipiell kann aber nicht gesagt werden, welches System nun grundsätzlich besser oder schlechter ist.

Die α450/500/550 wurde hinsichtlich des Rauschverhaltens optimiert. Sony holt so zu DSLR-Kameras anderer Systeme auf und kann mit den dort angebotenen extrem rauscharmen Modellen mithalten. Dies begünstigt vor allem den Einsatz der Kameras im Dämmerlicht bzw. überall dort, wo wenig Licht zur Verfügung steht.

Lebensdauer des Sensors

Da der Sensor keine bewegten Teile besitzt, ist er zunächst mal (mechanisch) verschleißfrei, solange er im angegebenen Betriebsbereich eingesetzt wird. Alterungserscheinungen können aber z. B. bei zu starker Wärmezufuhr, zu starkem Lichteinfall (Fotografieren in die Sonne) oder unzulässigen Spannungswerten auftreten. Dabei summie-

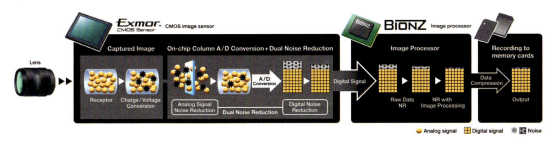

▲ Funktionsweise des Signalflusses an der α450/500/550. Bereits der CMOS-Sensor ist mit Funktionen zur Rauschminderung ausgestattet (Grafik: Sony).

Technik der Alphas

ren sich diese Einflüsse, je länger und stärker sie einwirken.

Sie sollten also Ihre α450/500/550 nicht unnötiger Wärmestrahlung aussetzen. Im Auto können z. B. bei extremer Sonneneinstrahlung schnell sehr hohe Temperaturen entstehen. Lassen Sie dann Ihre Kamera ungeschützt liegen, riskieren Sie unnötige Dauerschäden. Ebenfalls sollten Sie nicht direkt in die Mittagssonne oder in sehr starke Lampen fotografieren, was übrigens auch sehr schädlich für die Augen sein kann. Prinzipiell ist die Lebensdauer der α450/500/550 von den mechanischen Komponenten wie dem Verschluss abhängig und nicht vom Sensor.

Brennweitenfaktor bzw. Cropfaktor

Die Abmessungen des Bildsensors von 23,5 x 15,8 mm sind deutlich kleiner als die des üblichen Kleinbildformats. Die Größe des Kleinbildformats beträgt 36 x 24 mm und ist um den Faktor 1,5 größer als das Format des Bildsensors der α450/500/550. Dieser Faktor wird auch Cropfaktor bzw. Brennweitenfaktor genannt. Ein Objektiv mit der Brennweite von 100 mm besitzt an der α450/500/550 die gleiche Bildwirkung wie ein 150-mm-Objektiv an einer Kleinbildkamera. Man erhält quasi einen Bildausschnitt des Kleinbildformats. Was sich als Vorteil für die Naturfotografen darstellt, die sich nach längeren Brennweiten sehnen, ist im Weitwinkelbereich wiederum ein Nachteil. Hier müssen extreme Weitwinkelobjektive für den Ausgleich sorgen.

Sony bietet extra für die Bildsensorgröße der α450/500/550 entwickelte Objektive an. Diese Objektive können aufgrund des kleinen Aufnahmeformats extrem kompakt und kostengünstig hergestellt werden. An einer Kamera mit Kleinbildformat sind sie allerdings nur beschränkt einsetzbar. Zu erkennen sind diese Objektive an der Zusatzbezeichnung DT.

Die Bayer-Matrix (Bayer-Pattern)

Die meisten eingesetzten Bildsensoren arbeiten nach dem Prinzip der Bayer-Matrix (eine Ausnahme sind die Foveon X3 Direkt-Bildsensoren), so auch der Sensor der α450/500/550. Das Patent stammt aus dem Jahr 1975 von Bryck E. Bayer (Kodak).

Wie entsteht nun das Bild? Die einzelnen Sensorpixel können nur Helligkeitswerte registrieren und geben dabei mehr oder weniger viel Strom ab. Um aber aus diesen Werten Farbinformationen zu bekommen, erhält jeder Pixelsensor einen Farbfilter. Er registriert dann nicht mehr das gesamte Farbspektrum, sondern nur noch das Licht, das durch den Filter zu ihm gelangt. Der gesamte Sensor erhält also eine Farbfiltermatrix mit den Filtergrundfarben Rot, Grün und Blau. Durch Interpolation der einzelnen Lichtpixelwerte benachbarter Pixel wird nun die tatsächliche Farbe berechnet (geschätzt). Diese Aufgabe übernimmt der Bildprozessor BIONZ.

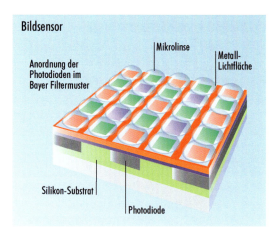

▲ Bayer-Matrix.

Mit dem Wissen darum, dass das menschliche Auge besonders auf die Farbe Grün sensibilisiert ist, besitzt die Matrix ca. 50 % Grün-, 25 % Rot- und 25 % Blaufilter, also bedeutend mehr Grünfilter. Unsere Netzhaut ist weitaus besser mit grün- als

Technische Details der drei Alphas

mit rot- oder blausensitiven Rezeptoren ausgestattet. Das macht unsere Netzhaut besonders sensibel für den grünen Spektralanteil des sichtbaren Lichts, Fehler würden sofort sichtbar.

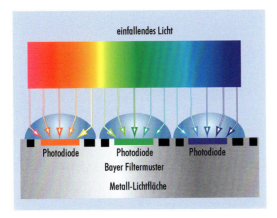

▲ Der BIONZ-Chip der α450/500/550 ist verantwortlich für die weitere Bildverarbeitung.

High-Speed-Aufnahmen im RAW-Modus

Die α450/500/550 bewältigt mindestens 14/6/14 RAW-Aufnahmen am Stück. Danach benötigt die Kamera einen Augenblick, bis die Daten teilweise auf der Speicherkarte gespeichert sind, da der Pufferspeicher komplett gefüllt wurde.

Ist im Pufferspeicher wieder Platz für zumindest ein RAW-Bild, steht sie erneut für weitere Aufnahmen zur Verfügung. Speichert man das JPEG-Format zusätzlich zum RAW-Format, sind es noch mindestens 7/3/7 Aufnahmen bis zur Zwischenpause. Im JPEG-Fine-Modus sind weit mehr Aufnahmen möglich. Hier schafft es die Kamera, die Daten entsprechend schnell zu komprimieren.

Blooming

Der Blooming-Effekt (Ausblühen, Überblenden) tritt immer dann auf, wenn die Ladungskapazität einzelner Pixelsensoren durch zu viel Ladung bzw. zu viel Licht überschritten wird. Die überschüssige Ladung wird dabei an die Nachbarzelle weitergegeben, wodurch bei entsprechender Beleuchtungsstärke ein „Ausblühen" ganzer Bildteile entsteht, was sich in überstrahlten Flächen ohne Zeichnung widerspiegelt.

Was der BIONZ-Chip leistet

Schon in Sonys erster DSLR-Kamera, der α100, sorgte der Bildverarbeitungsprozessor unter dem Namen BIONZ für die Umsetzung der Signale des Sensors. Für die α450/500/550 wurde er weiterentwickelt. Seine Aufgaben bestehen in der weiteren Minderung des Rauschens der Rohdaten des Sensors, in der Bildverarbeitung und Kompression der Bilddaten. Er ist verantwortlich für die Bildqualität, für natürliche Farben, für feine Tonwertabstufungen.

▲ Vor allem wenn Sie im RAW-Modus arbeiten, sollten Sie aufgrund der hohen Datenmengen mindestens 120x-Speicherkarten einsetzen. Ansonsten wird das Arbeiten zur Geduldsprobe. Weitere Infos zu Speicherkarten erhalten Sie in Kapitel 7.

Praxisszenarien des Stabilisators

Der gehäuseeigene Verwacklungsschutz (Steady-Shot), früher auch bekannt als AntiShake-System oder Super SteadyShot, entwickelt durch die Firma Minolta, grenzt die α450/500/550 recht scharf von der Konkurrenz ab. Lediglich Pentax und Olympus haben im DSLR-Bereich zurzeit ein ähnliches System auf dem Markt.

Hand auftreten. Der große Vorteil dieses Systems ist, dass so gut wie alle zu verwendenden Objektive an der α450/500/550 nun praktisch über einen Verwacklungsschutz verfügen.

▲ Das Prinzip des an der α450/500/550 verwendeten Verwacklungsschutzes. Der Sensor ist schwingend aufgehängt und versucht, durch Gegenbewegungen ein Verwackeln auszugleichen (Grafik: Sony).

▲ Der SteadyShot kann in den meisten Situationen eingeschaltet bleiben und unterstützt den Fotografen darin, verwacklungsfreie Aufnahmen zu erhalten.

Hierzu wurde der Sensor schwingend aufgehängt. Zwei Sensoren erkennen die Bewegungsrichtung und Beschleunigung beim Verwackeln. Der Mikrocomputer der α450/500/550 errechnet die notwendige Gegenbewegung und veranlasst eine entsprechende Verschiebung des Bildsensors. Auf diese Weise werden Verwacklungen ausgeglichen, die beim üblichen Fotografieren mit freier

Sie kommen dadurch selbst mit älteren Objektiven in den Genuss des Antiverwacklungssystems. Systeme anderer Hersteller besitzen einzelne Objektive mit Bildstabilisator. Das heißt, jedes einzelne Objektiv muss mit einem separaten Bildstabilisator ausgerüstet werden. Dieser Aufwand macht diese Objektive nicht gerade billig und muss jedes Mal erneut mitbezahlt werden. Üblicherweise gilt unter Fotografen die folgende Faustformel für Freihandaufnahmen, ohne zu verwackeln:

$$\text{Belichtungszeit} = \frac{1}{\text{Brennweite}} * \text{Sekunde}$$

Das heißt, arbeitet man z. B. mit einer Brennweite von 200 mm, darf die Belichtungszeit für eine verwacklungsfreie Aufnahme maximal 1/200 Sek. betragen. Berücksichtigt man den Cropfaktor, sind

Technische Details der drei Alphas

es gar ⅓₀₀ Sek. Längere Belichtungszeiten führen zum Verwackeln, was sich in unscharfen Bildern niederschlägt.

Der SteadyShot der α450/500/550 bringt nun bis zu vier Blenden an „Verwacklungsvorteil" gegenüber Systemen ohne SteadyShot. Somit könnte man die Formel wie folgt umschreiben:

$$\text{Belichtungszeit} = \frac{1}{\text{Brennweite}} * 8 \text{ Sekunde}$$

Das bedeutet: Mit obigem 200-mm-Objektiv wären nun Belichtungszeiten mit ¹⁄₂₅ Sek. möglich, ohne zu verwackeln. Auch hier muss noch der Cropfaktor berücksichtigt werden. Man landet in diesem Beispiel dann bei etwa ¹⁄₄₀ Sek. Voraussetzung ist dabei aber schon, dass man die Kamera wie üblich ziemlich ruhig hält und den Auslöser nicht durchreißt, sondern langsam und gleichmäßig durchdrückt.

Welche Möglichkeiten sich da eröffnen, ist auf den ersten Blick vielleicht noch nicht richtig zu erkennen. Hat man aber erst einmal mit dem Antiverwacklungssystem Bekanntschaft gemacht, möchte man es nicht mehr missen. Denken Sie nur an Aufnahmen in Gebäuden, in denen Blitzlicht verboten ist. Wenn Kollegen mit anderen Kamerasystemen schon dabei sind, die ISO-Zahl hochzudrehen, und damit stärkeres Rauschen in Kauf nehmen müssen, kann man problemlos noch ohne Veränderung des ISO-Wertes freihändig arbeiten.

▼ *Aufnahmen wie diese mit recht wenig Licht werden dank SteadyShot leichter möglich, hier bei 35 mm Brennweite und ¹⁄₂₀ Sek. Belichtungszeit.*

Technik der Alphas

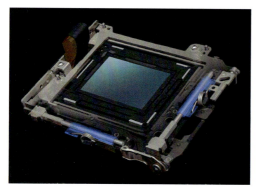

▲ Dass der Sensor beweglich aufgehängt ist, wird gleichzeitig noch zur Staubabwehr genutzt. Sobald Sie die α450/500/550 abschalten, wird der Sensor mit hoher Frequenz hin und her bewegt. Der Staub soll sich so vom Sensor lösen und in den Spiegelkasten fallen (Bild: Sony).

gramm mit bis zu fünf Balken angezeigt. Je mehr dieser Balken leuchten, umso unruhiger ist das Bild. Entsprechend stark muss der Bildstabilisator arbeiten. Nach Möglichkeit sollten Sie einen Augenblick warten, bis möglichst wenige Balken aufleuchten, um ein optimales Ergebnis zu erhalten. Es kann nützlich sein, des Öfteren auf dieses Diagramm zu achten. Sie können mit dieser Art Feedback gut trainieren, die Kamera besonders ruhig zu halten.

Wann sollten Sie den Stabilisator abschalten?

Grundsätzlich sollten Sie den SteadyShot eingeschaltet lassen, um optimale Bildergebnisse zu erzielen.

Benutzen Sie allerdings ein Dreibeinstativ, um z. B. mit starken Teleobjektiven arbeiten zu können oder eine ideale Bildgestaltung oder Ähnliches durchführen zu können, sollten Sie den SteadyShot abschalten (Aufnahmemenü 1).

Es sind dann auch Makroaufnahmen ohne störendes Stativ möglich. Die ständig den Platz wechselnde Libelle kann man dann viel besser verfolgen, und auch ohne Stativ gelingen scharfe Aufnahmen, sollte sie sich doch einmal für einen Augenblick setzen.

Wie stark der SteadyShot arbeitet, kann man in der Sucheranzeige erkennen. Hierzu wird ein Dia-

Hier kann es unter Umständen sogar zu Verschlechterungen der Abbildungen kommen, da

▼ Gerade auch bei langen Brennweiten (hier 500 mm) spielt der SteadyShot seine Vorteile aus.

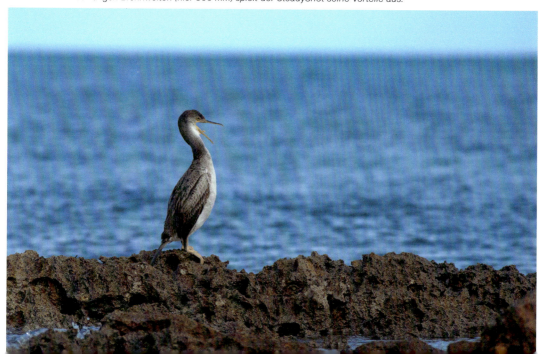

Technische Details der drei Alphas

die Elektronik für Freihandaufnahmen optimiert wurde. Eventuelle Erschütterungen oder Bewegungen am Stativ wertet die Kamera daher nicht im richtigen Maße aus, was zu Überreaktionen des Systems führen kann. Abhängig vom verwendeten Stativ, vom eingesetzten Objektiv, von den Verschlusszeiten etc. kann es dann sogar zu recht verwackelten Aufnahmen kommen.

▲ Beim Arbeiten mit einem Stativ kann der SteadyShot abgeschaltet werden.

Sind Sie auf eine extrem Strom sparende Arbeitsweise der Kamera angewiesen, sollten Sie ebenfalls den SteadyShot abschalten, um eine Verlängerung der Akku-Laufzeit zu erreichen.

Wo liegen die Grenzen des Antiverwacklungssystems?

Wie bereits beschrieben wurde, ist der SteadyShot für typische Verwacklungen bei Freihandaufnahmen optimiert worden. Hier liegen dann auch seine Grenzen.

Kommt man zudem mit den Belichtungszeiten in Richtung ¼ Sek. und länger, wird die Wirkung des Bildstabilisators geringer. Erzielen Sie hier nicht die gewünschte Bildschärfe, sollten Sie ein Stativ benutzen.

> **Einschränkungen im Makrobereich**
> Eine weitere Einschränkung ergibt sich im Nah- und Makrobereich. Aufgrund der minimalen Schärfentiefe in diesem Bereich machen sich schon geringste Bewegungen nach vorn oder nach hinten bemerkbar. Dies kann der SteadyShot nicht ausgleichen, da er nur in horizontaler und vertikaler Richtung wirkt.

Der Sucher der Alphas

Im Gegensatz zu Kompaktkameras sieht man bei DSLR-Kameras direkt durch das Objektiv, wenn man sich im Suchermodus befindet. Das hat entscheidende Vorteile. Während Sucher- bzw. Kompaktkameras das Sucherbild nicht so darstellen, wie es letztendlich auf den Film bzw. den Bildsensor fällt, sieht man bei einer Spiegelreflexkamera genau die spätere Abbildung (parallaxenfreie Abbildung). Außerdem erhalten Sie die Möglichkeit, die Schärfe und die Schärfentiefe unmittelbar zu kontrollieren.

Das Licht gelangt hierbei durch das Objektiv über einen klappbaren Spiegel zum Sucher und nach dem Auslösen auf den Bildsensor. Digitale Kompaktkameras besitzen keinen Spiegel. Hier gelangt das Licht permanent zum Bildsensor. So ist es möglich, dass man auf dem LCD-Monitor eine Vorschau erhält und schon vor dem Auslösen das Bildergebnis beurteilen kann. Sony setzt an der α500/550 auch das Live-View-System ein, was bereits beschrieben wurde.

Die α450/500/550 ist mit einem Dachkant-Spiegelprismasucher ausgestattet, der ein recht helles und klares Sucherbild bietet. Dieser ist auch dafür verantwortlich, dass man ein seitenrichtiges und

Technik der Alphas

aufrecht stehendes Bild sieht. 95 % der späteren Abbildung werden im Sucher dargestellt. Um mit einem Normalobjektiv von 50 mm ungefähr die Sichtweise zu erhalten, die man ohne Kamera gewohnt ist, wird das Sucherbild 0,8-fach vergrößert (bezogen auf ein 50-mm-Objektiv bei Unendlich; α450 0,83-fach). Verantwortlich für die brillante Sucherdarstellung ist ebenfalls die sphärische Mikrowaben-Sucherscheibe (Spherical Acute Matte). Sechseckige Mikrolinsen sorgen für die sehr genaue Lichtführung. Bewirkt wird damit eine leichte Fokussierung ohne Autofokus. Unschärfekreise werden regelrecht zu Unschärferingen.

Da die Kamera, während Sie durch den Sucher schauen, die Belichtungsmessung und im Autofokusmodus auch die Scharfstellung durchführt, muss das Licht zusätzlich noch den entsprechenden Sensoren zugeführt werden. Hier bedient man sich eines halb durchlässigen Spiegels, um das Licht dann über einen weiteren Hilfsspiegel weiterzuleiten. Neben der Suchermuschel befindet sich die Möglichkeit, einen Dioptrienausgleich einzustellen. Weitsichtige Fotografen drehen das Einstellrad in Richtung Plus (nach unten), kurz-

▲ *Einstellrad zum Dioptrienausgleich. Für einen stärkeren Ausgleich können auch Sonys Korrekturlinsen auf den Sucher aufgesetzt werden.*

▲ *Der Sucher der α450/500/550 gibt 95 % des Bildfeldes wieder. Im Live-View-Modus sind es hingegen 90 % (nur α500/550) auf dem LCD-Monitor. Im MF-Check-LV-Modus werden hier 100 % dargestellt.*

sichtige in Richtung Minus (nach oben). Sollte die Augenmuschel angesetzt sein, müssen Sie diese zunächst abnehmen, um die Richtungsmarkierung sehen zu können.

Der Verschluss

Das Licht darf zur korrekten Belichtung nur eine ganz bestimmte Zeit auf den Bildsensor fallen. Hierbei bedient man sich zweier Jalousien, die sich in einem genau berechneten Abstand nacheinander über den Sensor bewegen. Die erste Jalousie öffnet den Verschluss, die zweite fährt hinterher und schließt ihn wieder.

▲ Schlitzverschluss-Einheit (Foto: Sony).

Die α450/500/550 besitzt einen vertikal ablaufenden, elektronisch gesteuerten Schlitzverschluss. Mit diesem sind Belichtungszeiten von $1/4000$ Sek. bis zu 30 Sek. automatisch möglich. Im Bulb-Modus kann er auch manuell zeitgesteuert geöffnet werden.

Blitzsynchronisationszeit

Sollte ein Blitzgerät zum Einsatz kommen, ergibt sich eine Besonderheit. Ist die Belichtungszeit so gering, dass der Verschluss nicht mehr komplett geöffnet ist, sondern nur noch ein Streifen über den Sensor fährt, hat der Blitz keine Chance mehr, den kompletten Sensor auszuleuchten. Seine Leuchtdauer beträgt nur ca. $1/10000$ Sek. und wäre damit wesentlich zu kurz. Die Belichtungszeit, in der der Verschluss gerade noch komplett geöffnet ist, nennt man Blitzsynchronisationszeit. Diese beträgt bei der α450/500/550 $1/160$ Sek. Hier ist für das interne Blitzgerät Schluss.

Mithilfe eines Tricks können jedoch auch kürzere Belichtungszeiten mit Blitzlicht durchgeführt werden (siehe High-Speed-Blitzsynchronisation, Seite 161).

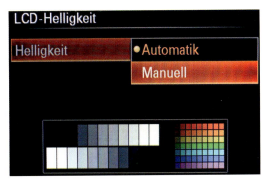

▲ Sind alle Abstufungen gut zu erkennen, ist das Display richtig eingestellt.

Im Einstellungsmenü 1 unter dem Menüpunkt LCD-Helligkeit können Sie die Helligkeit in fünf Stufen einstellen. Links bedeutet weniger hell, rechts wird die Helligkeit erhöht. Ein Kontrastmuster hilft dabei, das Optimum zu finden. Am sinnvollsten stellen Sie die Helligkeit des LCD-Displays so ein, dass alle Grauwerte in ihrer Differenzierung gut zu erkennen sind.

Zudem können Sie die Helligkeit auch automatisch einstellen lassen (außer bei der α450). Dazu wird über eine Fotodiode die Helligkeit der Umgebung gemessen und die LCD-Helligkeit entsprechend angepasst. Dies ist besonders praktisch, wenn die Lichtverhältnisse nicht konstant sind, z. B. beim Wechsel von bewölktem zu klarem Himmel.

Technik der Alphas

▲ Diese Fotodiode misst die Umgebungshelligkeit und gibt die Information an die Elektronik weiter. Diese stellt dann die LCD-Helligkeit entsprechend ein. Diese Funktion können Sie auch deaktivieren, wenn Sie lieber die LCD-Helligkeit von Hand einstellen möchten.

Dateiformate gezielt wählen

Zur Speicherung der Bilddaten bedient sich die α450/500/550 standardmäßig des Dateiformats JPEG.

> **Das JPEG-Format**
> Die **J**oint **P**hotographic **E**xperts **G**roup (JPEG) entwickelte 1992 ein Dateiformat, das eine weitgehend verlustfreie und auch verlustbehaftete Kompression von Bildern erlaubt. Bis heute wird dieses Dateiformat bei den meisten Kameras eingesetzt, um die Bilddaten – meist in unterschiedlich starker Kompression – zu speichern.

Bei jeder Aufnahme komprimiert die Kamera hierbei das Bild. Vorab führt sie den Weißabgleich durch, stellt den Kontrast ein etc. Die Komprimierungsstärke und damit der Verlust an Informationen ist dabei von der Einstellung im Aufnahmemenü 1 *Qualität* abhängig. Standardmäßig ist hier *Fein* eingestellt. Die Komprimierung beträgt dabei etwa 60 %. An der α450/500/550 steht Ihnen zusätzlich eine weitere Möglichkeit mit stärkerer Komprimierungsstufe zur Verfügung. Mit *Standard* erreichen Sie eine Komprimierung von etwa 70 %.

▲ Menü zur Wahl des Dateiformats. Im Modus RAW & JPEG werden die JPEG-Dateien in der Komprimierungsstufe Fein zusätzlich zu den Rohdaten der Kamera gespeichert.

Ebenfalls im Aufnahmemenü 1 können Sie die Bildgröße einstellen. Bildgröße bedeutet hier, mit welcher Anzahl von Pixeln die Aufnahme durchgeführt werden soll. *L* bedeutet 4.592 x 3.056 (4.272 x 2.848) Pixel, das sind etwa 14,2 (12,3) Millionen Pixel. *M* bedeutet 3.344 x 2.224 (3.104 x 2.072) Pixel, also 7,4 (6,4) Millionen Pixel.

Und schließlich bringt *S* als kleinste Auflösung 2.288 x 1.520 (2.128 x 1.416) Pixel auf das Bild, was einer Auflösung von 3,5 (3) Millionen Pixeln entspricht. Bei einem gewählten Seitenverhältnis von 16:9 verringert sich die Pixelzahl entsprechend, da hier das Bild oben und unten beschnitten und so passend für das Breitbildformat gemacht wird. Generell sollten Sie mit der höchsten Auflösung, die auch der Standardeinstellung entspricht, fotografieren. Ebenfalls sollten Sie die Einstellung auf *Fein* belassen.

Die Dateigröße von etwa 6 (5,5) MByte sollte bei den heutigen Preisen für Speicherkarten kein Problem mehr darstellen, vielleicht mit Ausnahme von unvorhergesehenen Fällen, in denen z. B. eine

Technische Details der drei Alphas

weitere Speicherkarte vergessen wurde. Die Komprimierung der Bilder ist später am Computer mit geeigneten Programmen immer noch möglich. Andersherum ist es nicht möglich, die Informationen, die durch die Komprimierung verloren gingen, wiederherzustellen.

▲ Im Menü Bildgröße können Sie die Pixelmenge festlegen (hier das Menü der α550).

Das Rohdatenformat der Alphas

Besitzen Sie genügend große Speicherkarten und ausreichend Platz auf der heimischen Computerfestplatte, sollten Sie die Option *RAW & JPEG* ins Auge fassen. RAW ist praktisch das Rohformat der Sensorbilddateien, und Sie haben hier alle Möglichkeiten, in der Bildbearbeitung das letzte Quäntchen an Qualität aus den Bildern herauszuholen.

Es ist z. B. möglich, den Weißabgleich auch nachträglich zu verändern. Das bedingt aber eine Nachbearbeitung mit speziellen RAW-Konvertern und ist vergleichbar mit der Dunkelkammer der Analogfotografen.

Denken Sie im Moment noch nicht daran, sich mit derart komplexen Arbeiten zu beschäftigen, haben Sie doch die Möglichkeit, später einmal die Bilddateien zu bearbeiten.

Parallel wird ja das JPEG-Format mit abgespeichert, das der Option *Fein* entspricht. Dieses können Sie dann nach Ihren Wünschen schnell bearbeiten, selbst ausdrucken, drucken lassen oder per E-Mail verschicken und haben immer noch die Original-RAW-Datei für zukünftiges Bearbeiten zur Verfügung.

◀ *JPEG-Format.*

▼ *RAW-Format.*

▲ Überstrahlungen lassen sich beim RAW-Format im RAW-Konverter in begrenztem Maße noch korrigieren. Im RAW-Bild ist nach der Korrektur in den Wolken weit mehr Zeichnung vorhanden als im JPEG-Bild, das kaum weiter verbessert werden kann. Nutzen Sie also in komplizierten Belichtungssituationen möglichst das RAW-Format.

Technik der Alphas

Perfekte Präsentation mit HDMI-Fernsehern

Die α450/500/550 verfügt über einen Ausgang, den Sie direkt mit Ihrem HDMI-fähigen Fernseher verbinden können. Eine Präsentation der Fotos auf einem Fernseher war bisher nur mit starken Qualitätseinbußen möglich. Standardfernsehgeräte besitzen eine Auflösung im VGA-Bereich, also etwa 768 x 576 Pixel. Mit HDMI-Geräten erreichen Sie hingegen Auflösungen von 1.920 x 1.080 Pixel.

Diese Auflösung ist zwar weitaus höher als die von Standardfernsehgeräten, aber immer noch geringer als die Auflösung der α450/500/550 selbst im niedrigsten Qualitätsmodus. Sie brauchen sich aber keine Gedanken über die Auflösung zu machen. Die α450/500/550 stellt automatisch die richtige Auflösung bereit.

Sie benötigen zur Verbindung Ihrer α450/500/550 mit einem HDMI-fähigen Gerät die nicht mitgelieferten Kabel VMC-15MHD (1,5 m) oder VMC-30MHD (3 m).

Aufgrund der Breitbilddarstellung mit einem Seitenverhältnis von 16:9 werden die Standardbilder der α450/500/550 nicht optimal dargestellt. Besser ist es in diesem Fall, vor der Aufnahme das

▲ Besitzen Sie ein HDMI-fähiges Fernsehgerät, können Sie Ihre α450/500/550 direkt mit diesem verbinden.

Seitenverhältnis 16:9 zu wählen. Die JPEG-Bilder werden nun in diesem Format gespeichert. RAW-Bilder werden weiterhin im Format 3:2 gespeichert. Kompatible Software wie der Image Data Converter können die Information aber auswerten und die Bilder entsprechend darstellen.

▲ Für die optimale Darstellung sollten Sie die Bilder im 16:9-Format aufgenommen haben. Stellen Sie dazu im Aufnahmemenü 1 den Wert von 3:2 auf 16:9.

Achten Sie, wenn Sie Bilder für eine Präsentation im 16:9-Format aufnehmen wollen, auch auf den begrenzten Aufnahmebereich. Im Sucher sehen Sie die Begrenzung rechts und links oben bzw. unten. Bildbestandteile außerhalb dieser Begrenzung werden später nicht sichtbar sein (Ausnahme: das RAW-Format).

Wollen Sie während Ihrer Präsentation auch gleich Fotos ausdrucken, ist das ebenfalls möglich. Schließen Sie hierzu noch zusätzlich einen Drucker an den USB-Anschluss der α450/500/550 an.

Per Fernbedienung können Sie nun mit der Print-Taste das gerade am Fernsehgerät betrachtete Bild ausdrucken. Dies funktioniert aber nur mit der Verbindung über das HDMI-Kabel. Die Verbindung mit dem mitgelieferten Videokabel bietet diese Funktionalität nicht.

Pflege und Handling der Akkus

In der α450/500/550 kommt ein Lithium-Ionen-Akku zum Einsatz. Dieser Akku-Typ ist im Moment der aktuelle Stand der Technik. Sehr gute Eigenschaften wie z. B. hohe Energiedichte, sehr geringe Selbstentladung und das Fehlen des Memory-Effekts zeichnen diese Akkus aus. Zudem handelt es sich um einen InfoLithium-Akku, der Informationen zum Ladezustand an die α450/500/550 weitergibt.

▲ Der InfoLithium-Akku der α450/500/550 gibt jederzeit Informationen zum genauen Ladezustand des Akkus aus.

Die α450/500/550 kann nur mit Akkus des Typs NP-FM500H betrieben werden. Der Akku besitzt eine Spannung von 7,2 V mit einer Kapazität von 11,8 Wh. Ein Einsatz von LR6- bzw. AA-Akkus oder Batterien ist nicht möglich. Auch können die Akkus der älteren Geräte (Dynax 5D, Dynax 7D) nicht benutzt werden, da sie eine andere Bauform besitzen.

Besaßen Sie vorher eine Sony-Kompaktkamera mit der Akku-Sorte NP-FM40 oder NP-FM30, können Sie diese leider auch nicht in der α450/500/550 verwenden. Die Akkus der bisherigen Alpha-Serie (α200/300/350, α700, α850 und α900) können mit der α450/500/550 verwendet werden, da es sich um den gleichen Typ handelt. Eine Ausnahme bilden die Akkus der α230/330/380, die deutlich kleiner sind. Die Akkus der α100 (NP-FM55H) können Sie ebenfalls nicht verwenden.

Die Aufladung der Akkus sollte stets bei einer Temperatur von 10–30 °C stattfinden, da sonst eventuell nicht die gesamte Kapazität erreicht wird. Die Akkus brauchen vor dem erneuten Laden nicht entleert zu werden, wie es bei älteren Akku-Typen, z. B. Nickel-Metallhydrid (NiMH), notwendig war. Daher sollten Sie ruhig vor jedem längeren Fotoausflug mit der α450/500/550 den Akku laden. Lediglich bei der Erstbenutzung empfiehlt es sich, den Akku zwei- bis dreimal komplett zu laden und zu entladen, um so schnell die gesamte Kapazität zur Verfügung zu haben.

Technik der Alphas

Lebensdauer verlängern

Als Akku-Lebensdauer kann man mit ca. 500–1.000 Ladezyklen rechnen. Danach ist der Akku zwar meistens noch nutzbar, die Kapazität wird aber erheblich absinken. Mindestens einen Ersatz-Akku sollten Sie sich für den professionellen Einsatz anschaffen.

So sind Sie trotz der langen Akku-Laufzeit von ca. 400–900 Bildern (je nach Einsatzzweck) bei längeren Fotoausflügen auf der sicheren Seite und haben stets einen geladenen Ersatz-Akku dabei. Bedenken Sie auch, dass im Live-View-Modus etwa 50 % mehr Strom verbraucht wird als im Suchermodus (OVF) und dass bei niedrigen Temperaturen die Kapazität des Akkus abnimmt.

Sollten Sie die α450/500/550 bzw. einen Ersatz-Akku über längere Zeit nicht nutzen, kann es zu Tiefentladungen kommen, die den Akku schädigen können. Aus diesem Grund sollte der Akku regelmäßig, spätestens alle vier bis sechs Monate, für einige Zeit auf ca. 60 % aufgeladen werden. Zu tiefe und zu hohe Temperaturen können den Akku ebenfalls schädigen bzw. die Kapazität beeinträchtigen.

▲ Die gelbe LED des Ladegerätes leuchtet so lange, bis der Ladevorgang abgeschlossen ist.

Im Winter, bei Minustemperaturen, sollten Sie den Akku am Körper transportieren. Am besten nehmen Sie die α450/500/550 komplett unter Ihre Jacke und holen sie nur zum Fotografieren heraus. Liegt der Akku bzw. die α450/500/550 in der prallen Sonne, können Temperaturen entstehen, die im Akku chemische Reaktionen auslösen, was zu dauerhaften Schäden führen kann.

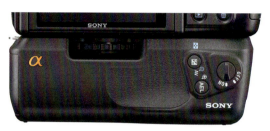

▲ Für die intensive Nutzung der α450/500/550 bietet Sony einen Hochformathandgriff an. Mit diesem können Sie dann zwei Akkus gleichzeitig einsetzen. Zuerst wird hierbei immer der schwächere Akku entladen und dann erst der zweite. Somit haben Sie die Möglichkeit, den dann entladenen Akku aufzuladen und mit dem zweiten weiterzufotografieren. In Kapitel 11 wird der Hochformatgriff mit seinen Vorteilen genauer vorgestellt.

Akkus von Drittanbietern

Immer wieder hört man von Billig-Akkus oder günstigsten Plagiaten, die u. a. im Internet angeboten werden. Hier wird häufig aus Kostengründen auf bestimmte Schutzmechanismen wie den Überspannungs- und den Kurzschlussschutz verzichtet. Überhitzungen und sogar das Austreten von Säure – mit entsprechenden Folgeschäden – könnten die Konsequenz sein. Hier ist also höchste Vorsicht geboten. Nicht wenige dieser Akkus sind gefährlich.

Des Weiteren stellt sich die Frage, ob die Kapazitätsangaben, meist höher als die der Original-Akkus, wirklich realistische Werte sind. Auch wurde in unterschiedlichen Foren berichtet, dass Fremd-Akkus nach wenigen Lade- und Entladezyklen sehr viel weniger Energie lieferten oder gar ganz den Dienst quittierten, was auf eine sehr schlechte Zyklenfestigkeit schließen lässt. Zudem schwankt die Passgenauigkeit bei Billig-Akkus. Ist der Akku nur minimal größer als das Original, bekommen Sie

Technische Details der drei Alphas

ihn entweder gar nicht erst ins Akku-Fach hinein bzw. später schwer wieder heraus.

▲ *Links das Original und rechts der Nachbau.*

Andererseits können kompatible Akkus von seriösen Herstellern durchaus mit dem Original zumindest mithalten. In diesem Zusammenhang kann z. B. die Firma Ansmann genannt werden.

Zweifacher Staubschutz

Staub auf dem Sensor ist ärgerlich. Gerade wenn Sie stark abblenden und homogene Flächen fotografieren, zeigen sich auf den Aufnahmen Flecken, die durch Staub auf dem Sensor hervorgerufen werden.

Sony geht mit einem zweifachen System gegen diesen Staub vor. Zum einen befindet sich vor dem Sensor ein Tiefpassfilter, der statisch geladen ist und dafür sorgt, dass Staub abgestoßen wird. Zum anderen nutzt Sony die schwingende Aufhängung des Bildsensors, um nach jedem Ausschalten der Kamera mittels hochfrequenter Schwingungen den Staub abzuschütteln. Vor allem wenn Sie oft das Objektiv wechseln, ist die Gefahr groß, dass Staub ins Gehäuse gelangt und sich dann auch auf dem Sensor niederlässt.

▲ *Sonys Antistaubsystem soll unschöne Flecken durch Staub auf dem Sensor verhindern oder zumindest die Wahrscheinlichkeit, dass sich Staub auf den Sensor setzt, verringern.*

1.2 Details der Live-View-Modi der Alphas

Sonys Variante für eine Sofortbildvorschau erweist sich als unkompliziert. Sony ist es hier gelungen, diese interessante Möglichkeit einzusetzen, ohne viel einstellen zu müssen. Ein Umstellen am Schalter LIVE VIEW genügt, und Sie haben die volle Kontrolle am LCD-Monitor. Dabei werden die Belichtung, einige Kreativstile und der Weißabgleich so dargestellt, wie Sie es später im fertigen Bild erhalten werden.

Was Sie nicht auf dem Sucher überprüfen können, ist die Schärfentiefe der späteren Aufnahme, sofern Sie nicht mit voll geöffneter Blende fotografieren. Dies hängt damit zusammen, dass die α450/500/550 alle Messungen mit geöffneter Blende vornimmt und erst beim Auslösen auf die gewählte Blende abblendet.

Im Live-View-Modus steht Ihnen ein sogenannter Smart-Digital-Telekonverter zur Verfügung. Er ermöglicht im Fein- und Standardmodus das Simulieren eines Telekonverters mit 1,4- bzw. 2-facher Vergrößerung. Die α500/550 wählt hier einen entsprechenden Bildausschnitt und stellt diesen auf dem LCD-Monitor dar. Lösen Sie in diesem Modus aus, wird das Bild verkleinert gespeichert: beim 1,4-fach-Konverter in der Bildgröße M und beim 2-fach-Konverter in der Bildgröße S.

Sie holen das Motiv also nicht wirklich dichter heran, sondern müssen sich mit einem Bildausschnitt begnügen. Diesen können Sie aber auch ohne Weiteres später mit einem Bildbearbeitungsprogramm wählen. Im RAW-Modus steht diese Option erst gar nicht zur Verfügung, da hier immer die Rohdaten der Kamera gespeichert werden und damit auch das komplette Bild.

Den LCD-Monitor können Sie bis zu 90° nach unten und maximal 90° nach oben neigen. Das ist ideal, um Bilder über Kopf bzw. dicht am Boden bequem aufzunehmen.

Neben diversen Informationen lässt sich auch per DISP-Taste ein Minihistogramm einblenden. Mit ihm können Sie in Echtzeit die Helligkeitswerte des Motivs überprüfen und notfalls korrigierend einwirken. Das funktioniert z. B. mit der Belichtungskorrekturtaste.

Der Autofokus arbeitet im Live-View-Modus normal weiter, da die Sensoren im Strahlengang weiter vorn liegen und durch das Umschwenken des Spiegels im Spiegelprisma nicht beeinträchtigt werden.

Die Belichtungsmessung übernimmt im Live-View-Modus der zusätzliche Sensor, der auch für die Bildaufnahme zur Darstellung des LCD-Monitorbildes zuständig ist. Es kommt hierbei eine 1200-Zonen-Messung zur Anwendung.

▲ Der LCD-Monitor kann an der α500/550 um 90° nach oben und unten geschwenkt werden (Bild: Sony).

Details der Live-View-Modi der Alphas

▲ Meist fällt die Haltung der Kamera vor der Brust nicht so schnell auf bzw. Personen fühlen sich nicht so schnell beobachtet, als wenn man direkt durch den Sucher sieht.

▲ Es lassen sich sehr praktisch Überkopfaufnahmen, z. B. bei Konzerten aus dem Publikum heraus, anfertigen. Auch bodennahe Aufnahmen sind bequem durchzuführen.

Die Belichtungsoptionen Mehrzonenmessung, mittenbetonte Integralmessung und Spotmessung können ohne Einschränkungen auch im Live-View-Modus verwendet werden. Die Wirkung des Dynamikbereich-Optimierers können Sie auf dem LCD-Monitor nicht überprüfen. Die Bildergebnisse können aber in den Schatten und Lichtern bei entsprechend gewählter Option von der genaueren 1200-Zonen-Messung profitieren.

Die α500/550 verfügt über eine sogenannte Pixelmapping-Funktion, die defekte Pixel entfernen kann. Diese Pixel zeigen sich im Live-View-Modus als farbige Punkte auf dem LCD-Display. Im normalen Herstellungsprozess lassen sich solche Pixel nicht vermeiden und stellen demnach auch keine Fehler dar. Über die Funktion *Pixelzuordnung* können diese Punkte unsichtbar gemacht werden. Die Stelle mit dem defekten Pixel erhält dabei die Information der umliegenden Pixel. Diese Bereinigung ist aber nur für den Zusatzsensor selbst durchführbar. Der Hauptsensor wird vermutlich automatisch monatlich bereinigt, wie es auch schon bei den Vorgängermodellen der Fall war.

▲ Stellen Sie einmal permanent vorhandene Pixel auf dem LCD-Monitor im Live-View-Modus fest, können Sie diese Pixel mithilfe der Option Pixelzuordnung (nur in der Live View verfügbar) entfernen.

Neue Funktionen der Live View: die Gesichts- und Lächelnerkennung

Das Anfertigen ansprechender Personenaufnahmen, z. B. auf einer Feier im Getümmel, bei denen die Belichtung des Gesichts sowie der Fokus stimmen, ist schon eine kleine Herausforderung. Wenn dann noch ein Lächeln auf der Aufnahme zu sehen ist, dann ist der Fotograf meist zufrieden.

Mit der Gesichts- und Lächelnerkennungsfunktion, wie man sie bereits von Kompaktkameras her kennt, will Sony Einsteiger in solchen Fällen unterstützen. Bis zu acht Gesichter können durch die α500/550 erkannt werden, womit die Funktion auch für Gruppenaufnahmen geeignet ist. Die

Technik der Alphas

Funktion arbeitet recht gut. Allerdings bietet es sich an, auf einige Details zu achten, um ein Maximum an gelungenen Aufnahmen zu erhalten.

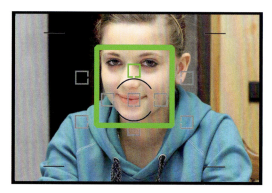

▲ Achten Sie darauf, dass im Bereich des erkannten Gesichts auch ein Autofokussensor aktiv ist. Ansonsten kann die 500/550 das Gesicht nicht richtig scharf stellen.

Für die Belichtung und die Gesichts- und Lächelnerkennung ist der Zusatzsensor der α500/550 zuständig. Das Scharfstellen übernehmen weiterhin die neun Autofokussensoren, d. h., erkennt die α500/550 ein Gesicht außerhalb der Autofokussensoren (weißer Rahmen), wird sie hierauf nicht richtig scharf stellen können. Achten Sie also darauf, dass im Gesichtsrahmen des erkannten Gesichts auch jeweils mindestens ein Autofokussensorfeld vorhanden ist. Hierzu müssen Sie ggf. die Kamera etwas schwenken. Aus dem weißen Rahmen wird bei richtigem Fokus ein orangefarbener Rahmen. Drücken Sie den Auslöser nun halb durch, wird der Rahmen grün und Sie können auslösen.

Die Gesichtserkennung sucht im Bild nach einem typischen aufrechten menschlichen Gesicht, das frontal in die Kamera sieht. Probleme bekommt die Funktion, sobald z. B. viele Haare im Gesicht hängen oder man den Kopf mit der Hand abstützt. In diesen Fällen ist die Erkennung nicht gewährleistet.

Zusätzlich zur Gesichts- kann die Lächelnerkennung aktiviert werden. Hier sind drei Schwellwerte unterschiedlicher Lächelstufen wählbar. Die α500/550 sucht zunächst nach einem Gesicht. Findet sie dieses, wird der Rahmen um das Gesicht herum orange. Kann sie zudem noch scharf stellen, wird der Rahmen grün. Nun muss nur noch der eingestellte Schwellwert des Lächelns erreicht werden und die Kamera löst selbstständig aus. Ist das Auslösen bei Lächeln aktiviert, schaltet die α500/550 sinnvollerweise in den AF-C-Modus und verwendet das große Autofokusfeld. Zudem wird der Einzelbildmodus genutzt.

1.3 Die Leistung der Kit-Objektive

An dieser Stelle soll kurz auf die Qualität der Kit-Objektive eingegangen werden. Sony liefert die α450/500/550 in zwei unterschiedlichen Bundles aus: zusammen mit dem AF 18-55 mm F3,5-5,6 DT SAM oder zusätzlich mit dem AF 55-200 mm F4-5,6 DT SAM – beides DT-Objektive, die speziell für Kameras mit APS-C-Chipgröße wie die α450/500/550 konstruiert wurden. Der Einsatz im Analogbereich sowie an Vollformatkameras wie der α850/900 ist nur eingeschränkt bzw. bei starker Randabschattung möglich.

Sony AF 18-55 mm F3,5-5,6 DT SAM

Das günstigste Kit-Set der α450/500/550 wird mit dem Sony-Objektiv AF 18-55 mm F3,5-5,6 DT SAM ausgeliefert. Der Markt drängt Sony natürlich, möglichst günstige Allroundobjektive mit den Modellen α450/500/550 im Set anbieten zu können. Das Objektiv deckt einen Brennweitenbereich bezogen auf das Kleinbildformat von 27–83 mm ab und kann damit als Allrounder oder „Immer-drauf-Objektiv" bezeichnet werden. Vom Weitwinkel bis

Die Leistung der Kit-Objektive

in den leichten Telebereich sind Sie hiermit bestens gerüstet. Selbst eingeschränkte Makrofähigkeiten besitzt dieses Objektiv. Sie können an das Objekt der Begierde bis zu 25 cm herangehen, was dann einen Abbildungsmaßstab von ca. 1:3 ergibt.

Sony AF 55-200 mm F4-5,6 DT SAM

Als Ergänzung zum zuvor beschriebenen Kit-Objektiv kann das Sony AF 55-200 mm F4-5,6 DT SAM gesehen werden. Sie dringen mit dem Objektiv in den Telebereich vor. Es deckt einen Brennweitenbereich bezogen auf das Kleinbildformat von 82–300 mm ab. Damit holen Sie Motive bis zu sechsmal dichter heran als mit einem Normalobjektiv bei 50 mm Brennweite.

Die Makrofähigkeit des Objektivs ist ähnlich dem Sony AF 18-55 mm F3,5-5,6 DT SAM, nur müssen Sie hier nicht ganz so dicht an das Motiv heran, um es formatfüllend aufzunehmen. Mit 305 g ist es ein echtes Leichtgewicht für diese Brennweitenklasse, was längeren Ausflügen entgegenkommt. Bei 200 mm Brennweite tritt die chromatische Aberration an den Rändern recht stark auf. Eine Verzeichnung ist im Bereich um die 55 mm kaum zu erkennen, die aber dann ab 100 mm recht deutlich wird.

▲ Das Kit-Objektiv AF 18-55 mm F3,5-5,6 DT SAM ist ein für den Preis gutes Objektiv in der Abbildungsleistung. Sie erschließen sich mit ihm den Weitwinkel- bis Normalbereich. Einsetzbar für die Aufgaben im Telebereich ist das Kit-Objektiv AF 55-200 mm F4-5,6 DT SAM, wenn Sie Objekte dichter heranholen wollen.

Natürlich wird niemand bei dem sehr günstigen Preis des Objektivs ein Hochleistungsgerät erwarten, aber seine Leistung kann sich durchaus sehen lassen. Bereits das Abblenden um eine halbe Blendenstufe bringt sehr ordentliche Ergebnisse. Bei 18 mm Brennweite zeigt sich eine tonnenförmige Verzeichnung, die ab 45 mm so gut wie nicht mehr vorhanden ist.

Im Bereich von 35–55 mm ist das Objektiv sogar bei offener Blende zu empfehlen. Die Verarbeitung und die mechanischen Eigenschaften können als gut bezeichnet werden. Es ist von der optischen Leistung her insgesamt etwas besser als das vergleichbare Sony AF 18-70 mm F3,5-5,6 DT, das allerdings im Telebereich über etwas mehr Brennweite verfügt.

Für eine gute Schärfeleistung blenden Sie möglichst um eine Blende ab. Das gilt besonders für den Anfang und das Ende des Brennweitenbereichs.

Das Objektiv ist auf jeden Fall für den Einstieg in die Spiegelreflexfotografie geeignet. Wenn die Ansprüche an Schärfe und Autofokusgeschwindigkeit steigen, wird man sich aber mit Alternativen des Sony-Programms beschäftigen.

Technik der Alphas

1.4 Praxistipps zu entscheidenden Bedienelementen

Zu den wichtigsten Bedienelementen gehören die Funktionstaste Fn, das Moduswahlrad, das Einstellrad, der Steuerschalter und natürlich der Auslöseknopf.

Funktionstaste Fn und Statusanzeige

Der Schnellzugriff auf dem Display nach dem Betätigen der Funktionstaste Fn hilft dem Fotografen dabei, die Kamera noch einfacher zu bedienen. Ein weiteres Funktionswahlrad konnte damit entfallen und die Wahl der Funktionen ist intuitiv möglich.

Auf dem LCD-Monitor sind Sie jederzeit über die wichtigsten Aufnahmeparameter informiert. Im Live-View-Modus ist die Darstellung kompakter ausgefallen, um möglichst viele Bildinformationen gleichzeitig zu erhalten. Über die DISP-Taste kann die Statusanzeige bei Bedarf auch abgeschaltet werden.

◀ Sony konnte mit der Fn-Taste ein zweites Modus- bzw. Funktionsrad einsparen. Über die Funktionstaste gelangen Sie ins Übersichtsmenü für weitere Einstellungen.

Das Moduswahlrad

Nicht über die Funktionstaste oder das Menü erreichbar sind die Optionen des Moduswahlrads. Bevor Sie mit dem Fotografieren beginnen, prüfen Sie hier den eingestellten Modus.

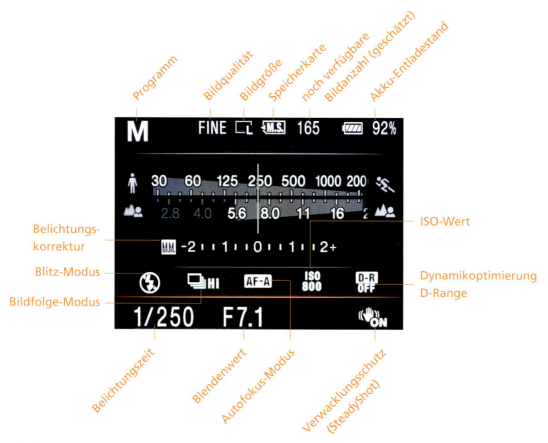

▲ Im Live-View-Modus stehen die Anzeigen ebenfalls zur Verfügung, aber in kompakterer Form.

Voreinstellungen optimieren

Szenenprogramme
Vollautomatik
Kreativprogramme

Über das Moduswahlrad sind die Vollautomatik-, die Kreativ- sowie die sechs Szenenwahlprogramme anwählbar. Die Vollautomatik sowie die Szenenprogramme sind vorrangig für Alpha-Fotografieanfänger oder sehr spontane Aufnahmegelegenheiten gedacht. Der Umstieg auf die Kreativprogramme ist schon etwas anspruchsvoller. Und es bedarf etwas Einarbeitungszeit, aber die Mühe wird sich für Sie lohnen. Aufnahmen mit maximaler Einflussnahme durch den Fotografen werden so erst möglich.

In der Stellung *Blitz aus* fotografieren Sie weiterhin im Vollautomatikmodus. Die Einschränkung hierbei ist, dass der Blitz nicht automatisch hochklappt und gezündet wird, wenn die Kamera es für richtig hält. Diese Einstellung ist wichtig für Orte, an denen Blitzlicht nicht gewünscht ist.

Das Einstellrad

Das Einstellrad dient zur Verstellung der Blende bzw. der Belichtungszeit, abhängig vom gewählten Programm. Da im ambitionierten Fotobereich vorrangig im Blendenprioritätsmodus gearbeitet wird, stellt in diesem Zusammenhang das Funktionsrad wohl das meistgenutzte Bedienelement dar, um die Blende entsprechend den Wünschen des Fotografen einzustellen.

Zusätzlich können Sie das Einstellrad auch in den Menüs zur Links- bzw. Rechtsauswahl – je nach Drehrichtung – benutzen.

Der Steuerschalter

Der Steuerschalter dient vorrangig zur Steuerung bzw. Bewegung in Menüs. Mit der Mitteltaste bestätigen Sie die gewählten Einstellungen, sollten Sie sich in einem Auswahlpunkt befinden. Außerdem kann mit ihr im Aufnahmemodus der Autofokus aktiviert werden. Dieser ist aktiv, solange die Taste gedrückt bleibt. Die α450/500/550 schaltet in diesem Fall den Autofokusmodus S hinzu, wenn man sich im Modus C oder A befindet.

1.5 Voreinstellungen optimieren

Die Modelle α450/500/550 sind bereits im Auslieferungszustand für viele Einsatzzwecke richtig voreingestellt und somit sofort einsetzbar. Alle notwendigen Schritte zum Bereitmachen der Kamera erfahren Sie in der mitgelieferten Bedienungsanleitung. Einen Überblick über die momentanen Einstellungen können Sie sich verschaffen, indem Sie die Menütaste drücken und dann durch Be-

Technik der Alphas

nutzen des Steuerschalters die einzelnen Menüs anwählen. Die meisten Einstellungen sind aber jederzeit über das Display einzusehen.

Sprachwahl

Es kann in Einzelfällen vorkommen, dass die Kamera mit einer anderen Spracheinstellung als Deutsch ausgeliefert wurde. In diesem Fall gehen Sie wie folgt vor:

▲ Menü zur Sprachwahl.

Wählen Sie das Menü über die Menütaste und springen Sie dann mithilfe des Steuerschalters zum Einstellungsmenü 1. Im Unterpunkt *Sprache* können Sie die entsprechende Auswahl treffen.

Wenn die Signaltöne stören

In der Standardeinstellung quittiert die α450/500/550 einige Funktionen mit einem Signalton. Zum einen wirkt dies sehr unprofessionell, zum anderen stört er auch in vielen Situationen, z. B. bei der Konzert- oder Tierfotografie. Über das Einstellungsmenü 2 lassen sich die Signaltöne aber leicht abschalten.

Eine Bestätigung, dass der Autofokus die Schärfe gefunden hat, erhalten Sie weiterhin durch kurzes Aufleuchten des entsprechenden Messfeldes und über die leuchtende Fokusanzeige im Sucher bzw. auf dem LCD-Monitor in der Live View.

▲ Menü zum Abschalten des Signaltons.

ISO-Einstellung optimieren

Von Haus aus ist die α450/500/550 auf Auto-ISO eingestellt, d. h., sie wählt je nach eingestelltem Programm ISO-Werte zwischen ISO 200 und 1600. Da das Rauschen mit dem ISO-Wert steigt, sollten Sie die Einstellung nicht unbedingt der Kamera überlassen.

Die α450/500/550 tendiert zwar zur Wahl eines möglichst geringen ISO-Wertes, jede Situation kann sie aber nicht voraussahnen und den ISO-Wert optimieren. Das sollte der Fotograf selbst vornehmen.

Die Einstellung des ISO-Wertes erreichen Sie über die ISO-Taste am Steuerschalter der α450/500/550. Hier stellen Sie zunächst einen ISO-Wert von ISO 200 ein und passen ihn, wenn nötig, den Bedingungen an. Die α450/500/550 erreicht bei

▲ Einstellungsmenü zum ISO-Wert.

Voreinstellungen optimieren

ISO 200 ihr Maximum an Dynamikumfang und Rauscharmut. Mehr zum ISO-Wert erfahren Sie ab Seite 122.

Grundeinstellungen gezielt zurücksetzen

Die α450/500/550 bietet mehrere Möglichkeiten, Einstellungen gezielt zurückzusetzen:

- bei Umschaltung in den Automatikmodus,
- bei Szenenwahl,
- bei Rückstellung der Kamerahauptfunktionen im Einstellungsmenü.

Umschalten in den Automatikmodus

Vorgenommene Änderungen werden teilweise beim Umschalten auf den Automatikmodus zurückgesetzt. Wichtig zu erwähnen wären hier die Umschaltung auf die ISO-Automatik, die Wahl des großen Autofokusmessfeldes und der Mehrfeldmessung sowie des Autofokusmodus AF-A.

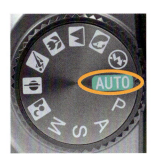

Umschalten auf Szenenwahl

Wählen Sie eines der sechs Szenenprogramme der α450/500/550, stellt die Kamera passend zu den einzelnen Programmen die Einstellungen um. Die Umstellungen ähneln der Umschaltung auf den Automatikmodus.

Jedes Szenenprogramm besitzt aber auch einige individuelle Einstellungen. Beispielsweise wird im Sport-/Actionmodus auf Serienbild und AF-C geschaltet. Im Makromodus hingegen wird der AF-S gewählt. Der Autofokusbereich wird auf das große Autofokusmessfeld geändert und die Mehrfeldmessung aktiviert.

Rückstellung sämtlicher Hauptfunktionen

Sehr weit geht der Reset im Einstellungsmenü 3. Benutzen Sie diese Funktion, werden fast alle Einstellungsmöglichkeiten auf die Vorgabewerte zurückgesetzt.

Verschont bleiben hier nur die vorgenommenen Veränderungen in den folgenden Optionen:

- **D**igital **P**rint **O**rder **F**ormat (DPOF),
- Datum und Zeiteinstellungen,
- Wahl des Standardordners für die Bilddatenspeicherung.

Dateinamen und Ordner

Möchten Sie Ihre Aufnahmen nach einem eigenen System strukturiert speichern, besitzt die α450/500/550 hierfür zwei Optionen. Zunächst kann im Einstellungsmenü 2 gewählt werden, ob der Dateiname fortlaufend nummeriert werden

Technik der Alphas

soll, auch wenn die Speicherkarte bzw. der Speicherordner gewechselt wurde, oder ob jeweils die Nummerierung neu beginnen soll. Im Normalfall ist eine Neunummerierung wenig sinnvoll, da es sonst zu Speicherkonflikten beim Übertragen der Dateien auf den Computer kommen kann, wenn der Dateiname bereits vorhanden ist.

▲ Wurden mehrere Ordner angelegt, können Sie hier eine Auswahl treffen.

Für die Ordner stehen zwei Optionen zur Wahl. Im Normalfall wird immer derselbe Ordner zum Abspeichern der Bilder gewählt. Über die Option *Ordnername* haben Sie aber die Möglichkeit, einen Datumsordner zu wählen. Für jeden Tag, an dem Aufnahmen mit der α450/500/550 gemacht werden, wird ein separater Ordner eingerichtet, in den die Dateien entsprechend einsortiert werden. Da das Datum zu jedem Bild mitgespeichert wird und die gängigen Bildbearbeitungsprogramme die Sortierung nach Datum erlauben, kann auch hierauf in den meisten Fällen verzichtet werden.

Zusätzlich können Sie über die Option *Neuer Ordner* einen neuen Ordner anlegen. Dabei wird die Nummer im Ordnernamen um eins höher gesetzt als beim vorhergehenden Ordner. Über *Ordner wählen* kann dieser Ordner dann zum Speichern gewählt werden.

1.6 Individualfunktionen gekonnt einsetzen

Die Struktur zur Bedienung der α450/500/550 lässt sich sehr einfach und intuitiv erfassen. Schon nach recht kurzer Zeit ist man mit den wichtigsten Funktionen vertraut. Zudem lässt sich die α450/500/550 an die Belange des Fotografen anpassen. Hierfür steht unter anderem ein Benutzermenü zur Verfügung. Im Folgenden geht es um ein paar Empfehlungen, die die Bedienung noch weiter erleichtern können.

Aufnahmemenü 1
SteadyShot

Wie bereits erwähnt, kann der Bildstabilisator der α450/500/550 grundsätzlich eingeschaltet bleiben. Bei Nutzung eines Dreibeinstativs hingegen sollten Sie ihn deaktivieren, da hier die Wirkung des SteadyShot zu geringer Unschärfe in den Bildern beitragen kann.

Einstellung	Wirkung
Ein	Kameraverwacklungen werden durch die Kamera bis zu einem gewissen Grad ausgeglichen.
Aus	Der Bildstabilisator ist deaktiviert.

AF-Hilfslicht

Die α450/500/550 besitzt zur Unterstützung des Autofokus die Möglichkeit, ein integriertes Hilfslicht zu nutzen. Stroboskopartig wird hier das Motiv mit dem internen Blitz ausgeleuchtet. Haben Sie einen externen Blitz auf dem Blitzschuh der α450/500/550, wird dessen Hilfslicht eingeschaltet.

Ist diese Unterstützung nicht gewünscht, kann sie abgeschaltet werden.

Individualfunktionen gekonnt einsetzen

Einstellung	Wirkung
Auto	Das Hilfslicht wird über den internen Blitz bereitgestellt. Ist ein externer Blitz vorhanden, wird das Hilfslicht dieses Blitzes genutzt.
Aus	Das Hilfslicht wird nicht genutzt.

Aufnahmemenü 2
Langzeit-RM

Um das Rauschen bei längeren Belichtungszeiten als 1 Sek. zu vermindern, nimmt die α450/500/550 zusätzlich ein Dunkelbild gleicher Belichtungszeit auf. Softwaretechnisch wird dieses Bild dann vom tatsächlichen Bild abgezogen. Diese Einstellung ist recht effektiv und sollte in den meisten Fällen beibehalten werden.

Ausnahmen werden in Kapitel 3 näher betrachtet. In diesem Zusammenhang sollten Sie darauf achten, dass im Menü *Bildfolge* nicht die Serienbild- bzw. Serienreihenaufnahmefunktion ausgewählt wurde, da hier die Rauschminderung inaktiv ist.

Einstellung	Wirkung
Ein	Die Rauschminderung ist ab 1 Sek. Belichtungszeit aktiv.
Aus	Rauschminderung inaktiv.

Hohe ISO-RM

Sony setzt an der α450/500/550 eine zusätzliche Rauschminderung ein. Ab ISO 1600 wird das Rauschen schon recht auffällig. Schalten Sie die Rauschminderung ab, wenn Sie am PC mit einem speziellen Rauschminderungsprogramm das Rauschen selbst gezielt reduzieren möchten.

> **ISO-Wert stets überprüfen**
> Vor jeder Kamerabenutzung empfiehlt sich die Überprüfung des eingestellten ISO-Wertes. Hat man bei der letzten Fototour eventuell einen sehr hohen ISO-Wert wie ISO 6400 oder 12800 eingestellt, weil die Lichtbedingungen keine niedrigen Werte zuließen, würde man sich nun eventuell ärgern. Denn falls mehr Licht zur Verfügung steht, reichen kleine ISO-Werte aus, was das Bildrauschen verringert.

Benutzermenü 1
Eye-Start-Automatik

Im Suchermodus (OVF) wird in der Standardeinstellung, sobald Sie durch den Sucher sehen, der Autofokus aktiviert. Das gilt natürlich nur, wenn eine Autofokusbetriebsart gewählt wurde. Im manuellen Fokusbetrieb hat die Eye-Start-Automatik nur die Funktion, die Belichtungszeit- bzw. Blendeneinstellung zu aktivieren. Gleiches können Sie aber auch durch halbes Durchdrücken des Auslösers erreichen.

Wenn Sie Ihre α450/500/550 mit dem Tragegurt um den Hals haben, fokussiert sie permanent – bei eingestellter Funktion. Richtig sinnvoll wird diese Funktion erst mit einem Griffsensor.

Überlegen Sie also, ob Sie diese Funktion benötigen, denn sie verbraucht zusätzlich Strom. Im Live-View-Modus steht diese Funktion ohnehin nicht zur Verfügung und würde hier auch wenig Sinn ergeben. Bei der Verwendung von Zubehör für den Sucher, etwa einer Lupe oder eines Winkelsuchers, sollten Sie die Funktion ebenfalls abschalten, da die Sensoren hierdurch verdeckt werden.

Einstellung	Wirkung
Ein	Zusätzliche Rauschminderung aktiv.
Aus	Rauschminderung deaktiviert.

Technik der Alphas

Einstellung	Wirkung
Ein	Die Kamera fokussiert, sobald sie eine Aktivität vor dem Sucher feststellt.
Aus	Die Automatik ist ohne Funktion.

Bildkontrolle

Die Kamera ist so voreingestellt, dass nach der Aufnahme für zwei Sekunden das Bild auf dem Display erscheint. Um sich einen ersten Eindruck von der Aufnahme zu verschaffen, ist das meist zu kurz. Es wird empfohlen, hier die maximal möglichen zehn Sekunden einzustellen. Unterbrochen werden kann die Anzeige jederzeit durch Antippen des Auslösers. Trotz der Einstellung auf automatisches Drehen bei Hochformataufnahmen wird bei der Sofortwiedergabe das Bild nicht gedreht, was auch sinnvoll ist, da man die Kamera bereits im Hochformat hält und so die Aufnahme besser überprüfen kann. Während der Sofortwiedergabe kann das Bild durch Drücken der Papierkorbtaste gleich wieder gelöscht werden.

Einstellungsmenü 1
LCD-Helligkeit

Je nach der Umgebungshelligkeit kann es notwendig werden, die Helligkeit des LCD-Monitors anzupassen. Im Normalfall kann man trotz des brillanten Monitors die Helligkeit auf Maximum (+2) einstellen, um auch bei starkem Sonnenschein das Display gut ablesen zu können. Nur im Dunkeln ist es notwendig, die Helligkeit zu reduzieren, da es sonst zu Blendungen kommen kann.

An der α500/550 ist die Nutzung der automatischen Helligkeitssteuerung im Allgemeinen die günstigste Einstellung. Bei Verwendung der externen Stromversorgung (AC-PW10AM) wird der LCD-Monitor auf maximale Helligkeit eingestellt, auch wenn die Automatik gewählt wurde.

Strom sparen

Die α450/500/550 verfügt über eine sehr effiziente Stromsparfunktion. Diese schaltet die α450/500/550 nahezu komplett ab, sobald die eingestellte Zeit ohne Benutzung der α450/500/550 abgelaufen ist. Vergessen Sie z. B. aus Versehen, die α450/500/550 über Nacht abzuschalten, wird sich der Akku über Nacht so gut wie nicht weiter entladen. Da die α450/500/550 sehr schnell wieder aus diesem Stand-by-Modus erwacht, kann der Standardwert von einer Minute ruhig eingestellt bleiben. Bedenken Sie aber, dass im Live-View-Modus wesentlich mehr Strom verbraucht wird als im OVF-Modus.

Einstellungsmenü 2
USB-Verbindung

Sollten Sie die Möglichkeit nutzen, die Datenübertragung per USB-Kabel direkt von der α450/500/550 zum Computer bzw. Drucker durchzuführen, müssen Sie zwei Optionen beachten. Die Standardeinstellung *Massenspeicher* ist für das Kopieren der Bilddateien die richtige Einstellung. Die α450/500/550 verhält sich wie ein Wechseldatenträger und wird vom Computer als solcher erkannt.

Möchten Sie hingegen mit der α450/500/550 direkt auf einem PictBridge-kompatiblen Drucker ausdrucken, verwenden Sie die Einstellung *PTP*. Zu beachten ist allerdings, dass RAW-Dateien nicht ausgedruckt werden können.

Einstellung	Wirkung
Massenspeicher	Modus zum Kopieren der Bilddateien auf den Computer per USB-Kabel. Auch wichtig bei der Durchführung eines Updates.
PTP	Einstellung zum direkten Drucken an einen PictBridge-kompatiblen Drucker.

Steht nur wenig Licht zur Verfügung und befindet man sich im Nah- bzw. Makrobereich, kann eine Taschenlampe hilfreich sein, um erstens Stimmung ins Bild zu bringen und zweitens dabei zu helfen, den genauen Fokus zu finden.

2. Automatisch und manuell scharf stellen

Die einzelnen Scharfstelltechniken der α450/500/550 werden in diesem Kapitel vorgestellt sowie die Vor- und Nachteile der jeweiligen Variante herausgearbeitet. Auch wird untersucht, in welcher Situation welche der Möglichkeiten die sinnvollste ist. Außerdem werden neben komplizierten Konstellationen auch Möglichkeiten der Bildgestaltung mithilfe der Schärfe genauer betrachtet.

Scharf stellem

2.1 Dem Alpha-Autofokussystem auf den Grund gegangen

Die automatische Scharfstellung, Autofokus genannt, der α450/500/550 ist ein äußerst leistungsfähiges und ausgeklügeltes System, das sehr schnell und treffsicher den gewünschten Schärfepunkt findet. Hierzu arbeiten neun Sensoren, davon ein zentraler Kreuzsensor, nebst Auswerteelektronik in der Kamera.

Der Kreuzsensor ist zugleich sensibilisiert für horizontale und vertikale Strukturen, was das Scharfstellen in den üblichen Situationen erlaubt.

Der Hauptspiegel des Spiegelreflexsystems ist halb durchlässig ausgebildet und lässt so genügend Lichtstrahlen hindurch, die über einen Hilfsspiegel der Auswertesensorik zugeführt werden.

Aus den dann vorhandenen Daten wird in der Zentraleinheit des Computers in wenigen Millisekunden die Fokussierung berechnet und das Objektiv wird über den Autofokusmotor scharf gestellt. Bei eingestelltem Schärfesignal ertönt ein Zeichen, um die Schärfe zu bestätigen.

Bis zu welcher (Gesamt-)Anfangsblende arbeitet der Autofokus?

Je nach Objektiv arbeitet der Autofokus noch mit Objektivlichtstärken bis ca. f6.7 (in Ausnahmefällen sogar bis f8, wie bei dem eigens dafür optimierten Spiegelteleobjektiv AF 500 mm F8 Reflex von Sony). Ältere Telekonverter-Objektiv-Kombinationen (z. B. 2-fach-Konverter + AF 300 mm F4 Objektiv) erlauben ebenfalls noch das automatische

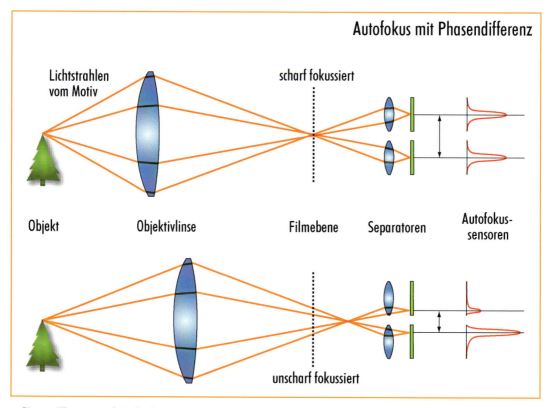

▲ *Phasendifferenz zum Scharfstellen.*

Dem Alpha-Autofokussystem auf den Grund gegangen

Scharfstellen. Die Geschwindigkeit des Autofokus ist dabei aber sehr gering. Hier sollten Sie sinnvollerweise von Hand scharf stellen.

Die Autofokusmessung an sich beruht auf dem Phasenvergleichsverfahren. Teilbilder werden untereinander verglichen und die Phasendifferenz wird ermittelt. Die Auswerteelektronik vergleicht die Informationen mit einem Referenzsignal und berechnet daraus die Steueranweisung für den Autofokusmotor. Dieses Autofokussystem wird als passives System bezeichnet, im Gegensatz zu aktiven Systemen wie Ultraschallentfernungsmessungen. Hier wird die Entfernung durch Aussendung und Empfang von Schallwellen berechnet.

Dagegen funktioniert das passive System durch die Auswertung von Kontrastunterschieden im Motiv. Voraussetzung für diese Methode ist genügend Helligkeit für einen entsprechenden Kontrast, der ausreicht, damit die Kamera auswertbare Informationen erhält. Zu wenig Licht oder kontrastlose Flächen bringen den Autofokus der α450/500/550 an seine Grenzen. In starker Dunkelheit funktioniert der Autofokus dann nicht mehr. Die Grenzen liegen für den Autofokus bei den Belichtungswerten 2 und 20 im Suchermodus bzw. 1 und 17 im Live-View-Modus (4 und 20 mit Spotmessung im Suchermodus, jeweils bezogen auf ISO 100 und mit F1,4-Objektiv). Die α450/500/550 besitzt für solche Fälle ein Hilfslicht, das über den eingebauten Blitz Licht ausstrahlt.

Den Autofokus auch im Dunkeln nutzen

Der eingebaute Blitz der α450/500/550 kann den Autofokus der Kamera im Entfernungsbereich von etwa 1–5 m Motivabstand unterstützen. Bei Objektivbrennweiten ab 300 mm kann es dazu kommen, dass die Scharfstellung mittels AF-Hilfslicht weniger gut funktioniert.

▲ Mit dem eingebauten Blitz können Sie den Autofokus bei wenig Licht unterstützen.

Haben Sie den Autofokusmodus AF-C eingestellt oder bewegt sich im Modus AF-A das Motiv, schaltet die α450/500/550 das Hilfslicht nicht zu. Reicht die Reichweite des α450/500/550-eigenen AF-Hilfslichts nicht aus, können Sie auch die Programmblitze zur Autofokusunterstützung einsetzen.

▲ Programmblitz mit Hilfslicht, hier das Programmblitzgerät HVL-F42AM. Das Hilfslicht kann bei wenig Licht zur Unterstützung des Autofokus dienen.

Scharf stellen

Diese besitzen ebenfalls ein AF-Hilfslicht mit infrarotem Licht. Die Reichweite beträgt bei den Programmblitzen HVL-F36AM und HVL-F42AM ca. 7 m, die der großen Brüder HVL-F56AM und HVL-F58AM immerhin ca. 10 m. Diese Werte hängen aber stark vom eingesetzten Objektiv und dessen Lichtstärke ab. Als Alternative zu den vorgenannten Möglichkeiten kann man sich auch mit einer kleinen Taschenlampe oder einer LED-Lampe, die besonders Strom sparend arbeitet, behelfen.

> **AF-Hilfslicht abschalten**
> Möchte man das AF-Hilfslicht der α450/500/550 oder einen aufgesetzten Programmblitz nicht zur Autofokusunterstützung einsetzen, kann man im Aufnahmemenü 1 das AF-Hilfslicht auch abschalten. Ist der Nachführautofokus bzw. die manuelle Fokussierung gewählt worden, wird das AF-Hilfslicht ohnehin abgeschaltet.

Nach dem Einschalten der Kamera führt diese bei älteren Objektiven eine Kalibrierung durch. Dafür fährt sie einmalig bis zum Unendlichanschlag des Objektivs und bleibt dort stehen. Sollten Sie Objektive mit Fokusbegrenzern besitzen, ist es ratsam, diese beim Einschalten der Kamera auf Unendlich zu stellen, um den Kalibriervorgang nicht zu stören.

Der Autofokusmotor sitzt bei der α450/500/550 im Gehäuse. Die Linsengruppen werden über ein Kupplungselement bewegt. Bei anderen Herstellern sind die Motoren im Objektiv angeordnet, was den Vorteil hat, dass jedes Objektiv einen optimal angepassten Motor erhalten kann. Andererseits steigen die Herstellungskosten für die Objektive durch die zusätzlichen Motoren an. Sony hat hier das von Minolta über Jahrzehnte bewährte System übernommen und belässt den Autofokusmotor in der Kamera. Eine Ausnahme bilden die SSM-Objektive (**S**uper**S**onic Wave **M**otor) von Sony. Hier ist das Objektiv selbst mit einem Ultraschallmotor bestückt. Die α450/500/550 kuppelt in diesem Fall den eigenen Motor zum Objektiv hin aus und schaltet ihn ab. Die Fokussiergeschwindigkeit wird damit noch einmal verbessert. Vor allem aber ist die Geräuscharmut beim Scharfstellen derartiger Objektive hervorzuheben. Auch die neuen SAM-Objektive verfügen über einen eigenen Motor.

▲ Autofokusbegrenzer: Beim Einschalten der α450/500/550 sollte dieser auf FULL stehen, um den Kalibriervorgang nicht zu beeinträchtigen. Dies gilt nicht für D-Objektive.

Der große Messbereich des Autofokus mit den neun Sensoren lässt sich einfach handhaben. Der Auslöser wird leicht angedrückt. Die Elektronik beginnt sofort damit, den Schärfepunkt zu suchen, und bestätigt ihn mit dem Signalton bzw. mit dem roten Aufleuchten der Markierung des Sensors, der die Schärfe erkennt.

Die Schärfe wird im Einzelbildmodus AF-S so lange gespeichert, wie der Auslöser gehalten wird. Dies ist besonders wichtig für die Komposition des Bildes. Zwar sind die Sensoren im Goldenen Schnitt angeordnet und unterstützen damit schon den Fotografen bei der Bildgestaltung, durch die Speicherung der Schärfe ist aber eine freie Platzierung des „scharfen Bildinhalts" auch bei einer Kameraverschiebung möglich. Lässt man die Auslösetaste wieder los, wird die Schärfespeicherung aufgehoben, und man kann von Neuem beginnen.

Dem Alpha-Autofokussystem auf den Grund gegangen

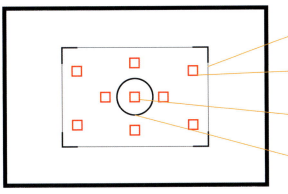

- grosses Fokusmessfeld
- Einzelmessfelder (lokal)
- Spot-AF-Messfeld
- Spot-Belichtungsmessfeld

▲ Messfelder im Sucher.

Im Nachführmodus AF-C wird bei halb gedrücktem Auslöser die Schärfe nachgeführt.

> **Autofokussignal abschalten**
>
> Der Signalton ist in einigen Situationen störend und kann im Einstellungsmenü 2 *Signaltöne* abgeschaltet werden.
>
> Die Tonsignale werden dann allerdings komplett abgeschaltet. Haben Sie den Nachführmodus eingestellt, ertönt ohnehin kein Signal bei gefundenem Fokus.
>
>

Einige Teleobjektive (z. B. das Sony AF 100 mm F2,8 Makro) besitzen einstellbare Anschläge, um den Fokussierweg einzuschränken. Der Motor muss hier aufgrund der langen Fokussierwege nicht jeweils bis zum Endanschlag fahren, sondern ist auf einen zuvor eingestellten Weg begrenzt. Das spart in Situationen, in denen der Schärfebereich vorher eingegrenzt wurde und absehbar ist, eine Menge Fokussierzeit.

Fokusgeschwindigkeit

Die Ingenieure konnten die Autofokusgeschwindigkeit gegenüber den Vorgängern noch einmal steigern. Eigene Tests ergaben, dass mit einem 300-mm-Objektiv ein Fahrzeug, das sich auf den Fotografen zu bewegt, mit einer Geschwindigkeit bis ca. 125 km/h scharf gestellt werden kann.

Das pfiffige Augenstartsystem

Schaut man bei der α450/500/550 durch den Sucher, beginnt der Autofokus dank des Eye-Start-Systems sofort zu arbeiten. Die Kamera erwacht somit umgehend aus dem Ruhezustand und ist bereit zum Auslösen.

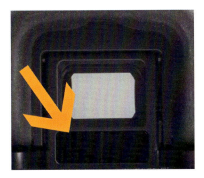

▲ Eye-Start-Infrarotsystem.

Scharf stellem

> **Eye-Start-System aktivieren**
> Nähert man sich dem Sucher der α450/500/550, wird über die Entfernungsmessung eines Infrarotsenders/-empfängers die Eye-Start-Automatik aktiviert. Das heißt, der Autofokus und die Belichtungsmessung beginnen zu arbeiten, und das eventuell auf Stand-by stehende Display wird eingeschaltet. Die notwendige Entfernung zum Einschalten beträgt ca. 3 cm. Die Sensorik ist ebenfalls für das Abschalten des Monitors der α450/500/550 zuständig.

▲ Über die Fn-Taste gelangen Sie ins Menü zur AF-Moduswahl.

Möchten Sie verhindern, dass z. B. eine abgelegte Kamera unbeabsichtigt durch zu nahe kommende Gegenstände von der Eye-Start-Automatik eingeschaltet wird, können Sie im Benutzermenü 1 die Funktion abschalten.

Das Abschalten wird ebenfalls notwendig, wenn die Okularabdeckung am Sucher angebracht wird, um das Einfallen von Licht in den Sucher zu verhindern, z. B. bei Langzeitbelichtungen und Arbeiten mit dem Stativ ohne Durchschauen zum Verdecken des Suchers. Im Live-View-Modus ist die Eye-Start-Automatik weniger sinnvoll. Aus diesem Grund ist sie hier deaktiviert.

Automatik-AF-Modus, der Allrounder

Im Automatik-AF-Modus (AF-A) werden beim Andrücken des Auslösers die AF-Sensoren ausgewertet, um festzustellen, ob sich ein Objekt bewegt oder ob es sich um ein bewegungsloses Objekt handelt. Bei bewegungslosen Objekten stellt die α450/500/550 scharf und speichert diesen Schärfepunkt. Dynamische Objekte werden verfolgt. Die Schärfe wird hier nicht gespeichert, sondern nachgeführt. Der Automatik-AF ist eine Kombination aus Einzelbild-AF und Nachführ-AF.

Bewegt sich ein Objekt nachträglich aus dem bewegungslosen Zustand, schaltet die α450/500/550 nicht automatisch in den Nachführmodus. Hier muss der Auslöser kurz losgelassen werden. Bei erneutem Andrücken gelangen Sie dann in den Nachführmodus. Diese Lösung ist sinnvoll. Denn möchte man, nachdem die Schärfe gespeichert wurde, die Kameraposition verschieben, um eine andere Bildkomposition zu wählen, würde die Kamera dies nicht von einem sich bewegenden Objekt unterscheiden können. Andererseits bleibt die Kamera im Nachführmodus, auch wenn sich ein Objekt plötzlich nicht mehr bewegt. Eine kurz darauf folgende Bewegung des Objekts ist in diesem Fall sehr wahrscheinlich. Der Automatik-AF-Modus ist die Standardeinstellung bei der α450/500/550.

AF-C-Modus für schnelle Bewegungen

Im Nachführ-AF (AF-C) folgt der Autofokus der Objektbewegung oder auch der Abstandsänderung, falls man sich selbst bewegt. Dieser Modus wurde speziell für sich schnell bewegende Objekte entwickelt. Die Schärfe wird permanent nachgeregelt und sogar vorausberechnet, solange der Auslöser angedrückt ist. Vorausberechnet deshalb, weil doch einige Zeit vom Auslösen bis zum Öffnen des Verschlusses vergeht. In dieser Zeit könnte sich das Objekt weiterbewegt haben. Gerade bei Objekten, die sich auf den Fotografen zu bewegen, macht sich dies bemerkbar.

Dem Alpha-Autofokussystem auf den Grund gegangen

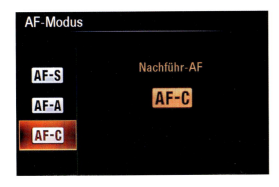

scharfen Bildern. Dass der Nachführ-AF aktiv ist, wird über zwei Klammern um den Fokuspunkt im Sucher dargestellt.

AF-S-Modus für unbewegte Motive

Der sogenannte statische Autofokus ist ideal für unbewegte Motive. Ist also die Nachführung der Schärfe nicht notwendig oder auch nicht gewünscht, wählt man über die Taste Fn in der Menüliste die Option *AF-Modus* aus. Danach stellen Sie *AF-S* ein.

Die α450/500/550 weist zwar durch Aufleuchten des Schärfepunktes auf eine durch sie bestätigte Schärfe hin, nur wird das in solchen Situationen immer nur kurz der Fall sein. Das akustische Schärfebestätigungssignal ist in diesem Modus abgeschaltet. Ohnehin hat man in solchen Situationen mehr mit dem Objekt zu tun, um es wie gewünscht im Sucher einzufangen. Sie können sich hier ruhig auf die α450/500/550 verlassen. Es empfiehlt sich, den Serienbildmodus einzuschalten. Sie erhalten so sicher eine gute Auswahl an

▼ Sich schnell bewegende Objekte fordern den Nachführmodus recht stark.

▲ Unbewegte Objekte nehmen Sie am besten mit dem statischen Autofokus auf.

Ideal ist dieser Modus z. B. für Reproaufnahmen oder im Makromodus. Wurde der Schärfepunkt durch die Kamera gefunden, wird er gespeichert. Erst wenn der Auslöser wieder losgelassen wird, beginnt die Suche nach der Schärfe von Neuem.

Von Hand zum Ziel – manuelles Scharfstellen

Es gibt immer wieder genügend Situationen, in denen Sie – trotz des sehr guten Autofokussystems der α450/500/550 – manuell ins Geschehen eingreifen sollten, um den optimalen Fokus zu finden. Es kommt sogar vor, dass das Scharfstellen überhaupt nur manuell möglich ist. Denken Sie hierbei z. B. an kontrastlose Motive. Aber auch gerade im Bereich der Makrofotografie ist es oft vorteilhafter, manuell zu fokussieren. Die Schärfentiefe ist hier teilweise so gering, dass es sinnvoller ist, den Fokus von Hand festzulegen.

▲ Stellen Sie den Fokussiermodusschalter an der α450/500/550 (*2*) auf MF, um die manuelle Kontrolle über die Scharfstellung zu übernehmen. Verwenden Sie Objektive mit SAM-Antrieb, benutzen Sie den Schalter am Objektiv (*1*), da der Schalter an der Kamera hier keine Wirkung zeigt.

Dem Alpha-Autofokussystem auf den Grund gegangen

Dann ist die feinfühlige Hand des Fotografen gefragt, um die Schärfe visuell treffsicherer und schneller als jede Automatik zu finden. Der Fokussierweg ist hier minimal. Kleinste Veränderungen am Drehring des Objektivs reichen aus, um den Schärfebereich zu verlassen. Die α450/500/550 verfügt über einen Schalter zum einfachen Umschalten zwischen manuellem und automatischem Fokussieren. Auch beim manuellen Scharfstellen bleiben die AF-Sensoren in Betrieb. In der Sucheranzeige wird bei scharfen Abbildungen das Schärfesignal angezeigt. Im Live-View-Modus erscheint eine grüne Umrahmung um den oder die AF-Sensoren, die die Schärfe bestätigen können.

MF Check LV

Neu ist eine weitere Möglichkeit, scharf zu stellen. Mit MF Check LV können Sie den Fokus sehr präzise einstellen.

▼ Im Makrobereich ist der MF-Modus meist erste Wahl.

▲ Mit der Funktion MF Check LV können Sie sehr präzise die Schärfe einstellen. Im Gegensatz zur Live View gelangt hier das Licht direkt auf den Hauptsensor. Dies macht eine Vergrößerung um das 7- bzw. 14-Fache bei einer hohen Auflösung möglich.

Wie bei der Live View der α500/550 erfolgt die Überprüfung auf dem Display. Es wird aber hier

nicht der kleine Zusatzsensor des Live-View-Systems verwendet, sondern der Hauptsensor. Das hat den Vorteil, dass eine wesentlich höhere Auflösung zur Verfügung steht. Damit können Sie hier 7- bzw. 14-fach in das Bild hineinzoomen und so sehr genau das Scharfstellen überprüfen und wenn nötig nachstellen.

▲ Im MF Check LV gelangt das Licht direkt auf den Hauptbildsensor (Bild: Sony).

Das Licht gelangt zum Sensor, indem der Schwingspiegel hochklappt und in dieser Stellung verbleibt, bis Sie auslösen bzw. die Funktion wieder deaktivieren. Sobald der Spiegel aber hochklappt, ist keine Belichtungsmessung mehr möglich. Auch der Autofokus funktioniert dann nicht, was hier auch wenig Sinn machen würde.

Sollten Sie ihn dennoch verwenden wollen, während die Funktion aktiv ist, drücken Sie die AF-Taste. Hierzu ist der AF-Modus notwendig. Der Spiegel klappt kurz herunter, sodass die Autofokussensoren arbeiten können. Die Kamera versucht nun, scharf zu stellen, und der Spiegel klappt wieder nach oben. Das Problem der fehlenden Belichtungsmessung löst Sony dadurch, dass der Spiegel beim Auslösen nochmals nach unten klappt. Jetzt wird die finale Belichtungsmessung durchgeführt und der Spiegel klappt für die Aufnahme wieder nach oben. Während MF Check LV ver-

wendet wird, wird die Displayanzeige automatisch an die Motivhelligkeit angepasst.

Andererseits können Sie die Belichtungsmessung auch fixieren, indem Sie die AEL-Taste vor dem Betätigen der Taste MF Check LV gedrückt halten. Hier wird die zuvor berechnete Belichtung auf die Aufnahme angewandt, auch wenn sich die Belichtungsbedingungen zwischenzeitlich geändert haben. Die Displayanzeige wird ebenfalls nicht an eine eventuelle Motivhelligkeitsänderung angepasst. Man könnte nun meinen, dass sich die α450/500/550 wenigstens hier das Rückschwingen des Spiegels sparen würde. Leider ist das nicht so. Man muss also auch hier auf eine Art „Spiegelvorauslösung" verzichten.

Nach etwa einer Minute schaltet die α450/500/550 automatisch den MF Check LV ab. Dies ist vor allem auch dem Fakt geschuldet, dass es zu einer nicht unerheblichen Erwärmung des Hauptsensors kommt. Stellt die α450/500/550 eine zu hohe Temperatur fest, zeigt sie das auf dem Display mit einem Thermometersymbol an. Bei Raumtemperatur konnten problemlos 20 Aufnahmen hintereinander mit maximaler Laufzeit von einer Minute durchgeführt werden. Hierfür wurden etwa 10 % der Akku-Kapazität verbraucht.

Gegenüber dem Sucher- (95 %) und dem Live-View-Modus (90 %) sehen Sie auf dem Display der α450/500/550 im MF-Check-LV-Modus 100 % der Aufnahme. Das unterstützt Sie bei der optimalen Bildgestaltung. Ins Bild hineinzoomen können Sie über die AEL-Taste und mit den Pfeiltasten des Steuerschalters im Bild manövrieren.

Befinden Sie sich im Suchermodus (OVF), schaltet die Kamera zwar automatisch auf die Displayanzeige um, aber der Sucher wird nicht wie im Live-View-Modus verdeckt. Damit kein Licht durch den Sucher auf den Bildsensor gelangt, verwenden

Sie die Sucherabdeckung (α450) oder besser: Schalten Sie einfach in den Live-View-Modus um. Ein stabiles Stativ ist für die Nutzung der Funktion in jedem Fall notwendig. Die Funktionen Gesichtserkennung und Auslösung bei Lächeln sind hier nicht verfügbar und machen hier auch keinen Sinn. Die Funktion ist ohnehin eher für statische Motive gedacht.

Sport- und Actionaufnahmen mit dem Nachführmodus

Sportaufnahmen sind meist Bilder sich bewegender Objekte. Je schneller sich die Sportler bewegen, umso schwieriger wird es, das Geschehen ausreichend scharf aufzunehmen. Dabei spielt der Abbildungsmaßstab eine entscheidende Rolle.

Ein etwas entfernt fahrender schneller Sportwagen ändert seine Abbildungsgröße so gut wie nicht. Dagegen ist es für den Autofokus schwieriger, einen in Richtung des Fotografen laufenden Jogger mit einem Teleobjektiv zu verfolgen. Für Sportaufnahmen sollten Sie also den Nachführ-AF (AF-C) einschalten. Als Nächstes stellen Sie den Blendenprioritätsmodus (siehe Seite 102) ein. Nun ist noch der Serienbildmodus über die Bildfolgetaste zu aktivieren. Die meisten Berufsfotografen arbeiten in diesem Modus, und auch für die Sportfotografie ist er die erste Wahl. Sie haben so die Kontrolle über die Schärfentiefe und können sie in diesem Fall gezielt vergrößern, um die Ausbeute an scharfen Aufnahmen zu erhöhen. Der Bewegungsbereich des Motivs für scharfe Aufnahmen wird so vergrößert.

Die ISO-Einstellung können Sie bis ISO 12800 erhöhen, um die Verschlusszeiten zu verkürzen. Er-

▲ Wichtig für Sport- und Actionaufnahmen: der Serienbildmodus. Hiermit sind vier bis fünf Bilder pro Sekunde möglich.

▼ Ein Fall für den Nachführmodus. Die besten Ergebnisse erreichen Sie, wenn Sie den Auslöser durchgedrückt halten und entsprechende Serien anfertigen. Später kann man die Aufnahmen nach gut gelungenen Bildern sichten und aussortieren.

Scharf stellem

halten Sie also trotz eingeschalteten SteadyShots verwackelte Aufnahmen, sollten Sie diese Option wählen. Es wird empfohlen, auf maximal ISO 1600 umzuschalten, da ansonsten das Rauschen in den Aufnahmen als störend empfunden werden könnte

Empfohlene Einstellungen für die Sportfotografie mit den Alpha-Modellen

- Die Schärfentiefe sollte maximiert werden, am besten arbeiten Sie im Blendenprioritätsmodus und wählen die gewünschte Blende vor.
- Die ISO-Einstellung sollte je nach Helligkeit bis auf ISO 1600 angehoben werden, um ausreichend kurze Verschlusszeiten zu erhalten.
- Der Serienbildmodus sollte aktiviert werden.
- Der SteadyShot sollte aktiviert sein.
- Für sehr lange Aufnahmesequenzen empfiehlt sich der Einsatz schneller Speicherkarten, vor allem im RAW-Modus.
- Kommt es zu einer aufnahmewürdigen Situation, drücken Sie den Auslöser komplett durch und halten ihn gedrückt.

Der High-Speed-Modus

Hinter der Funktion der Bildfolgezeitpriorität verbirgt sich ein Serienbild-High-Speed-Modus, der nur an der α450 und der α550 zur Verfügung steht. Der Unterschied zum normalen Serienbildmodus besteht darin, dass die Serienbildgeschwindigkeit nochmals von vier bis fünf auf sieben Bilder pro Sekunde erhöht wird. Die Steigerung geht allerdings zulasten der Schärfenachführung und der Belichtungsanpassung. Das heißt, der Fokus und die Belichtung werden zur ersten Aufnahme gespeichert und für die weiteren Aufnahmen verwendet. Gerät dabei das Motiv aus dem Schärfebereich, werden alle folgenden Aufnahmen unscharf sein. Aus diesem Grund ist es notwendig, im Vorfeld die Aufnahmen etwas zu planen. Zum einen muss der Schärfentiefebereich so gewählt werden, dass der Bewegungsbereich des Motivs möglichst damit abgedeckt werden kann.

Andererseits müssen die Belichtungszeiten ausreichend kurz sein, um überhaupt die Funktion sinnvoll nutzen zu können. Belichtungszeiten länger als $1/10$ Sek. machen daher keinen Sinn. Bei sich schnell bewegenden Objekten sind aber ohnehin weit kürzere Belichtungszeiten notwendig.

Sie können sich auch überlegen, ob mehrere kleine Serien möglich sind. Nach jeder Serie werden dann mit etwas Verzögerung der Fokus und die Belichtung durch die α450/550 neu festgelegt. Hierdurch können Sie eine größere Anzahl an richtig fokussierten und belichteteten Aufnahmen erreichen als mit einer längeren Serie.

Wenn im Sucher die 0 blinkt, ist der Pufferspeicher der α450/550 gefüllt und die Kamera ist mit der Übertragung der Bilder auf die Speicherkarte beschäftigt. In diesem Fall müssen Sie etwas warten, um erneut weitere Serien aufnehmen zu können. Schnelle Speicherkarten (ab 30 MByte/s Übertragungsgeschwindigkeit) empfehlen sich für diesen Modus, da der Pufferspeicher schneller wieder geleert werden kann.

In den Szenenwahlprogrammen steht die Funktion nur im Sportprogramm zur Verfügung. Die Gesichtserkennungsfunktion kann die Serienbildgeschwindigkeit negativ beeinflussen.

Dem Alpha-Autofokussystem auf den Grund gegangen

▲ *Kleinste Bewegungsabläufe lassen sich im Bildfolgezeitprioritätsmodus aufzeichnen. Bei sieben Bildern pro Sekunde erhalten Sie so sicher ein paar schöne Bilder, die z. B. Ihren Erwartungen an Mimik und Gestik der Personen entsprechen.*

Automatische oder manuelle Messfeldwahl

Im Automatikmodus überlässt man der Kamera die Wahl des Messfeldes. Sie wird dabei vorrangig das Messfeld für die Erkennung des Hauptmotivs benutzen, das im Bereich des dichtesten Objekts liegt. Das ist auch der Normalfall. Denn meist befindet sich das Hauptobjekt im Vordergrund. Dabei sind die Sensoren so angeordnet, dass sich das Hauptobjekt nicht zwangsläufig im mittleren Bereich befinden muss, was der Bildgestaltung entgegenkommt. Bei eingestellter Mehrzonenbelichtungsmessung geht der Bereich um den aktiven Sensor besonders hoch bewertet in die Belichtungsmessung ein. Das garantiert die optimale Belichtung des Hauptobjekts.

▲ *Die automatische Messfeldwahl, das große Autofokusmessfeld, überlässt der Kamera die Entscheidung darüber, welches Messfeld zum Scharfstellen verwendet wird.*

Für durchschnittliche Anwendungen ist die automatische Messfeldwahl sehr gut geeignet. Natürlich gibt es aber auch Situationen, in denen man der Kamera diese Entscheidung gern abnehmen möchte – eben wenn sich beispielsweise das Hauptobjekt nicht im Vordergrund, sondern im Hintergrund befindet. Die einzelnen Messfelder können Sie mit dem Steuerschalter wählen, sobald Sie als AF-Feld-Modus *Lokal* gewählt haben. Alle neun Sensoren können hier einzeln ausgewählt werden. Besonders bietet sich die Auswahl der im Goldenen Schnitt liegenden vier Sensoren an.

Scharf stellem

Das Hauptobjekt kann nun zur Erhöhung der Bildwirkung exakt ausgerichtet werden.

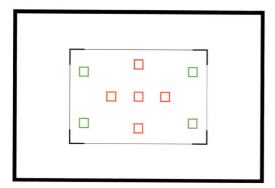

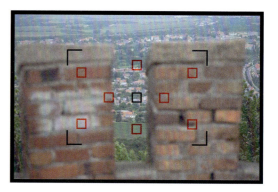

▲ Die zur Ausrichtung im Goldenen Schnitt hilfreichen Sensoren wurden hier grün hervorgehoben.

Der gewählte Sensor wird dazu im Sucher rot (im Suchermodus) bzw. grün (im Live-View-Modus) aufleuchten, wenn Schärfe erzielt wurde, bzw. im Monitor abgebildet.

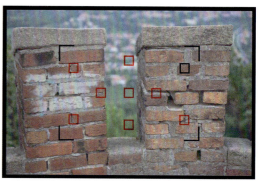

▼ Mit dem entsprechenden AF-Sensor können auch Motive wie dieses exakt scharf gestellt werden. Der Einsatz des großen Autofokusmessfeldes hätte hier vermutlich auf das Blatt im Hintergrund scharf gestellt.

▲ Die Automatik hätte hier vermutlich wie im unteren Bild scharf gestellt. Nach der Wahl eines lokalen Sensors können Sie selbst entscheiden, was scharf sein soll.

> **Die Besonderheit des mittleren AF-Messfeldes**
>
> Der mittlere Sensor besteht aus zwei Sensoren und ist als Kreuz ausgebildet. Er ist damit bestens für horizontale und vertikale Kontraste gerüstet, während die anderen acht Sensoren nur in eine Richtung wirken. Es ist damit das leistungsfähigste Messfeld der α450/500/550.

2.2 Der Einsatz des Neun-Punkt-Autofokus

Wenn man sich die vielen Diskussionen in unterschiedlichen Bildergalerien im Internet hinsichtlich der Bildschärfe anschaut, wird deutlich, wie wichtig dieses Thema ist. Sitzt sie an der falschen Stelle, ist der Schärfentiefebereich zu klein bzw. zu groß oder ist eventuell gar keine Schärfe im Bild vorhanden, werden die Gemüter entsprechend stark bewegt.

In vielen Bereichen wird die hoch entwickelte Autofokussteuerung der α450/500/550 gute Ergebnisse erzielen. Will man aber ernsthafter in die Fotografie einsteigen, wird man die Bevormundung durch Automatiken möglichst bald umgehen wollen. Denn eines wird wohl auch in Zukunft keine Kamera beherrschen: vorhersehen, welches Ergebnis der Fotograf in der jeweiligen Motivsituation erwartet. Aufgrund einer großen Datenbank mit Fotografenwissen, die in die Kameraelektronik eingeflossen ist, kann sie es vermuten und entsprechende Vorschläge für die einzelnen Einstellungen unterbreiten, mehr aber eben nicht.

Praktische Tipps zum Autofokus

- Stark reflektierende Flächen oder Motive mit extremer Helligkeit stellen für den Autofokus ein Problem dar. Hier fokussiert man besser manuell.
- Beim Einsatz von Filtern sollte man auf hochwertige Qualität achten, da nur mit diesen ein einwandfreier Autofokusbetrieb gewährleistet ist.
- Einige Objektive drehen beim Fokussieren die Frontlinse, was den Einsatz von zirkularen Polfiltern notwendig macht.
- Blinkt die Scharfstellungsanzeige im Sucher, kann die Kamera nicht selbst scharf stellen. Eventuell ist ein kontrastloses oder ein (zu) regelmäßiges Motiv vorhanden. Oder man befindet sich mit der α450/500/550 zu dicht am Motiv (siehe Naheinstellgrenze, Kapitel 9.5). Es kann auch sein, dass die Helligkeit für die Kamera nicht ausreicht, um selbst scharf zu stellen.
- Das Fokussieren durch eine saubere Glasscheibe ist möglich. Auf die Glasscheibe selbst kann nicht automatisch scharf gestellt werden, wenn keine Kontraste (wie z. B. Lichtreflexe) vorhanden sind.

Fokusprobleme: mit den Zeilensensoren umgehen

Die α450/500/550 verwendet neben dem Kreuzsensor acht weitere Sensoren. Diese sind hingegen als Zeilensensoren ausgebildet. Während der zentrale Kreuzsensor vertikale wie auch horizontale Strukturen erkennen kann, erkennt ein Zeilensensor nur entweder horizontale oder vertikale Kontraste.

Treten in der Praxis hier einmal Probleme auf, haben Sie die Möglichkeit, die Kamera um 90° zu drehen. Die Messung dürfte dann keine Schwierigkeiten mehr bereiten. Die zweite Möglichkeit besteht darin, den Kreuzsensor zu nutzen. Wählen

Scharf stellem

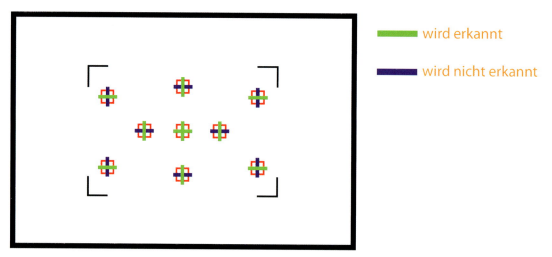

▲ Bis auf den zentralen Kreuzsensor erkennen die Sensoren nur horizontale oder vertikale Linien.

Sie dazu das zentrale Messfeld aus und messen Sie die betreffende Stelle an. Nun speichern Sie die Schärfe durch die halb niedergedrückte Auslösetaste. Verschwenken Sie dann die Kamera wieder zurück zum ursprünglichen Motivausschnitt und lösen Sie aus.

Was beeinflusst die Schärfe?

Oft hört man, dass für eine ordentliche Bildschärfe vor allem ein möglichst hochwertiges, kostspieliges Objektiv nötig sei. Sicher ist das verwendete Objektiv ein großer Einflussfaktor auf die Schärfe – aber eben nur einer. Zudem gibt es genügend Beispiele für kostengünstige Objektive mit einer guten Schärfeleistung, was im Übrigen auch für das Kit-Objektiv AF 18-55 mm F3,5-5,6 DT SAM gilt. Vergleiche mit dem wesentlich teureren Objektiv Sony/Carl Zeiss Vario-Sonnar T* AF 16-80 mm F3,5-4,5 ZA zeigten keine extremen Unterschiede in der Abbildungsleistung, besonders auch im Bereich der Schärfe.

Natürlich gibt es aber noch weitaus mehr Faktoren, die die Schärfe im Bild beeinflussen. Hier nur eine kleine Auswahl:

- Verwacklungsunschärfe,
- Bewegungsunschärfe,
- beschlagene oder unsaubere Linsen,
- minderwertige Filter,
- nicht korrekt gelagerte Sensoren,
- streulichtempfindliches Objektiv,
- falsche Fokussierung etc.

Verlieren Sie nicht den Mut bei unscharfen Bildern

Man sieht, dass eine gelungene, scharfe Aufnahme von vielen Faktoren und nicht zuletzt auch vom Fotografen abhängt. Aber man sollte sich damit trösten, dass selbst Profifotografen bei ihrer Arbeit mit entsprechendem Ausschuss leben müssen. Gerade bei den Profis ist der Ausschuss oft besonders hoch.

Es macht also nichts, wenn der Hobbyfotograf zunächst nicht immer die gewünschte Schärfe in den Bildern sehen wird. Übung und das entsprechende Wissen um die Schärfe machen auch hier den Meister. Im Folgenden werden wir uns den wichtigsten Problemfällen widmen.

2.3 Schwierigkeiten, mit der Schärfe umzugehen

In diesem Abschnitt sollen einige gängige Schärfeprobleme besprochen und wichtige Tipps zu deren Behebung gegeben werden.

Verwacklungsunschärfe vermeiden

Die richtige Kamerahaltung und das gleichmäßige, sanfte Drücken des Auslösers sind hier entscheidend. Hat man die Kamera nicht fest im Griff oder reißt den Auslöser nur durch, entstehen schnell verwackelte Fotos. Der SteadyShot kann hier mindernd eingreifen. Er ist aber keine Garantie für verwacklungsfreie Fotos. Mehr Informationen über den SteadyShot gibt es auf Seite 18.

▲ Die richtige Kamerahaltung hilft, Verwacklungen zu vermeiden.

Wenn es die Situation zulässt, sollten Sie nicht auf ein Stativ verzichten. In diesem Fall sollte der SteadyShot abgeschaltet werden, und es ist auch sinnvoll, den 2-Sekunden-Selbstauslöser zu nutzen, um ein Verwackeln durch das Drücken des Auslösers zu vermeiden. Eine weitere Möglichkeit besteht darin, durch Erhöhung des ISO-Wertes die notwendige Belichtungszeit zu verkürzen. Je kürzer die Belichtungszeit, umso geringer ist das Risiko zu verwackeln. Weitere Informationen zur verwacklungsfreien Belichtungszeit erhalten Sie auf Seite 18.

Lichtstarke Objektive sind ebenfalls sehr nützlich, um die Belichtungszeit zu verkürzen. Mit einer entsprechend weit geöffneten Blende (z. B. f1.4) können Sie auch bei schlechten Lichtverhältnissen verwacklungsfrei fotografieren. Bedenken sollten Sie hier aber die recht geringe Schärfentiefe aufgenommener Motive in der Nähe der Kamera.

> **Verwacklungen vermeiden**
> Eine alte Methode, verwackelte Bilder zu vermeiden, ist das kurze Luftanhalten während des Auslösens. So werden zumindest eventuelle Verwacklungen durch die Atmung ausgeschlossen.

Mit Bewegungsunschärfe Dynamik erzeugen

Bewegungsunschärfe kann durchaus im Bild gewünscht sein. Dynamische Vorgänge können so z. B. hervorgehoben werden.

▲ Ungewollte Bewegungsunschärfe. Die Belichtungszeit (¹/₆₀ Sek. bei 500 mm Brennweite, freihändig) war hier zu lang, um die Kraniche scharf abzubilden.

Scharf stellem

▲ Beispiel einer durch Mitziehen provozierten Bewegungsunschärfe im Hintergrund, die die Dynamik des Läufers verstärken soll. Es musste auf Blende 14 abgeblendet werden, da recht starkes Sonnenlicht vorhanden war. Hieraus resultierte eine Belichtungszeit von 1/125 Sek. (Brennweite 200 mm).

Möchte man aber eine Bewegungsunschärfe vermeiden, muss die Belichtungszeit so kurz sein, dass sich das Motiv bzw. der Fotograf in dieser Zeit entsprechend wenig bewegt. Die Belichtungszeit ist also möglichst kurz zu halten.

Folgende Möglichkeiten, um dies zu erreichen, stehen zur Wahl. Sie können natürlich auch in Kombination zum Einsatz kommen:

- Sie sollten den Verschlusszeitenprioritätsmodus wählen, um eine möglichst geringe Verschlusszeit vorwählen zu können. Die notwendige Blende wird hierbei durch die Kamera gesteuert.
- Alternativ kann der Sport-/Actionmodus gewählt werden. Auch hier versucht die Kamera, eine möglichst kurze Belichtungszeit einzustellen.
- Durch Erhöhung des ISO-Wertes ist ebenfalls eine Reduzierung der Belichtungszeit möglich. Sie sollten aber aufgrund des recht hohen Rauschens Werte über ISO 3200 vermeiden. Erhöht man den ISO-Wert von ISO 200 auf ISO 800, erreicht man eine Reduzierung der Belichtungszeit um den Faktor 4 (1/20 Sek. bei ISO 200 entspricht 1/80 Sek. bei ISO 800).
- Auch mit einem lichtstarken Objektiv kann die Belichtungszeit durch Öffnen der Blende verringert werden.
- Nutzen Sie das RAW-Format, können Sie durch gewolltes Unterbelichten die Belichtungszeit um bis zu 2 EV weiter verringern. Im RAW-Konverter wird dieser Wert wieder ausgeglichen. Die Belichtungszeit wird so nochmals geviertelt (bei −2 EV).

2.4 Schnelle Objekte optimal einfangen

Sich schnell bewegende Objekte optimal abzulichten, stellt für Kamera und Mensch eine besondere Herausforderung dar. Die Bedeutung von „schnell" ist hier natürlich relativ. Denn ein weit entferntes Fahrzeug mit einem Weitwinkelobjektiv aufzunehmen, ist weitaus leichter, als einen vorbeifliegenden Vogel mit einem starken Teleobjektiv zu fotografieren.

Natürlich gehört immer etwas Glück, aber vor allem auch Beharrlichkeit dazu, eine gelungene Aufnahme zu erreichen. Im Folgenden sollen einige Einstellungsvarianten und Tipps für bessere Voraussetzungen sorgen.

Sich schnell bewegende Motive im Freien

Bevor man sich auf den Weg in die Natur macht, sollte die Kamera gut vorbereitet sein. Auch das notwendige Zubehör sollte nicht vergessen werden. Dies ist besonders wichtig, wenn man einen relativ langen Anfahrtsweg auf sich nimmt, um zu seinen Fotogebieten zu gelangen.

Für Tagesausflüge sollte ein Akku für die α450/500/550 ausreichen, da mit ihm ca. 400–900 Bilder aufgenommen werden können. Schaden kann es natürlich nicht, einen zweiten voll aufgeladenen Akku dabeizuhaben. Nutzen Sie die Live View des Öfteren, müssen Sie mit einem schneller entleerten Akku rechnen.

Für diesen doch recht anspruchsvollen Bereich der Fotografie sollten Sie das RAW-Format nutzen. So haben Sie später noch alle Möglichkeiten der Bildbearbeitung offen und können ein Maximum an Qualität erreichen. Die Verwendung des RAW-Formats macht entsprechend große Speicherkarten erforderlich. Rechnen können Sie mit einem Speicherbedarf von etwa 60 bzw. 70 Bildern im

▼ Fliegende Insekten erfordern sehr kurze Belichtungszeiten, um Schärfe ins Bild zu bringen. Diese Aufnahme entstand bei $1/640$ Sek. und Blende 6.3.

Scharf stellem

RAW-Format je GByte. Verwenden Sie die Option *RAW & JPEG*, bringen Sie auf einer 1-GByte-Speicherkarte nur noch ca. 40 bzw. 50 Bilder unter. Bei der Berechnung des Speicherbedarfs können Sie aber das Löschen nicht gelungener Aufnahmen in einer ruhigen Minute mit einplanen, sodass sich der Speicherbedarf etwas reduziert.

ISO 200 ist eine gute Wahl, wenn Sonnenschein und somit genügend Licht vorhanden ist. Ist es bedeckt, kann ISO 400 bis ISO 800 notwendig werden. In Ausnahmefällen kann ISO 1600 zum Einsatz kommen, wobei hier das Rauschen schon deutlich wird. Da kurze Belichtungszeiten benötigt werden und die Länge vom Fotografen festgelegt werden sollte, kommt sinnvollerweise der Verschlusszeitenprioritätsmodus zum Einsatz. Die notwendigen Blendenwerte steuert die α450/500/550 passend dazu. Als Belichtungszeit stellen Sie je nach Motiv und Motivgeschwindigkeit zwischen $1/500$ und $1/1500$ Sek. ein. Für den Belichtungsmodus sollte die Spotmessung, bei recht formatfüllenden Aufnahmen die Mehrfeldmessung eingestellt werden.

> **Blendenprioritätsmodus für sich schnell bewegende Motive**
> Im Blendenprioritätsmodus ermittelt die Kamera die notwendige Belichtungszeit zur vom Fotografen eingestellten Blende. Dieser Modus kann auch für sich bewegende Motive sinnvoll sein und wird auch sonst zum großen Teil von Fotografen bevorzugt. So arbeitet man hier vorrangig mit Offenblende und blendet nur weiter ab, wenn genügend Licht vorhanden ist, womit die Schärfentiefe vergrößert werden kann.

Besonders wichtig ist die Einstellung des Serienbildmodus. Hier reicht es, den Auslöser durchzudrücken und gedrückt zu halten. In diesem Modus schafft die α450/500/550 bis zu fünf Aufnahmen pro Sekunde und hält das im RAW-Modus mindestens drei bzw. sieben Aufnahmen lang durch. Danach benötigt sie eine kleine Pause, um den Zwischenspeicher auf die Speicherkarte zu übertragen. Dieser Wert ist abhängig vom Bild-

Diese Aufnahme entstand mit dem AF 70-200 mm F2,8 G SSM und 2-fach-Konverter. Die Belichtungszeit betrug $1/3200$ Sek., was der Aufnahme zur entsprechenden Schärfe verhalf.

▲ Die Aufnahme der auffliegenden Wildgänse forderte den Autofokus recht stark. Eine Serie von Aufnahmen ist in solchen Fällen sinnvoll, um zumindest ein paar gelungene Aufnahmen mit nach Hause nehmen zu können.

inhalt und von der verwendeten Speicherkarte. Schnelle Speicherkarten wie die SanDisk Extreme III oder Sonys Memory Stick PRO-HG Duo tragen zur Speichergeschwindigkeit bei.

Zehn Aufnahmen hintereinander sind so keine Seltenheit, was in den meisten Situationen ausreichen sollte.

2.5 Falsch gelagerten Hauptsensor sicher erkennen

Backfokus und Frontfokus sind beides oft besprochene Begriffe in vielen Internetforen. Leider traten tatsächlich vereinzelt Probleme mit Vorgängermodellen der α450/500/550 auf. Trotz korrekter Scharfstellung der Kamera lag auf den Aufnahmen die Schärfe entweder vor der eingestellten Schärfeebene (Frontfokus) oder dahinter (Backfokus). Andere Hersteller waren ebenfalls betroffen. Da dieses Problem vorrangig bei Aufnahmen mit geringer Schärfentiefe auftritt, ist der Fehler meist nicht sofort zu erkennen. Im Folgenden wird eine Methode beschrieben, mit der Sie herausfinden können, ob Ihre α450/500/550 eventuell betroffen sein könnte.

Voraussetzungen für den Test

Zunächst muss dafür Sorge getragen werden, dass Unschärfe durch Verwacklungen ausgeschlossen wird. Das heißt, ein Dreibeinstativ ist die erste Voraussetzung für den Test. Der SteadyShot sollte ausgeschaltet werden, da er auf dem Stativ weniger sinnvoll ist, sondern im Gegenteil sogar im

Scharf stellem

Extremfall minimale Verwacklungen verursachen kann. Auch bietet es sich an, den 2-Sekunden-Selbstauslöser zu verwenden, um Verschiebungen bzw. Verwacklungen zu vermeiden (Bildfolgetaste drücken, um in das entsprechende Menü zu gelangen). Um Einflüsse durch Wind ausschließen zu können, führen Sie den Test am besten in windgeschützten Räumen durch. Wollen Sie den Test mit größeren Brennweiten durchführen, ist es notwendig, genügend Platz zur Verfügung zu haben, um die Mindestentfernung zum Scharfstellen des Objektivs einhalten zu können. Als Motiv zum Abfotografieren eignen sich z. B. drei oder mehr Videohüllen oder Bücher.

Kameraeinstellungen

Um optimale Testbedingungen zu schaffen, stellen Sie folgende Optionen an der α450/500/550 ein:

1

Wählen Sie den Blendenprioritätsmodus, um eine möglichst große Blende einstellen zu können. Die notwendige Belichtungszeit errechnet die Kamera.

2

Über das Einstellrad wählen Sie nun die größte mögliche Blende (kleiner Blendenwert, z. B. f1.7) aus. Als ISO-Wert sollten Sie ISO 200 wählen, um Unschärfe durch Bildrauschen auszuschließen.

3

Als Fokussiermodus wählen Sie den Spot-AF aus. Als Dateiformat stellen Sie JPEG-Fein bzw. RAW ein, um Reserven bei der Überprüfung der Schärfe zu haben.

4

Über die Bildfolgetaste gelangen Sie in das Menü zur Auswahl des 2-Sekunden-Selbstauslösers (*2-s-Selbstausl.*).

▲ Wählen Sie den 2- bzw. 10-Sekunden-Selbstauslöser, wenn Sie ohne Fernbedienung arbeiten, um Verwacklungen durch Drücken des Auslösers zu vermeiden.

Motivwahl und Kameraausrichtung

Bewährt haben sich Videohüllen oder Buchrücken. Diese sollten über eine plane Fläche und ein kontrastreiches, differenzierbares Motiv verfügen.

1

Die Kamera setzen Sie auf ein Stativ und richten sie parallel zum Objekt aus. Das Spotmessfeld muss auf die mittlere Videohülle zeigen. Es darf keine Überschneidung mit einer zweiten Hülle auftreten. Zudem muss eine Stelle angemessen werden, in der ausreichend Kontrast vorhanden ist. Auf eine nur einfarbige Fläche würde vermutlich nicht exakt scharf gestellt werden.

Die Beleuchtung der Videohüllen sollte möglichst gleichmäßig und ausgewogen sein.

2

Nutzen Sie die Nahdistanz zum Scharfstellen des Objektivs aus und gehen Sie möglichst dicht an das Motiv heran. Sie erreichen so einen geringen Schärfentiefebereich und können Abweichungen besser erkennen. Es wurde berichtet, dass Back- bzw. Frontfokus teilweise erst ab etwa 2–3 m Entfernung zum Motiv sichtbar wurden. Um dies zu überprüfen, fertigen Sie auch in diesem Abstand Testfotos an.

Falsch gelagerten Hauptsensor sicher erkennen

▲ Testaufbau.

3

Die Videohüllen stellen Sie so auf, dass sich in der Tiefe eine Abstufung ergibt. Beginnen sollten Sie mit etwa 5 mm. Später kann dieser Wert – wenn nötig – noch verringert werden.

Die Motivaufnahme

Wichtig bei diesem Test ist es, nicht nur eine Aufnahme zu machen. Bevor Sie die Kamera aufgrund eines nicht richtig durchgeführten Tests zum Service schicken, sollten Sie sich vergewissern, den Test gewissenhaft und mit mehreren Aufnahmen durchgeführt zu haben. Gehen Sie am besten wie folgt vor:

1

Fertigen Sie mindestens eine Testreihe aus je drei Aufnahmen an. Jede Aufnahme sollte dabei aus der Unschärfe heraus erneut auf die mittlere Videohülle scharf gestellt werden.

2

Eine Testreihe mit manueller Scharfstellung kann die Testreihe ergänzen und Aufschluss über einen eventuell nicht richtig funktionierenden Autofokus geben.

3

Da am Kameradisplay geringe Schärfeunterschiede nicht zu erkennen sind, sollten Sie den Testaufbau unverändert lassen und die Bilder zunächst am PC-Monitor auswerten. Sollte der Test wiederholt werden müssen, ersparen Sie sich einen erneuten Aufbau.

Auswertung der Testaufnahmen

Am günstigsten ist die Auswertung der Aufnahmen im 100 %-Zoommodus des Bildbearbeitungsprogramms. Stellen Sie nun fest, dass nicht die mittlere, sondern eine andere Videohülle scharf abgebildet wurde, muss ein dejustierter Sensor bzw. ein defektes Objektiv vermutet werden. Ist noch ein weiteres Objektiv vorhanden, sollten Sie den Test nochmals mit diesem Objektiv durchführen. Tritt der Fehler auch hier auf, lässt sich daraus schließen, dass es sich um einen falsch eingestellten Sensor handelt. Andernfalls liegt es am Objektiv, das zum Service geschickt werden sollte. Bei der Auswertung ist darauf zu achten, dass die Fokusprobleme an einem lichtstarken Objektiv mit großer Blendenöffnung wesentlich besser zu erkennen sind als an einem Telezoomobjektiv mit einer Anfangsblende von z. B. f5.6 bzw. an einem Weitwinkelobjektiv.

▲ Die in der Mitte scharf gestellte Videohülle ist tatsächlich scharf, während die etwas weiter vorn bzw. hinten aufgestellten Hüllen merklich unschärfer erscheinen. Dies bestätigt, dass der Sensor richtig justiert ist – hier mit einem 100-mm-Objektiv bei Blende 2.8.

▲ Nicht die mittlere Hülle ist scharf abgebildet, sondern die links etwas weiter vorstehende Hülle. Hier muss ein Frontfokusproblem vermutet werden.

▲ Auch hier ist nicht die mittlere Hülle scharf. Da die etwas weiter hinten stehende Hülle rechts scharf ist, wird ein Backfokusproblem vermutet.

Der Schärfentiefebereich ist hier bereits bei voll geöffneter Blende zu groß, um den Test vernünftig durchführen zu können. Andererseits spielt hier ein leicht dejustierter Sensor auch eine untergeordnete Rolle, da die Schärfentiefedifferenz vielleicht 2 oder 5 mm beträgt und in diesen Fällen so gut wie nicht auffällt.

Weitere Möglichkeiten zum Testen

Eine weitere Möglichkeit, auf Fokusprobleme zu testen, ist das Abfotografieren eines Fokustestbildes. Dieses kann z. B. unter *http://www.focustestchart.com/* von Tim Jackson heruntergeladen werden. Eine ausführliche (englische) Beschreibung ist im PDF-Dokument ebenfalls enthalten. Dadurch, dass das Testbild aber im 45°-Winkel abfotografiert werden muss, ergibt sich schon eine Ungenauigkeit. Zur Beurteilung eines eventuellen Fokusfehlers ist daher der vorher beschriebene Test sinnvoller. Der Vollständigkeit halber soll hier noch erwähnt werden, dass einige Sony-DSLR-Benutzer selbst versucht haben, die Autofokussensoren einzustellen. Es war hier von einigen positiven Rückmeldungen zu hören. Es ist so, dass sich unter dem Gehäuse ein Aufkleber (um das Stativgewinde herum) befindet.

▲ Nach dem Abnehmen des Aufklebers werden drei Schrauben sichtbar. Ob diese allein der Autofokusjustage dienen, kann nicht bestätigt werden. Im Falle eines verstellten Autofokus sollten Sie die Kamera unbedingt zum Service geben.

Scharf stellem

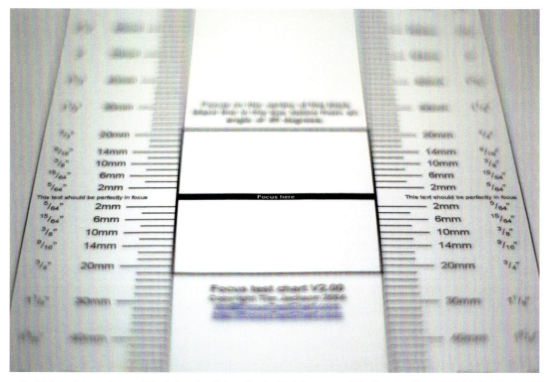

▲ Testbild zur Untersuchung auf Back- bzw. Frontfokus. Hier im Winkel von etwa 45° mit einem 50-mm-Objektiv bei Blende 1.7 aufgenommen. Ein Fokusfehler ist nicht zu erkennen. Die Schärfe liegt genau im optimalen Bereich.

Wenn dieser gelöst wird, werden drei versenkte Inbus-Madenschrauben sichtbar. An diesen Schrauben ist der Einstellvorgang durchgeführt worden. Ob diese Schrauben überhaupt die Funktion besitzen, die Fokussensoren einzustellen, konnte bisher nicht geklärt werden. Einige Meinungen gehen davon aus, dass diese Schrauben nur dem Halt des AF-Moduls dienen. Andere meinen, dass hier nur die Grundjustage möglich wäre. Es wird deshalb dringend davon abgeraten, diesen Eingriff selbst vorzunehmen. Ohnehin werden solche Arbeiten während der Garantiezeit kostenlos vom Service durchgeführt, sollte hier wirklich einmal ein Problem auftreten.

Anlaufpunkte für den Service

Sollte es doch einmal notwendig werden, die Kamera bzw. Objektive zum Service zu schicken, sind nachfolgend die entsprechenden Adressen angegeben:

AVC Audio-Video-Communication Service GmbH
Emil-Hoffmann-Str. 19a
50996 Köln (Rodenkirchen)
Tel.: +49 22 36-38 38-0
Fax: +49 22 36-38 38-99
E-Mail: *Koeln@avc.de*

Firma Geissler (Herbert Geissler Service)
Lichtensteinstraße 75
72770 Reutlingen
Tel.: +49 70 72-92 97-0
Fax: +49 70 72-20 69
E-Mail: *info@geissler-service.de*

Komplizierte Scharfstellsituationen meistern

Für Kameras und Objektive der Firma Minolta bzw. Konica Minolta ist folgender Servicestützpunkt zuständig:

Runtime Contract GmbH
Senator-Helmken-Straße 1
28197 Bremen
Tel.: +49 421-52 62 80
Fax: +49 421-52 62 81 11

Möchte man sich darüber informieren, ob eventuell aufgetretene Probleme bereits bekannt sind und ob es schnelle, unkomplizierte Lösungen gibt, kann man dies in folgenden Internetforen tun:

- http://www.sony-foto-forum.de
- http://www.so-fo.de
- http://www.sonyuserforum.de
- http://club-sonus.sony.de

2.6 Komplizierte Scharfstellsituationen meistern

Immer wieder ergeben sich Situationen, in denen der Autofokus Probleme beim Scharfstellen hat. Beispielsweise kontrastarme Motive oder Motive mit gleichmäßigen Strukturen sind für den Autofokus aufgrund seiner Funktionsweise problematisch. Zu wenig Licht oder ein nicht im Bereich eines Autofokusmessfeldes befindliches Objekt sind weitere Problemfelder, die nachfolgend beleuchtet werden.

Wenig Licht und trotzdem scharf

Obwohl der Autofokus der α450/500/550 einen weiten Funktionsbereich besitzt und sehr lichtempfindlich ist, stößt er im Dunkeln an seine Grenzen. Selbst für uns Menschen ist es schwierig, mit unseren „hoch entwickelten" Augen in der Dunkelheit die Schärfe richtig einzuschätzen. Die Schärfespeicherung der α450/500/550 erlaubt das Speichern der Schärfe anvisierter heller Punkte. Wenn sich diese im gewünschten Schärfebereich befinden, kann bei erfolgreichem Scharfstellen diese Funktion genutzt werden. Die Kamera wird dann entsprechend geschwenkt und ausgelöst. Dazu sollte der statische Autofokus (AF-S) eingeschaltet werden.

Internes AF-Hilfslicht zur Unterstützung bei der Scharfstellung

Reicht das Licht zum Scharfstellen nicht mehr aus, bedient sich die α450/500/550 des AF-Hilfslichts. Leider ist die Reichweite begrenzt, sodass hier nur mit Erfolgen zu rechnen ist, wenn sich das Objekt nicht zu weit entfernt befindet. Bei Nutzung eines externen Blitzes an der α450/500/550 kann dessen Hilfslicht genutzt werden, um den Autofokus zu unterstützen. Der Vorteil liegt in der größeren Reichweite.

> **Deaktiviertes Autofokushilfslicht**
> Falls das Autofokushilfslicht bei Dunkelheit an der α450/500/550 nicht funktioniert, wenn man den Auslöser halb durchdrückt, sollten Sie im Aufnahmemenü 1 nachschauen, ob es eventuell deaktiviert wurde.
>
>
>
> Ein deaktiviertes Autofokushilfslicht kann sinnvoll sein, wenn das Aufblitzen des internen Blitzes nicht gewünscht ist, z. B. weil die Aufmerksamkeit so zu stark auf den Fotografen gerichtet würde.

Scharf stellen

Weit entfernte Objekte scharf stellen

Selbst das AF-Hilfslicht der großen externen Blitzgeräte (HVL-F56AM oder HVL-F58AM) reicht sicher nur für etwa 10 m aus, um den Autofokus im Dunkeln zu unterstützen. Ab dieser Entfernung sind stärkere Leuchtmittel notwendig.

Lichtstrahlen stark bündelnde Taschenlampen oder ein Laserpointer können helfen, auch über größere Distanzen den Autofokus mit ausreichend Licht zu unterstützen.

Außermittige Objekte korrekt scharf stellen

In der Standardeinstellung ist bei der α450/500/550 der große Autofokusbereich voreingestellt. Die Kamera ermittelt nun selbstständig, welches der neun Messfelder Priorität bekommt und den Schärfepunkt festlegen darf. Für Schnappschüsse und recht plane Motive mit nur einer Schärfeebene ist diese Messart sicher geeignet. Steigt man aber ernsthafter in die Fotografie ein, möchte man selbst bestimmen, welches Messfeld genutzt werden und wo die Schärfe liegen soll. Ambitionierte Fotografen nutzen aus diesem Grund meist das zentrale Messfeld, hier Spot-AF genannt. Dieses Messfeld ist zudem als Kreuzsensor ausgelegt, der für horizontale und vertikale Strukturen gleichermaßen sensibilisiert ist.

Aber auch hier gibt es Grenzen. Kontrastlose Flächen geben dem zentralen Sensor keine Chance zur Scharfstellung. Hier kann man versuchen, ein kontrastreiches Objekt in der Schärfeebene zu finden, dieses anzumessen und dann zum eigentlichen Motiv zurückzuschwenken. Kameraverschiebungen sind ebenfalls nützlich, wenn es darum geht, das Objekt in eine Position nach den Regeln des Goldenen Schnitts zu legen. Im Folgenden wird gezeigt, wie man dies am besten bewerkstelligt.

Kameraverschiebung bei außermittigen Motiven

Zunächst sollte im Menü *AF-Feld*, erreichbar über die Funktionstaste Fn, der Spotautofokus gewählt werden. Außerdem wählen Sie als Autofokusmodus AF-A oder besser AF-S, um eine Schärfenachführung zu verhindern.

Variante A

1

Als Erstes schwenken Sie die Kamera so, dass das bildwichtige Element vom zentralen AF-Messfeld erfasst wird. Der Auslöser wird dann halb durchgedrückt. Nun ist der Schärfepunkt gespeichert.

2

Bei gedrücktem Auslöser wird nun zusätzlich noch die AEL-Taste gedrückt, um die Belichtungswerte zu speichern. Andernfalls kann es, insbesondere beim gewählten Belichtungsmodus Spot, zu Fehlbelichtungen durch die Kameraverschiebung kommen.

> **AEL-Taste einstellen**
>
> Die AEL-Taste kann im Benutzermenü so eingestellt werden, dass der Belichtungswert bis zum erneuten Drücken der Taste gespeichert wird. Sie ersparen sich so das permanente Drücken der Taste, bis die Bildkomposition beendet ist.

3

Nun verschiebt man die Kamera zur gewünschten Position, um z. B. den Goldenen Schnitt anwenden zu können, und drückt den Auslöser voll durch.

Diese Methode können Sie auch anwenden, wenn der Autofokus bei z. B. kontrastschwachen Motiven Probleme bereitet.

Mit Schärfentiefe Bilder gestalten

Wenn sich in der Schärfeebene außerhalb Ihres Motivs Punkte zum Scharfstellen anbieten, können Sie diese anfokussieren, die Schärfe wie beschrieben speichern und die Kamera entsprechend verschieben.

⚙ Variante B

Die α450/500/550 verfügt über eine weitere Funktion, die in solchen Fällen das Arbeiten erleichtert. Gerade auch der Einsteiger, der sich nicht noch neben der Motivsuche bzw. -verfolgung mit diversen Tasten auseinandersetzen möchte, kann die AEL-Taste entsprechend umprogrammieren. Hierzu wählen Sie im Benutzermenü 1 unter dem Punkt *AEL-Taste* die Funktion *AEL Umschalten*. Dies bewirkt bei einmaligem Drücken der AEL-Taste die Speicherung dieses Wertes bis zum nochmaligen Drücken der Taste. Die Voraussetzungen für eine ideale Belichtung des bildwichtigen Objekts sind so gegeben.

1

Mit dem zentralen Messfeld wird wie zuvor die Schärfe des bildwichtigen Motivteils angemessen und durch halbes Durchdrücken des Auslösers gespeichert.

2

Nun drücken Sie einmal kurz die zuvor umprogrammierte AEL-Taste. Damit ist die Belichtung der α450/500/550 gespeichert.

3

Nun folgt die Kameraverschiebung entsprechend den eigenen Wünschen. Danach kann der Auslöser durchgedrückt werden.

▲ Durch Wahl von AEL Umschalten wird die AEL-Taste zum Schalter. Sie können dann die Taste loslassen und der Wert bleibt weiterhin gespeichert, bis Sie die Taste erneut drücken.

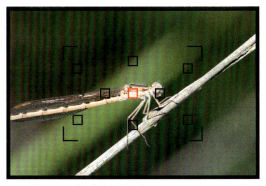 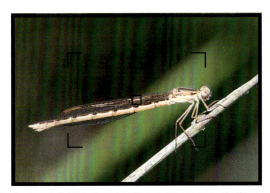

▲ Zunächst wurde die Libelle mit dem Kreuzsensor anvisiert und scharf gestellt. Mit halb gedrücktem Auslöser wurde die Kamera geschwenkt und dann ausgelöst (1/100 Sek., f7.1, ISO 200, 100 mm).

2.7 Mit Schärfentiefe Bilder gestalten

Das Spiel mit Schärfe und Unschärfe ergibt sehr interessante Gestaltungsmöglichkeiten. Viele Motive wie freigestellte Personen wären ohne diese Möglichkeit undenkbar. Der Fotograf kann hier

Scharf stellem

▲ Der gezielte Einsatz der Schärfentiefe kann die Bildwirkung verändern.

seine Kreativität ausleben. Unser normales Sehen lässt nur komplett scharfe Bilder zu. Andere Sichtweisen sind durch das Spiel mit der Schärfentiefe möglich.

Der Schärfentiefebereich ist bei geöffneter Blende (kleine Blendenzahl, z. B. f2.8) geringer als bei kleiner Blendenöffnung (große Blendenzahl, z. B. f32). Weiteren Einfluss haben auch der Aufnahmeabstand, die Objektivbrennweite und der Abbildungsmaßstab.

Bei Weitwinkelobjektiven ist generell die Schärfentiefe größer als bei Teleobjektiven. Klein abgebildete Objekte besitzen ebenfalls einen größeren Schärfebereich als groß abgebildete.

Vor und hinter dem Fokussierpunkt werden die Details zunehmend unschärfer. Was wir hier noch als scharf wahrnehmen, wird Schärfentiefebereich genannt. Ganz grob kann man sagen, dass etwa ein Drittel in Richtung Fotograf und etwa zwei Drittel in Richtung Unendlich scharf werden, bezogen auf die Schärfepunkte (im Makrobereich gelten besondere Werte).

Wollen Sie mit der Schärfe „spielen", bietet die α450/500/550 hierfür die Zeitautomatik (Blendenprioritätsmodus) an – Zeitautomatik deshalb, weil die Blende vorgegeben und von der Kamera automatisch die dazu passende Zeit gewählt wird. Gerade im professionellen Bereich wird gern die Zeitautomatik verwendet.

Der Charakter der Objektive im Schärfentiefebereich ist den Fotografen meist aus langjähriger Erfahrung bekannt. Nach Vorwahl der Blende sieht der Fotograf, welche Belichtungszeit die Kamera vorschlägt, und kann dann noch korrigierend eingreifen.

Landschaftsaufnahmen mit großem Schärfentiefebereich erreicht man mit Weitwinkelobjektiven und kleiner Blende (großer Blendenwert). Hingegen erzielt man mit einem Teleobjektiv und großer Blende (kleiner Wert) einen sehr kleinen Schärfentiefebereich.

Schärfentieferechner

Ein guter, kostenloser Schärfentieferechner ist im Internet unter *http://www.erik-krause.de/schaerfe*.

Mit Schärfentiefe Bilder gestalten

htm zu finden. Hier besteht auch die Möglichkeit, sich zu seinen eigenen Objektiven Tabellen zur Schärfentiefe auszudrucken.

▲ Die α450/500/550 besitzt leider keine Abblendtaste zur Überprüfung der Schärfentiefe wie hier an der α900.

Der Schärfentieferechner von Erik Krause kann darüber hinaus zum Berechnen des Abbildungsmaßstabs und zur Berechnung von Nahlinsen herangezogen werden. Als Aufnahmefaktor tragen Sie hier 1,52 für die Alpha ein. Bei Z-Kreis max. sollten 0,02 mm eingetragen werden.

Weniger Möglichkeiten mit lichtschwachen Objektiven

Lichtschwache Objektive besitzen eine größte Blendenöffnung von f4.5 bis f5.6, was stark ihren Preis beeinflusst. Die Hersteller können so mit geringen Linsendurchmessern kompakte und kostengünstige Objektive herstellen.

Für eine lichtschwache Umgebung – und um kürzere Belichtungszeiten zu erreichen – sind allerdings lichtstarke Objektive notwendig. Dies ließe sich eventuell mit dem SteadyShot der α450/500/550 ausgleichen.

Was die α450/500/550 aber nicht ausgleichen kann, ist die Schärfentiefe. Wünschen Sie gezielt wenig Schärfentiefe, um kreativ am Objekt zu arbeiten, sind lichtstarke Objektive unerlässlich.

Zum Beispiel sind für Porträts meist Blenden ab 2.8 und größer sinnvoll, um die Porträtierten vor dem Hintergrund freizustellen.

Notebook zur Schärfeprüfung

Trotz des sehr guten LCD-Monitors der α450/ 500/550 und der Zoomfunktion ist ein noch größeres Display immer willkommen. Haben Sie also die Möglichkeit, ein Notebook mit auf die Fototour zu nehmen, bietet es sich an, die Schärfe der Aufnahmen direkt auf dem Notebook-Monitor zu beurteilen.

◀ Um die oder den Porträtierten vor dem Hintergrund freizustellen, wählen Sie eine möglichst große Blende (Foto: Lars Müller, www.larsmueller.com).

Scharf stellen

▲ Eine Schärfeprüfung ist bereits auf dem LCD-Monitor der α450/500/550 möglich. Weitaus komfortabler geht es aber mit dem Computermonitor.

Zur α450/500/550 liefert Sony leider keine Remote-Software mit, mit der Sie die Möglichkeit hätten, die Kamera per Computer zu steuern. So können Sie auch nicht die Bilder automatisch per USB-Kabel auf Ihr Notebook übertragen. Ihnen bleibt aber natürlich die Möglichkeit, die Bilddateien per Speicherkarte auszulesen bzw. per USB-Kabel manuell zu transferieren. Im Freien kann es mit dem Notebook-Monitor bei Sonnenschein Sichtprobleme geben. Sehr nützlich ist in diesem Fall ein passender Sonnenschutz wie z. B. Ezyview von Lastolite.

2.8 Mit einem schönen Bokeh zum perfekten Hintergrund

Die Wiedergabe des unscharfen Bereichs eines Fotos wird als Bokeh bezeichnet. Dieser aus dem Japanischen stammende Begriff beschreibt die Ästhetik der Unschärfe, was natürlich sehr subjektiv ist.

Über Geschmack lässt sich bekanntlich nicht streiten. Was für den einen als angenehm empfunden wird, ist für den anderen unschön.

Stellt man nun ein Motiv vor dem Hintergrund mit einer relativ kleinen Blende ganz bewusst frei, entstehen im Unschärfebereich sogenannte Unschärferinge. Diese sind in Form und Größe abhängig von unterschiedlichen Eigenschaften, u. a. auch von der Lamellenanzahl des Objektivs. Ist die Lamellenanordnung nahezu kreisförmig, erscheint der Unschärfebereich umso ruhiger und weicher. Eine Reihe von Sony-Objektiven wurde mit Lamellen ausgestattet, die bei voll geöffneter Blende bis 1.5 Stufen weiter geschlossen eine nahezu kreisrunde Blendenöffnung ergeben.

Die Lamellenanzahl beträgt dann mindestens sieben und maximal neun. Gerade im Porträtbereich, in dem eine geringe Schärfentiefe angestrebt wird, ist ein angenehmes Bokeh wichtig, um den Betrachter nicht vom eigentlichen Motiv abzulenken.

▲ Auch bei dieser Aufnahme wirkt sich die kreisrunde Blende mit den neun Lamellen positiv auf den Unschärfebereich aus.

Smooth Trans Focus für das besondere Bokeh

Eine Sonderstellung nimmt hier das Sony-Objektiv STF 135 mm F2,8 [T4,5] ein. Mit ihm werden be-

▲ Kreisrunde Blendenöffnung, zuständig für ein angenehmes Bokeh. Hier schon leicht abgeblendet zu sehen, wodurch sie nicht mehr ganz kreisförmig ist.

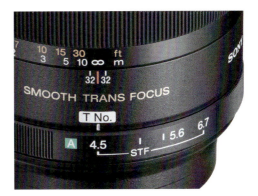

▲ Hier ist der spezielle Blendenring zur Beeinflussung der Hintergrundschärfe sehr gut zu sehen.

Scharf stellem

sonders harmonische Übergänge im Unschärfebereich möglich. Allerdings verfügt es über keinen Autofokus.

Es ist von daher weniger für die „schnelle" Fotografie gedacht. Das Hauptaugenmerk liegt hier auf inszenierten Szenen. Es sollte auch nur im Zusammenhang mit einem Stativ zum Einsatz kommen.

Das Spiel mit Schärfe und Unschärfe macht mit diesem Objektiv so richtig Spaß, da über einen speziellen Blendenring die Hintergrundschärfe gezielt beeinflusst werden kann.

Ringe im Bokeh

Spiegelobjektive mit ihrem sofort auffallenden Bokeh erzeugen durch die spezielle Konstruktion des Objektivs regelrechte Ringe im Unschärfebereich, was oft als Nachteil gesehen wird. Je nach Motiv sind die Ringe dabei mal weniger und mal stärker ausgeprägt.

▲ Bei diesem Bild sind sehr schön die Unschärfekreise zu erkennen, die mit einem Spiegelteleobjektiv entstehen (Foto: Erhard Barwick).

2.9 Parfokale Objektive zur genauen Schärfeprüfung nutzen

Fotografiert man mit einem Zoomobjektiv, z. B. mit dem Kit-Objektiv Sony AF 18-55 mm F3,5-5,6 DT SAM, kann man im Weitwinkelbereich bereits vor der Aufnahme die Schärfe überprüfen. Möchten Sie beispielsweise bei 18 mm fotografieren, können Sie zunächst auf 55 mm Brennweite zoomen und die Schärfe einstellen.

So können Sie Details anfokussieren, die Sie dann im Weitwinkelbereich unbedingt scharf haben möchten. Danach wird wieder zurück auf 18 mm gezoomt.

1

Um die Parfokalität sinnvoll nutzen zu können, sollten Sie ein Stativ einsetzen, und das Motiv sollte ein gutes Kontrastverhältnis aufweisen. Das stellt sicher, dass während des Zoomens keine Abstandsänderung zum Motiv auftritt. Und ein gutes Kontrastverhältnis ist wichtig für den einwandfreien Betrieb des Autofokus.

2

Test auf Parfokalität eines Zoomobjektivs: Als Erstes wählen Sie am Zoomobjektiv die mögliche

Den Schärfebereich optimal hyperfokal einstellen

Endbrennweite, in diesem Fall 55 mm. Zusätzlich schalten Sie den Autofokus (Spotmodus) ein. Nun stellen Sie scharf, bis der Schärfeindikator der α450/500/550 die Schärfe bestätigt. Sinnvoll ist es hier, wenn der Signalton eingeschaltet ist. Im Einstellungsmenü 2 kann der Signalton ein- bzw. ausgeschaltet werden.

fokales Objektiv und können es zur Schärfevorschau verwenden.

▲ Zum Schluss werden Startbrennweite (18 mm) und manueller Fokus eingestellt.

▲ Zunächst stellen Sie die Endbrennweite (55 mm) ein und wählen den Autofokus.

3

Nun stellen Sie den manuellen Fokus ein und drehen den Zoomring auf 18 mm Brennweite am Objektiv. Wenn Sie jetzt den Auslöser halb durchdrücken, sollte die Schärfe über den Schärfeindikator und das Tonsignal durch die α450/500/550 bestätigt werden. Trifft dies zu, besitzen Sie ein par-

Achtung beim Einsatz von Zwischenringen

Wollen Sie Zwischenringe verwenden, geht die Parfokalität in der Zoomobjektiv-Zwischenring-Kombination verloren. Da diese Objektive auf die Distanz von Rücklinse zu Sensor abgestimmt sind und Zwischenringe dieses Maß verändern, kann man die Kombination leider nicht für die Schärfevorschau verwenden.

2.10 Den Schärfebereich optimal hyperfokal einstellen

Die Hyperfokaldistanz ist die Entfernung, die am Objektiv eingestellt werden muss, um einen Schärfentiefebereich bis Unendlich zu erhalten.

Gerade bei Landschaftsaufnahmen ist es oft wichtig, einen möglichst großen Schärfentiefebereich zu erhalten. Dies erreichen Sie, indem Sie den Fokus nicht direkt auf Unendlich stellen, sondern auf der Objektivskala das Unendlich-Zeichen über die eingestellte Blende drehen. Man kann dann

links am gleichen Blendenwert den Anfang des scharfen Bereichs bis Unendlich ablesen. Voraussetzung ist, dass die Kamera vorab auf den manuellen Fokusbetrieb (MF) eingestellt wurde. Leider besitzen heute nicht mehr alle Objektive diese Blendenskala. Bei Zoomobjektiven mussten die Hersteller die Skala ohnehin weglassen.

Ein Beispiel für das 50-mm-Objektiv: Bei 50 mm Brennweite und einer Blende von 11 ergibt sich

Scharf stellen

eine Hyperfokaldistanz von 11 m. Das heißt, von 5,5 m (halbe Distanz) bis Unendlich wird das Bild scharf dargestellt.

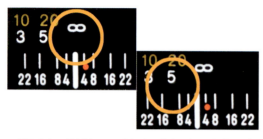

▲ Die linke Abbildung zeigt das Fokussierverhalten der α450/500/550 auf Unendlich. Rechts wurde die Schärfentiefe durch Ermittlung der hyperfokalen Distanz optimiert.

Ein gutes Programm zum Berechnen der Hyperfokaldistanz finden Sie im Internet unter http://www.dofmaster.com. Hier ist auch eine Bauanleitung für einen Schieber zu finden, mit dem man unterwegs leicht die entsprechenden Werte ermitteln kann. Sollte die α450/500/550 nicht im Kameraauswahlmenü zu finden sein, tragen Sie als Zerstreuungskreis (Circle of Confusion) einen Wert von 0,02 mm ein bzw. wählen APS als Option aus.

Zerstreuungskreise und die Bildschärfe

Im Prinzip wird auf dem Sensor nur das scharf dargestellt, was genau in der Fokusebene liegt. Wenn man also z. B. auf 10 m scharf gestellt hat, ist eigentlich auch nur alles scharf, was sich in 10 m Entfernung befindet. Da das Auflösungsvermögen unserer Augen aber begrenzt ist, ergibt sich abhängig von der eingestellten Blende ein Bereich

▼ Hier wurde der Fokuspunkt hyperfokal manuell eingestellt, um die Schärfentiefe zu optimieren.

Spezielle Hilfsmittel für mehr Schärfe

(Zerstreuungskreise), der von uns als scharf wahrgenommen wird. Im Kleinbildformat sind das bezogen auf einen Abzug in der Größe von 36 x 24 cm etwa 0,03 mm, für den α450/500/550-Sensor im APS-C-Format sind es 0,02 mm. Hierbei gilt: je kleiner die Blende, umso größer die Schärfentiefe.

2.11 Spezielle Hilfsmittel für mehr Schärfe

Streulichtblenden immer verwenden

Passende Streulichtblenden (oft auch etwas unglücklich als Gegenlichtblende bezeichnet) sollten am Objektiv prinzipiell verwendet werden. Sie schließen so eine Kontrastminderung durch einfallendes Streulicht in die Frontlinse aus. Auch der erreichbare Schärfeeindruck des Objektivs kann hierdurch beeinträchtigt werden. Zudem werden unschöne Lichtreflexe auf ein Minimum reduziert. Fotografiert man in die Richtung einer Lichtquelle, wird die Streulichtblende ohnehin unverzichtbar. Hier kann auch schon mal bei zu starker Einstrahlung die Hand als zusätzliche Abschattungsmöglichkeit genutzt werden. Fotografiert man aber direkt in die Sonne, hat die Streulichtblende keinerlei Wirkung mehr. Ein nicht zu unterschätzender Vorteil ist zudem der Schutz der Frontlinse.

▲ Neben der Verhinderung unerwünschter Reflexionen sorgt die Streulichtblende auch für einen besseren Kontrast im Bild (links ohne und rechts mit Streulichtblende).

Scharf stellem

> **Spezielle Streulichtblenden**
> Tulpenförmige Streulichtblenden sind speziell für Objektive konstruiert, die eine feststehende Frontlinse besitzen. Achten Sie unbedingt darauf, dass die Streulichtblende für das vorhandene Objektiv vorgesehen ist. Ansonsten müssen Sie mit Randabschattungen auf den Bildern rechnen.

Blende optimieren

Nach Möglichkeit sollte man 1–2 Blendenstufen abblenden, um die Maximalleistung des Objektivs zu erreichen. Dies gilt für die meisten Objektive am Markt. Eine Handvoll Objektive wie das Sigma 100-300mm F4 oder die meisten Objektive der Sony-G- und Carl-Zeiss-Serie sind bereits bei voller Blendenöffnung in Abbildungsleistung und Schärfe sehr gut.

Dies schlägt sich natürlich auch im Preis nieder. Bemerkenswerterweise erreicht das Kit-Objektiv AF 18-55 mm F3,5-5,6 DT SAM bereits um eine Stufe abgeblendet sehr gute Werte. Die Blende lässt sich am besten im Blendenprioritätsmodus vorwählen. Mit dem vorderen Einstellrad wird sie eingestellt.

In der anderen Richtung nimmt die Abbildungsleistung bei zu starkem Abblenden ebenfalls ab. Im Allgemeinen kann man sagen, dass ab Blende 16 eine Leistungsverschlechterung zu bemerken ist. Dieser Wert hängt allerdings vom Objektiv ab und kann variieren.

Sind Superzooms sinnvoll?

Die Werbung verspricht herausragende Leistungen und einen enormen Brennweitenbereich von z. B. 18–200 mm oder sogar 300 mm. Doch derartige Objektivkonstruktionen können immer nur einen Kompromiss darstellen.

Meist fällt auch die Lichtstärke dieser Objektive nicht gerade stark aus. Wenn Sie nun noch mindestens zweimal abblenden müssen, um die bestmögliche Leistung zu erzielen, landen Sie schnell bei Blende 8 oder noch schlechter. Im Telebereich ist verwacklungsfreies Fotografieren dann meist nur noch mit Stativ möglich.

Sicher sind diese Objektive in der Anschaffung recht günstig, aber man sollte, sofern es das Budget hergibt, höherwertige Objektive in die Kaufüberlegung mit einbeziehen.

Schärfe durch Stativ

Für den ambitionierten Fotografen gehört es einfach dazu: das stabile Stativ. Das sorgfältige Komponieren eines Bildes wird erst mithilfe eines Stativs möglich, und auch für die Schärfe im Bild ist es in vielen Situationen unumgänglich. Für den flexiblen Einsatz bieten sich Einbeinstative an. Bewegte Motive lassen sich so besser verfolgen als mit einem Dreibeinstativ.

Verwacklungen in horizontaler Richtung sind aber nicht ausgeschlossen, und auch für die Bildgestaltung ist es nicht immer ideal. Hier spielt das Dreibeinstativ seine Stärken aus.

▲ Um die Abbildungsleistung der Objektive auszuschöpfen, sollte man etwas abblenden. Hierfür bietet sich der Blendenprioritätsmodus an, zu erkennen am A links oben im Display.

▲ Ohne Stativ wäre diese Aufnahme nicht denkbar gewesen. Mit Stativ dagegen konnte die Schärfeebene exakt gewählt und der Bildaufbau in Ruhe gestaltet werden.

Schärfe durch SteadyShot

Der Einsatz eines Stativs ist leider nicht immer möglich. Auch die Flexibilität wird eingeschränkt. An manchen Orten besteht sogar Stativverbot oder es bietet sich einfach nicht an, mit einem Stativ zu großes Aufsehen zu erregen.

◂ Der SteadyShot wirkt unterstützend bei Freihandaufnahmen, um Verwacklungen zu vermeiden.

Mit dem SteadyShot besitzen Sie in der α450/500/550 einen Bildstabilisator für praktisch alle an der α450/500/550 verwendbaren Objektive. Dieser kann immer eingeschaltet bleiben, nur beim Einsatz eines Dreibeinstativs sollte man ihn abschalten, da er hier nicht benötigt wird, sondern sogar eher nachteilig wirken kann.

3. Professionelle Belichtung

Die α450/500/550 ist mit verschiedenen Belichtungsmessmethoden ausgerüstet. Damit ist sie für alle möglichen Aufgabenstellungen gewappnet. Die Frage ist nun, welche Messmethode wann am sinnvollsten ist? Diese und viele weitere Fragen, z. B. wie hohe Kontraste am besten gemeistert werden können, werden in diesem Kapitel genauestens analysiert. So kommen auch schwierige Aufnahmesituationen nicht zu kurz.

Belichtung

3.1 Details zu den Belichtungsmessmethoden

Die Aufgabe der Belichtungsmessung ist es, die richtige Belichtungszeit anhand der Reflexionseigenschaften des Motivs und der zur Verfügung stehenden Lichtmenge so zu ermitteln, dass alle bildwichtigen Details optimal auf dem Sensor abgebildet werden.

Befindet sich die α450/500/550 im Belichtungsautomatikmodus, verwendet sie die Mehrfeldmessung. Mit ihr wird man vor allem kurz nach dem Einstieg in die Spiegelreflextechnik vorrangig arbeiten, bietet sie doch für die meisten allgemeinen Anwendungsfälle die ideale Belichtungsmessung. Haben Sie schon etwas Erfahrung gesammelt, werden Sie bald merken, dass es Situationen gibt, die andere Wege zur optimalen Belichtung erfordern. Vor allem bei harten Kontrasten oder starken Unterschieden zwischen den hellsten und dunkelsten Bildinhalten kann es zu Informationsverlusten kommen, die sich in Schatten und Lichtern ohne Zeichnung bemerkbar machen. Musste man bei analogen Filmen hierauf nicht so stark achten, ist es im digitalen Bereich umso wichtiger, da der Dynamikumfang teilweise geringer ist.

Die Methoden der α450/500/550

Die Standardeinstellung der α450/500/550 ist die Multisegment- oder Mehrfeldmessung. Hier wird das gesamte Bildfeld mittels 40 Wabensegmenten ausgewertet. Als weitere Optionen kann man die

▼ Gerade mit Landschaftsaufnahmen wie dieser kommt die Mehrfeldmessung sehr gut klar. Das gesamte Sucherbild wird zur Belichtungsmessung herangezogen und ein Mittelwert berechnet.

Details zu den Belichtungsmessmethoden

mittenbetonte Messung sowie die Spotmessung wählen. Die mittenbetonte Messung wertet vorrangig den mittleren Bildbereich aus, lässt aber das Umfeld mit in die Berechnung einfließen.

Die Spotmessung misst das Licht nur im Spotmesskreis in der Mitte des Bildes. Alle drei Messmethoden werden in den nachfolgenden Abschnitten ausführlich erläutert. Wählen können Sie die Belichtungsmodi im Menü *Messmethode* der α450/500/550, das über die Fn-Taste erreicht wird.

Die Mehrfeldmessung, gekoppelt mit dem Autofokus

Die Mehrfeldmessung der α450/500/550 bedient sich der 39 bienenwabenförmigen Elemente plus Hintergrundsegment. Die Mehrfeldmessung ist zudem mit dem Autofokussystem der α450/500/550 gekoppelt. Segmente im Bereich des AF-Messfelds, bei dem die α450/500/550 die Schärfe bestätigen kann, fließen bei der Berechnung der optimalen Belichtung mit einer höheren Priorität ein.

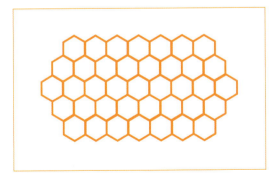
▲ *Wabenanordnung für die Mehrfeldmessung. Das 40. Wabenelement ist der Hintergrund.*

Die Verteilung der Helligkeit und die Werte des Autofokus werden mithilfe der Fuzzylogik ausgewertet. Dabei werden auch der Abbildungsmaßstab des Hauptmotivs sowie die Entfernung ausgewertet. Die Fuzzylogik kennt nicht nur die Werte Ja (1) und Nein (0) der zweiwertigen Logik (Boolesche Logik), sondern wertet „feinfühliger" aus. Sie kennt also auch Werte wie „ein wenig" oder „stark". Menschliches Wissen und Überlegungen können so zur Auswertung herangezogen werden. Die α450/500/550 kann sich über diese Logik eines großen Fotografenwissens bedienen.

> **Fuzzy**
> Fuzzy bedeutet „verschwommen" oder „unscharf". Der Informatiker Lotfi Zadeh benannte 1965 seine Theorie der Mengenlehre Fuzzy-Set-Theorie. In der Fotografie bedeutet das z. B., dass die Elektronik nicht nur Schwarz und Weiß erkennt, sondern zwischen Grautönen differenzieren kann. Mit diesen Daten wird eine hinterlegte Datenbank abgefragt und z. B. der Kontrast eingestellt.

Typische Situationen können so mit der von der Kamera vorgeschlagenen Belichtungszeit und Blende in den meisten Fällen auch durch den Anfänger gut gemeistert werden.

Da aber die Fotografie ein kreatives Arbeitsfeld ist und bestimmte Situationen einfach nicht erkannt werden können, gibt es hier natürlich auch Grenzen. Zudem kann kein noch so gutes Firmwareprogramm erahnen, wie Sie das Foto letztendlich gestalten wollen bzw. wo Ihre Prioritäten liegen.

> **Boolesche Logik**
> Die Boolesche Logik wurde im 19. Jahrhundert durch George Boole entwickelt. Mit ihr können die Zustände Ein (1) und Aus (0) verknüpft werden. Dabei kommen Operationen wie UND, ODER, NICHT etc. zum Einsatz. Auch unsere heutigen Computer bedienen sich dieser Logik, um Rechenoperationen auszuführen.

Belichtung

Selbst wenn Sie manuell scharf stellen, werden die Entfernungsdaten mit ausgewertet, da die Daten vom Objektiv bereitgestellt und ausgewertet werden können. Dies wird durch den Kupplungsmechanismus zwischen Gehäuse und Objektiv ermöglicht. Die Entfernungsdaten werden weiterhin elektronisch übermittelt und können ausgewertet werden. Die Entfernung wird dabei durch die D-Objektive und Konverter direkt übermittelt. Außerdem besitzt die α450/500/550 eine Objektivdatenbank, mit deren Hilfe die Kamera auch die Entfernung anhand der Umdrehungen der Autofokuswelle ermitteln kann.

Die Mehrfeldmessung kann als Standardeinstellung voreingestellt bleiben. Solange Sie also Szenen fotografieren, die keine übermäßigen Kontraste wie Spitzlichter oder starke Schatten aufweisen, ist diese Messmethode ideal.

▲ Bei eingestellter Mehrfeldmessung erhalten die Bildbereiche, auf die scharf gestellt wurde, im Hinblick auf die Belichtung eine höhere Priorität. Hier ist sehr schön zu sehen, dass der Hintergrund, auf den fokussiert wurde, ausgeglichener belichtet wurde als der Vordergrund.

▼ Auch für Schnappschüsse lässt sich die Mehrfeldmessung in vielen Fällen sehr gut einsetzen.

Details zu den Belichtungsmessmethoden

Tendenz zur Unterbelichtung

Die α450/500/550 tendiert in bestimmten Situationen zur Unterbelichtung. Helle Bereiche im Foto bleiben hierbei erhalten, andererseits ist dann in Schattenbereichen so gut wie keine Zeichnung mehr zu erkennen.

Vermutlich wurde dies durch Sony mit dem Wissen darum, dass aus hellen Bildpartien ohne Zeichnung keine Informationen mehr gewonnen werden können, entsprechend in der Firmware umgesetzt. Dunklen Bildpartien hingegen kann man per Bildbearbeitung noch Informationen entlocken und aufhellend eingreifen. Ein Ansteigen des Rauschens in diesen Bereichen muss man allerdings mit einkalkulieren.

> **Auch für Schnappschüsse ideal**
>
> Haben Sie wenig Zeit, sich auf die Situation oder auf die Kamera zu konzentrieren, bietet sich auch hier die Mehrfeldmessung an. Wählen Sie nun noch das Programm P, sind Sie für solche Gelegenheiten gut gerüstet und können mit einer hohen Wahrscheinlichkeit auf ausreichend gut verwertbare Bildergebnisse vertrauen.

⊙ Wann ist die mittenbetonte Messung sinnvoll?

Es kann vorkommen, dass man andere Vorstellungen als die Kameraelektronik hat und auf die hoch entwickelten Computervorschläge der Mehrfeldmessung verzichten möchte. Hierfür bietet sich dann die mittenbetonte Messung an. Auch verfügen viele ältere Kameras über diese Messmethode, sodass Umsteiger mit Erfahrung mit der Mittenbetonung einen leichten Einstieg finden. Die mittigen Messwaben haben hierbei eine Gewichtung von 80 % auf das Messergebnis.

▼ *Die im Bildzentrum befindliche Blüte ist ein typisches Einsatzgebiet für die mittenbetonte Messung. Die Außenbereiche gehen weniger stark in die Belichtungsmessung ein.*

Belichtung

Man erhält so in den meisten Fällen eine auf das Hauptobjekt bezogene korrekte Belichtung. Wichtig ist dabei, dass sich das Hauptobjekt auch in der Bildmitte befindet.

◐ Spezialfälle mit der Spotmessung meistern

Eine Spezialität ist die Spotmessung. Hier wird nur das zentrale Wabenmessfeld zur Belichtungsmessung genutzt. Im Sucher befindet sich dazu zentral ein Messkreis mit 4 mm Durchmesser. Für die Belichtungsmessung wird nur dieser kleine Kreisinhalt herangezogen.

Der Fotograf muss entscheiden, welcher Bildbestandteil wichtig für die Belichtungsmessung ist. Der zu messende Bildwinkel ist vom eingesetzten Objektiv abhängig. Starke Motivkontraste wie bei Gegenlichtaufnahmen lassen sich am besten mit der Spotmessung meistern.

Für die Bildgestaltung ist das mittig sitzende Messfeld meist nicht ideal. Man kann aber über die AEL-Taste die Belichtung speichern und dann die Kamera entsprechend verschieben, um einen günstigeren Bildausschnitt zu erhalten. Man misst hierzu das Motiv an und drückt dann die AEL-Taste. Diese hält man gedrückt. Die Belichtung ist nun gespeichert, und man kann die Bildgestaltung durch beliebige Kameraverschiebungen durchführen.

▼ In diesem Fall wurde die Libelle per Spotmessung angemessen. Eine Unterbelichtung dieses bildwichtigen Bereichs konnte so vermieden werden.

Details zu den Belichtungsmessmethoden

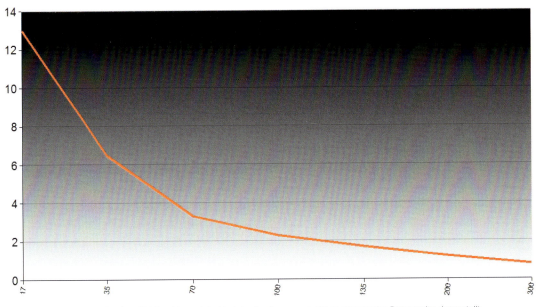

▲ In diesem Diagramm ist der effektive Messwinkel bei der Spotmessung abhängig von der Brennweite dargestellt.

Objekte ausmessen

Gut können Sie auch die Spotmessung zum Ausmessen von Objekten einsetzen, um z. B. den Kontrastumfang zu ermitteln. Hierzu wird im Motiv die hellste und die dunkelste Stelle angemessen. Aus dem Verhältnis der sich ergebenden Blendenwerte können Sie den Kontrastumfang ermitteln. Beispielsweise ergibt die Messung an der dunkelsten Stelle von Blende 2.8 und an der hellsten Stelle von Blende 16 einen Kontrastumfang von fünf Blendenstufen.

Die α450/500/550 ist in der Lage, etwa neun Blendenstufen darzustellen. Ist der Kontrastumfang noch größer, wird in den hellen bzw. dunklen Bereichen keine Zeichnung (Details) mehr vorhanden sein. Hier hilft dann z. B. das Aufhellen von Schatten oder das Abschatten zu heller Motivpartien. Im nächsten Abschnitt wird eine weitere Möglichkeit beschrieben, wie Sie mit zu großen Kontrasten umgehen können.

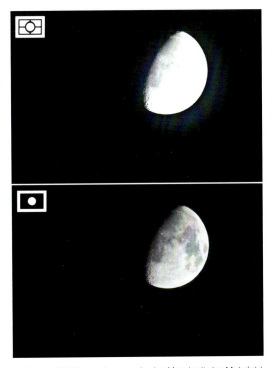

▲ In der Abbildung oben wurde der Mond mit der Mehrfeldmessung aufgenommen und überstrahlt. Unten wurde per Spotmessung der Mond angemessen, die Belichtungswerte per AEL-Taste gespeichert und die Kamera geschwenkt.

Belichtung

Belichtungsdaten speichern

Was zuvor über die Belichtungsspeicherung für die Spotmessung geschrieben wurde, trifft auch auf die anderen beiden Messarten, Mehrfeldmessung und mittenbetonte Messung, zu.

▲ Das Verhalten der AEL-Taste kann im Benutzermenü so geändert werden, dass sie als Schalter wirkt. Sie ersparen sich so das ständige Drücken der Taste, während Sie z. B. den passenden Bildausschnitt wählen.

Generell kann man über die AEL-Taste die Belichtungswerte speichern. Wird die Taste losgelassen, werden die Daten aus dem Speicher gelöscht.

Über das Benutzermenü 1 kann die AEL-Taste so programmiert werden, dass man die Taste nicht ständig gedrückt halten muss. Die Umprogrammierung bewirkt, dass ein einmaliges Drücken der AEL-Taste die Speicherung bis zum nochmaligen Drücken erhält. Die Speicherung erkennt man auf dem LCD-Monitor durch das Zeichen rechts unten.

Belichtungsreihen für schwierige Fälle: der BRK-C-Modus

In kritischen Situationen können Belichtungsreihen, also mehrere Aufnahmen mit unterschiedlichen Belichtungseinstellungen, nützlich sein. Die Wahrscheinlichkeit steigt, dann brauchbare Bildergebnisse zu erhalten.

Die α450/500/550 kann drei Aufnahmen hintereinander mit Belichtungsänderungen von 0,3 oder 0,7 EV belichten.

▲ Nach Drücken der Bildfolgetaste erscheint das Menü zur Auswahl der Bildfolge und der Belichtungsreihen.

Später können Sie sich dann im Bildbearbeitungsprogramm die Aufnahme aussuchen, die Ihrem persönlichen Geschmack am nächsten kommt.

Dazu wählen Sie *Reihe: Serie*. In diesem Modus halten Sie einfach die Auslösetaste gedrückt. Die Belichtungsreihe wird mit maximaler Geschwindigkeit durchgeführt. Dies ist wichtig bei dynamischen Objekten, bei denen möglichst nur wenige Änderungen am Motiv gewünscht sind.

Lassen Sie im BRK-C-Modus während der Belichtungsreihe den Auslöser los, wird bei erneutem

▲ Die AEL-Taste dient unter anderem zur Speicherung der Belichtungsdaten.

Details zu den Belichtungsmessmethoden

Drücken des Auslösers die Belichtungsreihe nicht fortgesetzt.

Beim nächsten Drücken des Auslösers beginnt eine neue Belichtungsreihe. Die Schärfe wird im BRK-C-Modus nur bei eingeschaltetem Nachführ-AF (AF-C) nachgeführt. Im automatischen AF-Modus (AF-A) und im statischen AF-Modus (AF-S) ist die Schärfe fixiert.

Möchten Sie später die Belichtungsreihe für DRI- oder HDR-Arbeiten weiterverwenden, ist es wichtig, dass die Belichtungsreihe möglichst einheitlich durchgeführt wird. Dies sollten Sie bei der Wahl des AF-Modus beachten.

Die α450/500/550 benutzt für alle Aufnahmen der Reihe die gleichen Belichtungsausgangswerte, auch wenn sich zwischenzeitlich die Belichtungssituation geändert hat.

Beachten Sie weiterhin, dass bei Blitzbenutzung jedes Bild separat ausgelöst werden muss. Der BRK-C-Modus ist hier inaktiv.

Die Reihenfolge der Aufnahmen ist normal → unterbelichtet → überbelichtet. Eine Änderung dieser Reihenfolge ist an der α450/500/550 nicht möglich.

▲ *Belichtungsreihe aus drei Aufnahmen: normal belichtet ...*

▲ *... unterbelichtet ...*

▲ *... überbelichtet.*

3.2 Mit motivgerechten Szenenwahlprogrammen direkt zu besseren Fotos

Die α450/500/550 bietet Ihnen sechs Motivprogramme, mit denen Sie häufiger vorkommende Fotosituationen vollautomatisch aufnehmen. Die Kamera wird hier anhand von Erfahrungswerten voreingestellt. Beeinflusst wird dabei die Wahl der Zeit-Blende-Kombination, des Autofokus, des ISO-Bereichs und vieler anderer Parameter. Die Wahl der Bildqualität bleibt weiterhin dem Fotografen überlassen.

Die Einstellungen im Aufnahmemenü 1 werden also nicht durch die Szenenwahlprogramme verändert. Bei einigen anderen Kameraherstellern greifen die Programme derart stark ein, dass selbst hier eine Änderung nicht möglich ist und man von den Vorgaben abhängig ist. Zudem können Sie in den einzelnen Programmen den Blitz ein- bzw. ausschalten und (mit einigen Einschränkungen) den Bildfolgemodus ändern.

So sind die Szenenwahlprogramme durchaus auch von erfahrenen Fotografen sinnvoll einsetzbar. Haben Sie hier Veränderungen vorgenommen, werden diese gespeichert und stehen Ihnen nach der Wahl eines anderen Programms später wieder zur Verfügung. Wichtige Parameter wie die Belichtungszeit und Blende können nicht verändert werden. Das Einstellrad ist hier somit ohne Funktion.

Der Dynamikbereich-Optimierer zur Erhöhung der Dynamik der α450/500/550 wird in den Motivprogrammen unterschiedlich eingestellt. In den beiden Nachtprogrammen wird er gänzlich abgeschaltet.

Als Farbraum ist in den Motivprogrammen sRGB vorgesehen. Eine Nutzung des Adobe-RGB-Farbraums ist jedoch auch möglich (Aufnahmemenü 1). Über die Fn-, ISO-, D-Range- und Belichtungskorrekturtaste erreichbare Einstellungen können bis auf die zuvor genannten Einstellungen und die Gesichtserkennung und das Auslösen bei Lächeln nicht geändert werden.

Landschaftsprogramm

Bei Landschaftsaufnahmen ist meist eine möglichst große Schärfentiefe gewünscht. Das Programm versucht deshalb, die Schärfentiefe zu maximieren. Hierbei werden die Objektivbrennweite und Objekthelligkeit ausgewertet und eine kleine Blende wird angesteuert.

Die α450/500/550 geht dabei nur so weit, dass ein Verwackeln durch eine zu lange Belichtungszeit verhindert wird. Ob der SteadyShot-Bildstabilisator eingeschaltet ist oder nicht, spielt hierbei für die Kamera keine Rolle. Sie geht von einem nicht eingeschalteten SteadyShot aus.

Leider ist auch keine Verschiebung der Zeit-Blende-Kombination möglich, um eventuell selbst die Blende zur Schärfentiefevergrößerung zu verändern. Folgende Einstellungen werden verändert:

- Farbsättigung, Kontrast und Schärfe werden um etwa eine Stufe erhöht.

▲ Im Landschaftsprogramm versucht die α450/500/550, die Blende abhängig von einer verwacklungsfreien Belichtungszeit möglichst weit zu schließen.

- Der Weißabgleich wird etwas in Richtung einer kühleren Wiedergabe verschoben.
- Die Mehrfeldmessung und der Einzelbildmodus werden aktiviert.
- Als AF-Modus wird der automatische Modus AF-A gewählt.
- Der Dynamikbereich-Optimierer wird auf DRO AUTO eingestellt.
- Das Programm wählt einen ISO-Bereich zwischen ISO 200 und ISO 1600.
- Der Blitz ist deaktiviert (kann über das Fn-Menü eingeschaltet werden).

Sonnenuntergangsprogramm

Dieses Programm ist abgestimmt auf die warme Farbwiedergabe von Sonnenuntergängen.

Folgende Einstellungen werden verändert:

- Kontrast und Farbsättigung werden um zwei Stufen erhöht.
- Der Weißabgleich tendiert stark zu einer wärmeren Farbdarstellung.

Belichtung

- Die Mehrfeldmessung und der Einzelbildmodus werden aktiviert.
- Als AF-Modus wird der automatische Modus AF-A gewählt.
- Der Dynamikbereich-Optimierer wird abgeschaltet.
- Das Programm wählt ISO-Werte im Bereich von ISO 200 bis ISO 1600.
- Der Blitz ist deaktiviert (kann über das Fn-Menü eingeschaltet werden).

Aufnahme ohne Motivprogramm.

Aufnahme mit Sonnenuntergangsprogramm. Der Kontrast und die Farbsättigung wurden durch das Programm erhöht.

Mit motivgerechten Szenenwahlprogrammen direkt zu besseren Fotos

> **In die Sonne fotografieren**
> Vorsicht! Fotografieren direkt in die Sonne sollte man nur bei sehr tiefem Sonnenstand, sonst können Schäden an der Kamera und vor allem auch an Ihren Augen auftreten!

Nachtporträtprogramm

Dieses Programm wurde speziell dafür entwickelt, Personen nachts unter Einbeziehung des Umfeldes zu fotografieren. Im Normalfall würde die Kamera den Blitz zünden und die Belichtungszeit auf 1/60 Sek. bis 1/160 Sek. stellen. Damit würde der Hintergrund zu dunkel erscheinen.

aufnahmen manuell scharf zu stellen. Es ist auch möglich, eine in der Nähe des Motivs befindliche Lichtquelle anzumessen, den Fokus zu speichern und die Kamera entsprechend zum eigentlichen Motiv zurückzuschwenken.

▲ *Hier wurde im Blendenprioritätsmodus geblitzt. Das Gesicht ist richtig belichtet, aber der Hintergrund erscheint zu dunkel. Möchten Sie den Hintergrund mit ins Bild bekommen, wählen Sie das Nachtporträtprogramm.*

Um nun den Hintergrund mit einzubeziehen, schaltet die Kamera auf Langzeitblitzsynchronisation um. Das heißt, nach dem Blitzen bleibt die Blende weiter geöffnet und bringt das Restlicht mit auf die Abbildung. Da hier Belichtungszeiten bis 2 Sek. erreicht werden können, sollte sich das Motiv möglichst nicht bewegen, um keine Unschärfe ins Bild zu bringen. Den Bildstabilisator (SteadyShot) sollten Sie ohnehin einschalten.

Der Blitz wird praktisch immer ausgeklappt und verwendet. Das Abschalten des Blitzes ist aber möglich. Dies können Sie tun, wenn sich im Vordergrund bzw. in Reichweite des Blitzes kein Motiv befindet. Im Dunkeln gelangt der Autofokus irgendwann doch an seine Grenzen, und der Blitz kann den Autofokus nur bis zu wenigen Metern Entfernung unterstützen. Es bietet sich daher an, Nacht-

▲ *Hier wurde im Nachtporträtprogramm gearbeitet. Das Restlicht des Hintergrunds wurde mit eingefangen.*

Schwierig ist die Situation auch meist für die Belichtungsmessung, wenn z. B. vereinzelt helle Lichter im Motiv auftreten. Die Dynamik ist in solchen Fällen schwer abzubilden. Verwenden Sie dann zusätzlich das RAW-Format, um ein Maximum an Möglichkeiten bei der späteren Bildbearbeitung zur Verfügung zu haben. Die Automatik arbeitet beim Blitzeinsatz im Bereich von ISO 200 bis ISO 1600. Der Dynamikbereich-Optimierer ist auch hier abgeschaltet.

Im Sport- und Actionprogramm wählte die Kamera in dieser Situation völlig richtig eine möglichst große Blende, um die Belichtungszeit so kurz wie möglich zu halten. Das Programm lässt sich auch gut z. B. in der schnellen Wildlife-Fotografie einsetzen.

Sport- und Actionprogramm

Das Sport- und Actionprogramm ist der Spezialist für sich schnell bewegende Motive. Ein Objekt, das sich schnell bewegt, muss mit einer möglichst geringen Belichtungszeit aufgenommen werden, um scharf dargestellt zu werden.

Die α450/500/550 versucht, hier minimale Belichtungszeiten zu steuern, und setzt dabei ISO-Werte zwischen ISO 200 und ISO 1600 sowie weit geöffnete Blenden ein, um die Zeiten zu optimieren. Der Autofokus schaltet sich in den Nachführmodus AF-C und verfolgt so bei halb gedrücktem Auslöser das Motiv. Die Belichtungsdaten werden ebenfalls permanent angepasst.

Folgende Einstellungen werden verändert:

- Die Mehrfeldmessung und der Serienbildmodus werden aktiviert.
- Der AF-Modus wird auf AF-C für permanente Schärfenachführung gesetzt.
- Das Programm wählt einen ISO-Bereich zwischen ISO 200 und ISO 1600.
- Der Dynamikbereich-Optimierer wird auf DRO AUTO gesetzt.
- Der Blitz wird deaktiviert (kann über das Fn-Menü eingeschaltet werden).

Auch ein externer Blitz wird beim Einschalten des Programms zunächst deaktiviert. Er lässt sich aber wieder zuschalten und Blitzen mit dem externen Blitz wird möglich. Zumeist wird hier der HSS-Modus des Blitzgerätes genutzt, denn kurze Belichtungszeiten werden vom Programm angestrebt.

Möchten Sie die Belichtungszeit anpassen, ist dies hier nicht möglich. Sie sind auf die durch die Kamera berechnete Belichtungszeit angewiesen. Flexibler sind Sie im Verschlusszeitenprioritätsmodus (S). Hier kann die Belichtungszeit frei gewählt und so der Situation angepasst werden. Tritt also im Bild eine ungewollte Bewegungsunschärfe auf, können Sie die Belichtungszeit weiter verkürzen. Um dynamische Effekte durch Bewegungsunschärfe zu erzielen, können Sie die Belichtungszeit dann natürlich auch verlängern.

Porträtprogramm

Das Porträtprogramm versucht, die Blendeneinstellung speziell für Porträts optimal einzustellen. Bei Porträts ist meist eine möglichst geringe Schärfentiefe gewünscht, die aber das gesamte Gesicht und nicht nur die Augen erfassen sollte. Deshalb öffnet die α450/500/550 nicht generell komplett die Blende, sondern blendet abhängig von der Aufnahmeentfernung etwas ab. Es bietet sich an, ein leichtes Teleobjektiv ab 85 mm einzusetzen, wenn der Hintergrund möglichst unscharf erscheinen soll.

Die α450/500/550 muss die Blende ebenfalls weiter schließen, falls die Helligkeit entsprechend groß ist, um eine korrekte Belichtung zu garantieren. Sollte dies trotz der recht kurzen möglichen

Belichtung

Belichtungszeit von 1/4000 Sek. einmal der Fall sein und die Schärfentiefe größer werden als gewünscht, bieten sich Neutraldichtefilter (ND-Filter) an, um das einfallende Licht zu verringern. ND-Filter werden in unterschiedlichen Blendenstärken hergestellt und können so gezielt eingesetzt werden. Farbtöne eines Motivs werden durch den ND-Filter nicht beeinflusst.

Das Programm reduziert die Schärfe leicht und liefert relativ weiche Hauttöne.

ISO 1600 ist der Maximalwert, der durch die Kamera gewählt wird. Die Mehrfeldmessung und der Autofokusmodus AF-A sind voreingestellt. Der Dynamikbereich-Optimierer wird auf DRO AUTO eingestellt und der interne Blitz ist freigegeben. Er schaltet sich automatisch dazu, sobald eine verwacklungsfreie Aufnahme nicht mehr gewährleistet wäre. Sie können ihn aber auch permanent dazuschalten, um z. B. Spitzlichter in die Augen des oder der Porträtierten zu zaubern. Sie können ihn hingegen auch deaktivieren, falls er störend bei der Aufnahme ist.

Makroprogramm

Die α450/500/550 besitzt ein Programm zur Erleichterung von Aufnahmen im Nah- und Makrobereich. Gerade wenn Sie sich hier auf Neuland begeben, kann dieses Motivprogramm hilfreich sein. Die Kamera wählt den statischen AF und den Einzelbildmodus vor. Tests ergaben, dass die Funktion auf die Makrofähigkeiten der Kit-Objektive optimiert wurde. Das Arbeiten mit „echten" Ma-

▼ Im Porträtprogramm versucht die α450/500/550, die Blende so weit zu öffnen, dass der Hintergrund unscharf dargestellt und damit der oder die Porträtierte freigestellt wird (Brennweite 100 mm, f2.8, 1/160 Sek.).

kroobjektiven wird durch die fehlende Möglichkeit der Blendenverstellung sehr eingeschränkt.

Die α450/500/550 versucht zunächst, eine Belichtungszeit einzustellen, mit der ein Verwackeln vermieden werden soll. Das gilt auch dann, wenn Sie ein Stativ einsetzen. Mit dem Sony-Makroobjektiv AF 100 mm F2,8 Makro wählte die Kamera 1/160 Sek. und mit dem Sony AF 50 mm F2,8 Makro 1/80 Sek.

Erst wenn diese Zeiten für eine korrekte Belichtung ausreichen, senkt die α450/500/550 den ISO-Wert und schließt die Blende weiter. Da alle neun AF-Sensoren das Motiv analysieren, kann die Kamera die nötige Schärfentiefe berechnen und weiter abblenden, um die Schärfentiefe zu maximieren.

Leider können Sie nicht den Serienbildmodus und den Nachführautofokus (AF-C) wählen. Somit bleibt das Programm auf statische Motive beschränkt. Die Kamera wählt ISO-Werte zwischen ISO 200 und ISO 1600. Der Dynamikbereich-Optimierer steht auf DRO AUTO.

Mehr Möglichkeiten haben Sie im Blendenprioritätsmodus (A). Hier können Sie die Blende frei wählen und so die Schärfentiefe gezielt beeinflussen.

Zusätzlich sollten Sie ein stabiles Stativ verwenden und – je größer der Abbildungsmaßstab wird – auch manuell scharf stellen.

Die Vollautomatik

Benötigen Sie eine „Point & Shoot"-Kamera – möchten Sie also nicht lange nachdenken und einfach drauflosknipsen –, kann man die α450/500/550 im Vollautomatikmodus benutzen. Gerade für Einsteiger scheint diese Möglichkeit interessant zu sein. Kommt es nicht auf die Bildgestaltung an und werden vorrangig Schnappschüsse eingefangen, können Sie hier durchaus brauchbare Ergebnisse erzielen.

Auch wenn Sie Ihre Kamera z. B. einmal an die Kinder weitergeben, um ein paar Aufnahmen zu machen, kann dieser Modus nützlich sein. Gelangen sie zufällig an einen der Einstellknöpfe, können sie nichts verstellen.

▲ Im Makromodus gelingen bei nicht allzu großen Abbildungsmaßstäben Nahaufnahmen sehr gut. Ein Stativ sollten Sie aber möglichst verwenden. In den meisten Situationen kann der interne Blitz abgeschaltet werden. Sie vermeiden so Abschattungen. Auch hier lieferte die Automatik eine zu geringe Schärfentiefe (1/320 Sek., f5.0, Brennweite 100 mm).

Im Vollautomatikmodus der α450/500/550 sind die Einstellungsmöglichkeiten seitens Sony stark eingeschränkt worden. Die Einstellungen der Bildfolge- und Blitzmodi können zum Teil aber noch vorgenommen werden.

Belichtung

Möchten Sie mehr Einflussmöglichkeiten, ist die Programmautomatik (P) sinnvoller. Diese bietet fast die gleichen Automatikfunktionen wie die Vollautomatik, ist aber flexibler. Die Kamera wählt in diesem Modus Werte zwischen ISO 200 und maximal ISO 1600.

Vollautomatik ohne Blitz

Grundsätzlich schaltet die Vollautomatik den Blitz zu, sobald Verwacklungsgefahr droht. Das kann in einigen Situationen unpassend oder auch einfach nicht gewünscht sein. Für diese Fälle können Sie im Blitzmodusmenü den Blitz deaktivieren. Leichter und schneller geht es, einfach auf Vollautomatik ohne Blitz (erkennbar am Symbol mit dem durchgestrichenen Blitz) umzuschalten.

3.3 Die Kreativprogramme im Detail

Die Kreativprogramme der α450/500/550 erlauben dem Fotografen die freie Entfaltung und volle Kontrolle über alle relevanten Kamerafunktionen. Funktionen wie die Wahl des Bildstils, die ISO-Einstellung sowie die Blenden- und Belichtungszeitverschiebung sind hier ohne Einschränkungen möglich.

Programmautomatik (P)

Die Programmautomatik ist neben der Vollautomatik gut für Schnappschüsse geeignet. Denken Sie z. B. an Kindergeburtstage oder andere Familienfeiern. Hier bleibt meist keine Zeit für eine aufwendige Bildgestaltung. Auch ändern sich ständig die Motive. Alles in allem ein Fall für die Programmautomatik (P). Nach welchem Schema stellt nun die α450/500/ 550 die Blende und die Belichtungszeit ein? Zunächst versucht die Kamera, abhängig vom Umgebungslicht und dem verwendeten Objektiv eine Belichtungszeit einzustellen, die ein Verwackeln bei Aufnahmen aus freier Hand verhindert. Der eingeschaltete Steady-Shot hat hierauf keinen Einfluss, obwohl dadurch weit längere Belichtungszeiten verwacklungsfrei gelingen sollten.

Priorität hat, um Bildrauschen möglichst zu verhindern, die Einstellung ISO 200 in der ISO-Automatik. Reicht das Umgebungslicht hingegen nicht aus, wählt die Alpha stufenlos bis ISO 1600 die notwendige ISO-Einstellung.

An den Alphas sind zwar noch höhere ISO-Werte anwählbar, diese sind aber im Automatikmodus deaktiviert. Das heißt, ist erst einmal ISO 3200 eingestellt, bleibt die α450/500/550 auch dabei, bis der Wert manuell geändert wird. Selbst nach dem Aus-/Einschalten steht Ihnen der Wert wieder zur Verfügung. Die Programmautomatik wählt Belichtungszeiten aus einem Bereich von 30 Sek. bis 1/4000 Sek. aus, die Blendenwahl ist vom ver-

▲ Ein Schnappschuss, bei dem Schnelligkeit gefragt war. Die Programmautomatik (P) konnte die belichtungstechnisch relativ einfache Situation gut meistern.

wendeten Objektiv abhängig. Sehr lichtstarke Objektive wie das AF 50 mm F1,7 werden in diesem Programm maximal bis Blende 2.0 aufgeblendet. Da die Abbildungsleistung ab dieser Blende etwas abfällt, wird vermutlich auf ein weiteres Öffnen der Blende seitens der Automatik verzichtet.

Eine Programm-Shift-Funktion steht an der α450/500/550 in diesem Programm nicht zur Verfügung. Programm-Shift-Funktion heißt: Mithilfe der Einstellräder können Sie die von der Programmautomatik ermittelte Blende bzw. Belichtungszeit verändern. Die zugehörige Belichtungszeit bzw. Blende wird durch die Kamera eingestellt, sodass jederzeit eine korrekte Belichtung möglich ist.

Die Einstellgrenze bei extremer Helligkeit signalisiert die α450/500/550 mit dem Blinken der $1/4000$ Sek. (Belichtungszeit) im Sucher bzw. auf dem Display. Die Kamera hat zuvor die Blende auf den kleinstmöglichen Wert eingestellt. Im Normalfall sollte diese Grenze nicht erreicht werden, es sei denn, Sie haben manuell höhere Werte als ISO 400 gewählt. Auf Seite 85 wird die Wahl der Blende und der Belichtungszeit mittels Fuzzylogik und „Expertenwissensdatenbank" erläutert.

Belichtung

Blendenprioritätsmodus (A)

In diesem Modus haben Sie die Möglichkeit, die Blende (hohe Zahl = höhere Schärfentiefe und längere Belichtungszeit, niedrige Zahl = geringere Schärfentiefe und kürzere Belichtungszeit) über das Einstellrad zu wählen. Dabei stellen das verwendete Objektiv und die damit verfügbaren Blenden den Grenzbereich dar. Blinken die ¹⁄₄₀₀₀ Sek. oder die 30 Sek. im Sucher bzw. Display, sollten Sie die Blende verändern, um in den Steuerungsbereich der α450/500/550 zu gelangen.

Viele Fotografen verwenden den Blendenprioritätsmodus, auch Zeitautomatik genannt, als Standardeinstellung an ihrer Kamera. Aufgrund von Erfahrungen kann meist abgeschätzt werden, wie weit sich die Schärfentiefe im Bild erstrecken wird. Je nach gewünschtem Effekt wird die Blende vorgewählt.

Auch ist es u. a. im Bereich der Makrofotografie, bei Produktaufnahmen oder auch im Porträtbereich wichtig, dass die Blende eingestellt bleibt,

▼ Beabsichtigt war bei diesem Motiv eine möglichst große Schärfentiefe, von ganz vorn bis zum Leuchtturm. Daher wurde mit dem Sony/Zeiss Vario-Sonnar T* AF 24-70 mm F2,8 ZA SSM auf Blende 11 abgeblendet, was zum gewünschten Ergebnis führte.

Die Kreativprogramme im Detail

um mit einer konstanten Schärfentiefe arbeiten zu können.

Einschränkungen bezüglich der Einstellungsmöglichkeiten bestehen in diesem Programmpunkt nicht. Wählt man aber die ISO-Automatik, stellt die Kamera, abhängig von der jeweiligen Zeit-Blende-Kombination, Werte zwischen ISO 200 und ISO 1600 ein. Dabei wählt sie vorrangig ISO 200 und stellt nur bei vorhandener Verwacklungsgefahr stufenlos bis ISO 1600 passende Werte ein.

Die Programm-Shift-Funktion steht Ihnen im Blendenprioritätsmodus zur Verfügung. Hierzu drücken Sie die AEL-Taste und halten diese gedrückt. Danach können Sie mit dem Einstellrad eine andere Kombination aus Blende und Verschlusszeit wählen. Die zuvor gewählte Belichtung beleibt vorhanden.

Verschlusszeitenprioritätsmodus (S)

Im Verschlusszeitenprioritätsmodus, auch Blendenautomatik genannt, wird die gewünschte Belichtungszeit voreingestellt. Die passende Blende stellt die α450/500/550 automatisch bereit. Zu empfehlen ist dieser Modus, wenn es wichtig ist, eine bestimmte Belichtungszeit einzuhalten.

Möchten Sie z. B. die Bewegung eines Sportwagens einfrieren, sind Belichtungszeiten von etwa ¹⁄₁₀₀₀ Sek. nötig. Nachdem Sie diese Belichtungszeit über das Einstellrad gewählt haben, ermittelt die α450/500/550 selbstständig die zugehörige Blende. Verändern sich die Lichtverhältnisse, passt die Kamera automatisch die Blende an, um jeweils korrekt zu belichten.

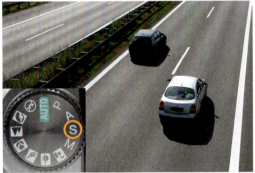

▲ Schnelle Objekte verlangen nach extrem kurzen Belichtungszeiten. Oben betrug die Belichtungszeit (Vollautomatik) ¹⁄₈₀ Sek. Dies war zu lang, um die Fahrzeuge scharf abzubilden. Mit ¹⁄₂₀₀₀ Sek. (unten) konnten hingegen die Fahrzeuge scharf aufgenommen werden.

Da im Verhältnis zum Blendenprioritätsmodus ein wesentlich kleinerer Spielraum für die Kamera bleibt, durch die Wahl einer passenden Blende eine korrekte Belichtung zu erzielen, gelangt man hier schneller an die Grenzen des Steuerungsbereichs. Sie müssen also schneller damit rechnen, dass die gewünschte Belichtungszeit nach oben bzw. nach unten angepasst werden muss, da der nutzbare Blendenbereich erschöpft ist. Sie erkennen dies an der blinkenden Blendenzahl im Sucher bzw. auf dem Display.

Belichtung

Natürlich bleibt auch noch die Möglichkeit, den ISO-Wert anzupassen. Um Rauschen zu vermeiden, sollten Sie maximal ISO 1600 wählen. Die α450/500/550 wählt bei eingestellter ISO-Automatik ebenfalls nur Werte zwischen ISO 200 und 1600.

Bei Verwendung eines Blitzes beschränkt sich die Wahl der Belichtungszeit auf den Bereich von 30 Sek. bis $^1\!/_{160}$ Sek. Im High-Speed-Synchronisationsmodus stehen Ihnen hingegen alle Belichtungszeiten der α450/500/550, also bis $^1\!/_{4000}$ Sek., zur Verfügung. Allerdings nur mit einem externen Blitzgerät.

Auch im Verschlusszeitenprioritätsmodus steht Ihnen die Programm-Shift-Funktion zur Verfügung.

Manuelle Belichtung (M)

Völlige Freiheit erhält der Fotograf im manuellen Belichtungsmodus. Die Belichtungszeit oder Blende können hier über das Einstellrad gewählt werden. Standard ist die Veränderung der Belichtungszeit. Drücken Sie die Taste +/– und halten Sie diese gedrückt. Dann können Sie mit dem Einstellrad die Blende wählen.

Sie haben in diesem Modus die Wahl zwischen allen möglichen Einstellungskombinationen von Blende und Belichtungszeit. Benutzt wird dieser Modus vorrangig bei Nachtaufnahmen, astronomischen Aufnahmen oder etwa auch für Panoramafotos, bei denen Blende und Belichtungszeit gleich bleiben sollten.

▲ Im manuellen Modus können Sie die Funktion des Einstellrads durch Drücken der Taste +/– umkehren. Das heißt, dass Sie dann die Blende einstellen können. Im Menü der α450/500/550 können Sie diese Umstellung nicht vornehmen. Bei gedrückter AEL-Taste können Sie die Programm-Shift-Funktion nutzen, wenn Sie das Einstellrad drehen.

> **Verwacklungen vermeiden**
>
> Die Kameraverwacklungswarnung ist im manuellen und im Verschlusszeitenprioritätsmodus deaktiviert. Der Fotograf muss hier besonders darauf achten, dass eine entsprechend kurze Belichtungszeit eingehalten wird, um freihändig verwacklungsfrei arbeiten zu können.
>
> Sie können auch den StedyShot nutzen, um verwacklungsfreie Belichtungszeiten verlängern zu können.

Die α450/500/550 bietet dem Fotografen aber selbst in diesem vollständig manuellen Modus eine Hilfestellung an. Auf der Belichtungswerteskala im Display bzw. im Sucher können Sie feststellen, ob Ihre aktuelle Einstellung mit dem Ergebnis des Messsystems der α450/500/550 übereinstimmt oder wie stark sie davon abweicht. Bis ±2 EV wird die Abweichung hierbei im Sucher angezeigt. Auf

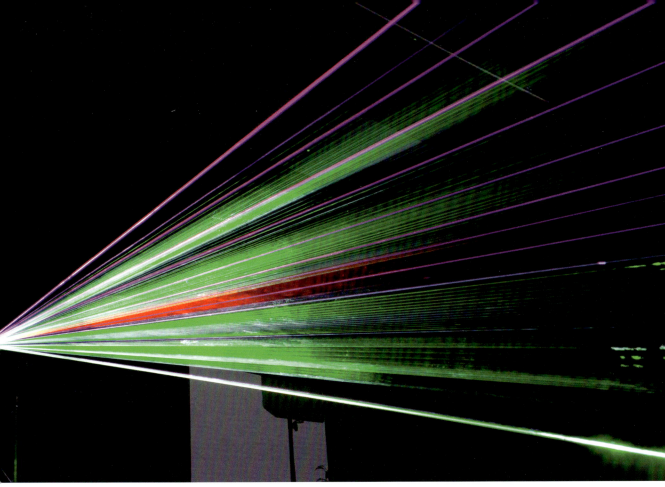

▲ Spezielle Situationen wie hier bei einer Lasershow erfordern den manuellen Modus. Die extrem schnell wechselnden Lichtverhältnisse überfordern jegliche Automatik (2 Sek., f2.8, ISO 400).

dem Display sind es ebenfalls ±2 EV. Liegt die Messung außerhalb dieses Bereichs, blinkt ein Pfeil auf der entsprechenden Seite – entweder links für Unterbelichtung oder rechts für Überbelichtung. Treffen Sie mit Ihrer Einstellung genau die Null, entspricht sie der ermittelten Belichtungsmessung der α450/500/550.

Die ISO-Automatik kann im manuellen Modus nicht eingestellt werden. Wählen Sie hier den ISO-Wert ebenfalls immer manuell. Nur über den manuellen Modus erreichbar ist die Möglichkeit, Langzeitbelichtungen über 30 Sek. durchzuführen.

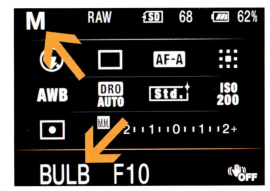

▲ Nur im manuellen Modus wählbar: Hinter dem Bulb-Modus verbirgt sich die Möglichkeit, den Verschluss so lange zu öffnen, wie der Auslöser gedrückt wird. Somit sind Aufnahmen mit Belichtungszeiten auch über 30 Sek. möglich. Achten Sie darauf, dass Sie beim Drücken des Auslösers die Kamera nicht verwackeln. Dieses Problem umgehen Sie, wenn Sie einen Fernauslöser verwenden. Ein Stativ ist hier selbstverständlich Pflicht.

Belichtung

Hierzu erhöhen Sie mit dem Einstellrad so lange die Belichtungszeit, bis in der Anzeige *BULB* erscheint. Das erscheint direkt nach den noch wählbaren 30 Sek. In diesem Modus bleibt der Verschluss so lange geöffnet, wie der Auslöser gedrückt gehalten wird. Im manuellen Modus steht Ihnen die Programm-Shift-Funktion ebenfalls wie zuvor beschrieben zur Verfügung.

Manuelle Belichtungskorrektur

Trotz der Möglichkeiten in Bildbearbeitungsprogrammen, gewisse Belichtungskorrekturen vornehmen zu können, kann es durchaus sinnvoll sein, die Belichtung bereits für die Aufnahme anzupassen.

In sehr hellen Bildpartien kann es zu Überstrahlungen ohne Bildinformationen und andersherum in Schattenbereichen zu schwarzen Bereichen ohne Tonwertunterschiede kommen. Außerdem kann der zu leichter Unterbelichtung neigenden Automatik bei größeren hellen Bereichen im Bild entgegengewirkt werden.

In den Modi P, A und S kann die Belichtungskorrektur durchgeführt werden. Die Verstellung erfolgt in ⅓-EV-Schritten bis maximal 2 EV in beide Richtungen. Zur Verstellung drücken Sie die Taste +/–. Nun können Sie mit dem Einstellrad oder dem Steuerschalter den gewünschten Wert einstellen. Im Blendenprioritätsmodus (A) ändert sich die Belichtungszeit und entsprechend im Verschlusszeitenprioritätsmodus (S) die Blende. In der Programmautomatik (P) ändert die α450/500/550 die Belichtungszeit. Im manuellen Modus ist die Funktion logischerweise nicht aktiv.

▲ *Belichtungskorrekturskala mit Korrekturwerten von –2 EV bis +2 EV.*

> **Werte zurückstellen**
>
> Da der korrigierte Wert auch beim Ausschalten der Kamera und beim Wechseln in andere Programme erhalten bleibt (Ausnahme Szenenwahlprogramme), sollten Sie stets daran denken, den Wert zurückzustellen, wenn er nicht mehr benötigt wird, um Über- bzw. Unterbelichtungen zu vermeiden.

3.4 Den Dynamikumfang der Bilddateien ausreizen

Der Dynamikumfang definiert den darstellbaren Helligkeitsbereich, der im Bild festgehalten werden kann. Das Verhältnis aus der größtmöglich darstellbaren Helligkeit geteilt durch die kleinste mögliche Helligkeit beschreibt den Dynamik- oder auch Kontrastumfang.

$$D = I_{max} / I_{min}$$

Für die Fotografie ist das Verhältnis in Blendenstufen wichtig. Die Formel hierfür lautet:

$$D = \log_2 (I_{max} / I_{min})$$

Bezogen auf die Digitalfotografie entspricht 1 Bit einer Blendenstufe. Aus dem Bildformat können so schnell Rückschlüsse auf die maximal mögliche Dynamik gezogen werden. Theoretisch sind

Den Dynamikumfang der Bilddateien ausreizen

mit dem JPEG-Format Dynamikumfänge von bis zu acht Blenden und im RAW-Format von bis zu zwölf Blenden möglich. Diese Werte beziehen sich aber nur auf das Dateiformat. Die tatsächlich mögliche darstellbare Dynamik hängt noch stark von anderen Faktoren wie Sensor, Signalverarbeitung und Objektiv ab.

> **Dynamiksteigerung durch Belichtungsreihen**
> Reicht in Grenzsituationen der Dynamikumfang nicht aus, um alle Bildinformationen darstellen zu können, ist es sinnvoll, Belichtungsreihen anzufertigen. Diese können dann per Software zu einem Bild verrechnet werden. Das dabei entstehende hochdynamische Bild besitzt nun 32 Bit, das, um es weiterverarbeiten zu können, auf 16 oder 8 Bit heruntergerechnet werden muss.

Während unser Auge die Helligkeit logarithmisch verarbeitet, d. h., es ist empfindlicher für dunklere Bereiche und weit weniger empfindlich für Helligkeit, kann der Sensor der α450/500/550 die Helligkeitswerte nur linear aufnehmen. Der Dynamikumfang ist daher bei der α450/500/550 weit geringer und liegt bei etwa 8–9 Blenden, wohingegen unser Auge in Zusammenarbeit mit unserem Gehirn 15–30 (mit Adaption) Blendenwerte darstellen kann.

Arbeiten Sie mit der α450/500/550 im JPEG-Format, wird schon durch das Dateiformat die Dynamik auf acht Blenden eingeschränkt. Möchten Sie das letzte Quäntchen an Dynamik aus der α450/500/550 herausholen, sollten Sie im RAW-Format arbeiten, das zwölf Blendenstufen darstellen kann. Zunächst sollten Sie sich aber darüber im Klaren sein, dass nicht der Sensor bzw. das Dateiformat die Grenzen setzt, sondern dass

▼ In den dunklen Bereichen ist teilweise keine Zeichnung mehr vorhanden. Hier reicht der Dynamikumfang nicht aus. Wie hier kann dieser Umstand aber auch zur Bildwirkung beitragen.

Belichtung

das Ausgabegerät letztendlich über den Dynamikumfang entscheidet.

Ein TFT-Monitor liefert je nach Modell zwischen acht und elf Blenden. Bei der Auswahl eines solchen Monitors sollten Sie auf einen möglichst hohen statischen Kontrastwert achten. Sehr gut sind Werte ab 1:1.000. Eingeschränkt wird man allerdings im Dynamikumfang bei Ausdrucken und Ausbelichtungen. Fotopapier z. B. liefert gerade mal 5–6 Blenden, womit das JPEG-Format mit seinen acht Blenden sicher ausreicht. Beamer können je nach Gerät 5–8 Blenden darstellen. Für Darstellungen im Internet sind 8-Bit-Formate ausreichend, da die gängigen Browser nur 8-Bit-Grafikformate wie JPEG und PNG anzeigen können.

Dynamik der α450/500/550 optimieren

Die α450/500/550 besitzt zwei Optionen, die Dynamik schon bei der Aufnahme zu optimieren. Hierfür analysiert die α450/500/550 die Aufnahmebedingungen und nimmt Korrekturen an Helligkeit und Kontrast vor. Diese Korrektur bezieht sich aber nur auf das JPEG-Format. Das RAW-Format bleibt davon unberührt. Als Standardeinstellung ist die Option D-R voreingestellt.

3.5 Sonys Dynamikbereich-Optimierer für sich bewegende Motive

Der Dynamikbereich-Optimierer (DRO) ist eine sehr brauchbare Funktion, mit der man ohne den Umweg über ein Bildbearbeitungsprogramm die Dynamik im Bild optimieren kann.

▲ Der Dynamikbereich-Optimierer besitzt fünf Level plus Automatikfunktion und kann so an die jeweilige Situation angepasst werden.

Die α450/500/550 besitzt die sieben Einstellungsmöglichkeiten D-R OFF, DRO AUTO und DRO LV1–LV5.

Die α450/500/550 nimmt je nach Einstellung verschieden ▶ starke Änderungen an der Gradationskurve vor. Die Unterschiede werden hier im Histogramm verdeutlicht.

▲ D-R OFF.

▲ DRO AUTO.

▲ DRO LV1.

▲ DRO LV5.

Sonys Dynamikbereich-Optimierer für sich bewegende Motive

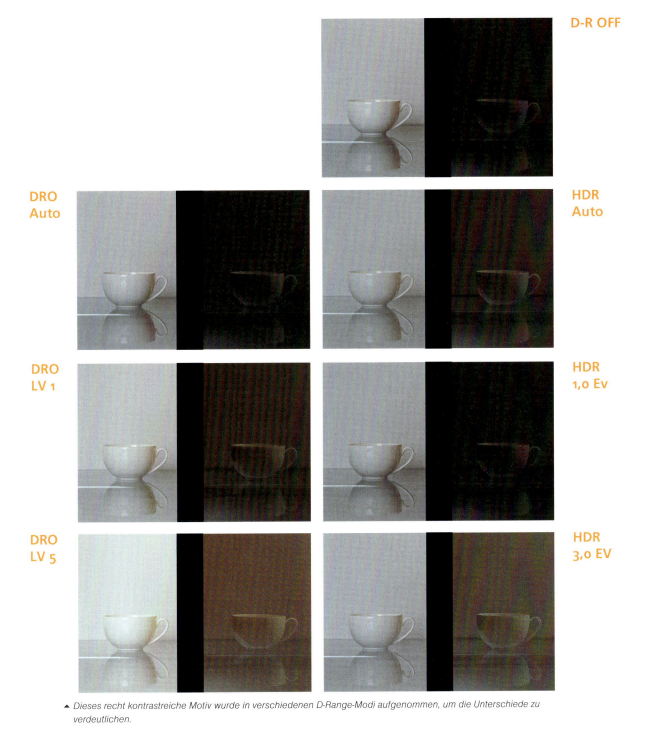

▲ Dieses recht kontrastreiche Motiv wurde in verschiedenen D-Range-Modi aufgenommen, um die Unterschiede zu verdeutlichen.

Belichtung

Einfluss auf das RAW-Format nimmt der Dynamikbereich-Optimierer nicht, was auch gut ist. Denn wer im RAW-Format arbeitet, möchte diese Optimierung ohnehin am Computer selbst durchführen. Zudem bietet die α450/500/550 die Möglichkeit, beide Formate (RAW und JPEG) parallel zu speichern, sodass so bereits direkt nach dem Fotografieren eine korrigierte und eine Version für die eigene Bearbeitung zur Verfügung stehen.

In der Standardeinstellung DRO AUTO ermittelt die α450/500/550 den Motivkontrast. Erkennt die Kamera ein kontrastarmes Motiv, wird der Kontrast leicht angehoben und im umgekehrten Fall abgesenkt. Eine weit stärker eingreifende Funktion verbirgt sich hinter den Optionen DRO LV1 bis DRO LV5. Die Kontraständerungen wirken sich hier nicht auf das ganze Bild aus, sondern nur partiell auf bestimmte Zonen. Schattenbereiche werden aufgehellt, wobei keine Zeichnung in den hellen Bereichen verloren geht.

Möchten Sie sich nicht die nachträgliche Arbeit mit RAW-Dateien machen, belassen Sie ruhig den Dynamikbereich-Optimierer auf der Stellung DRO AUTO. In kontrastreichen Szenen stellen Sie ihn indessen je nach Aufnahmebedingung auf Werte zwischen LV1 und LV5. Im Serienbildmodus wird die Korrektur des ersten Bildes in den weiteren Aufnahmen übernommen und nicht jeweils neu berechnet. Da die α450/500/550 in der Stellung DRO LV1–LV5 zum Teil Signalverstärkungen vornimmt, kommt es allerdings bereits bei ISO 200 zu sichtbarem Rauschen. Dies macht sich besonders in den dunkleren Bildpartien bemerkbar.

3.6 Hochkontrastreiche statische Bilder mit der neuen HDR-Funktion der α450/500/550 meistern

Während die DRO-Funktion schon aus anderen Sony-DSLR-Modellen bekannt ist, hat Sony erstmals mit der α450/500/550 einer DSLR-Kamera eine HDR-Funktion spendiert. Softwaretechnisch war es bisher ebenfalls möglich, mehrere Bilder zu einem optimierten Bild zusammenzurechnen. Dies ist aber zum Teil mit erheblichem Aufwand verbunden.

Diese Arbeit kann Ihnen nun die α450/500/550 in einem gewissen Rahmen abnehmen. Sie erhalten praktisch direkt nach der Aufnahme ein aus zwei Bildern zusammengerechnetes Bild. Dafür werden automatisch sofort hintereinander zwei Bilder mit unterschiedlicher Belichtung aufgenommen. Der Belichtungsabstand kann hierbei in Stufen von 1,0 EV bis 3,0 EV manuell voreingestellt werden. Die HDR-Autofunktion versucht, den Kontrastumfang des Motivs zu ermitteln, und wählt dann selbstständig den Belichtungsabstand beider Aufnahmen. Der BIONZ-Prozessor der α450/500/550 errechnet im Anschluss eine optimierte Aufnahme. Im RAW-Modus ist die Funktion nicht verfügbar.

Ebenso kann sie nicht bei Verwendung der Funktion Auslösung bei Lächeln benutzt werden. Ist Auslösung bei Lächeln eingeschaltet, verwendet die Kamera in diesem Fall die DRO-Funktion. Auch in den Modi Vollautomatik und Szenenwahl kann die HDR-Funktion nicht verwendet werden.

Handelt es sich um ein Motiv mit geringem Kontrastumfang, ergibt es weniger Sinn, die Funktion zu verwenden. Die α450/500/550 signalisiert dies durch die Anzeige *HDR!* auf dem Display. Von Vorteil kann die Funktion aber auch hier sein, da das Rauschen durch die HDR-Funktion nochmals reduziert wird.

DRO- vs. HDR-Funktion

Wann sollte man nun zur DRO- bzw. zur HDR-Funktion greifen? Der HDR-Funktion sollten Sie immer dann den Vorzug geben, wenn es darum geht, statische Motive aufzunehmen. Da zwei Aufnahmen der Szene notwendig sind, sollte es im Motiv möglichst nicht zu größeren Änderungen während der Aufnahmen kommen, d. h., beide Aufnahmen sollten deckungsgleich sein. Ansonsten kann es bei der zusammengesetzten Aufnahme zu verwischten Bereichen kommen. Dieses Problem tritt ebenfalls bei der Softwarezusammensetzung mehrerer einzeln aufgenommener Aufnahmen auf.

Gegenüber der DRO-Funktion können Sie mit weit besseren Rauschwerten rechnen. DRO verstärkt vor allem in den höheren Leveln das Rauschen recht stark. Bei der HDR-Funktion hingegen wird das Rauschen sogar reduziert, weil die Informationen zweier Aufnahmen zur Verfügung stehen. Das Rauschen kann somit zu einem gewissen Grad herausgerechnet werden. Bei zeitkritischen Aufnahmen ist dagegen die DRO-Funktion die richtige Wahl. So macht der Einsatz der HDR-Funktion in den Serienbildmodi keinen Sinn, da der gesamte Vorgang, das Aufnehmen beider Bilder und das Berechnen der finalen Ausgabe, sehr zeitintensiv ist.

Die α450/500/550 versucht, nicht 100 % deckungsgleiche Aufnahmen auszugleichen. Ein Stativ ist also nicht unbedingt notwendig. Dies gelingt ihr jedoch nicht immer. In diesem Fall sind die Abweichungen zu stark, was ebenfalls durch die Anzeige von *HDR!* im Display angezeigt wird. Hier verwenden Sie besser die DRO-Funktion bzw.

▲ Mit der HDR-Funktion können Sie das Rauschen weiter reduzieren. Hier der Vergleich mit DRO AUTO und D-R OFF bei ISO 6400. Da hier zwei Aufnahmen vom Motiv zur Verfügung stehen, kann das Rauschen zum Teil herausgerechnet werden.

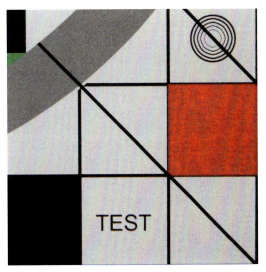

▲ DRO AUTO.

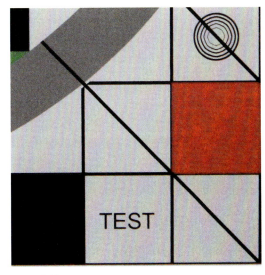

▲ D-R OFF.

ein Stativ. Das Stativ bringt allerdings nur etwas, falls es zu Verwacklungen der Kamera kommt. Bewegt sich das Motiv zu stark, nützt ein Stativ weniger.

3.7 Weitere Tools für faszinierende HDR-Fotos

Um den Dynamikumfang der Bilder der α450/500/550 zu erhöhen, gibt es zwei weitere Möglichkeiten, die unter dem Begriff **D**ynamic **R**ange **I**ncrease (DRI, Dynamikzunahme) zusammengefasst werden. Zum einen ist es das Exposure Blending (Belichtung mischen), bei dem es darum geht, mithilfe von Ebenen und Masken unterschiedlich belichteter Aufnahmen durch Überlagerung dynamikgesteigerte Bilder zu erhalten. Zum anderen wird das HDR-Verfahren (**H**igh **D**ynamic **R**ange, hohe Dynamikwerte) eingesetzt. Hier werden – ebenfalls aus einer Belichtungsreihe – hochdynamische Bilder erzeugt, bei denen durch Tonemapping (Tonwertabbildung) Details in Lichtern und Schatten herausgearbeitet werden.

Voraussetzung für beide Verfahren sind mehrere Aufnahmen mit unterschiedlich langen Belichtungszeiten. Die Blende und die Brennweite sollten bei allen Aufnahmen identisch sein. Wichtig ist ein Stativ, denn kleinste Verwacklungen bzw. Kameraschwenks erkennen Sie später in einem unscharfen Gesamtbild wieder. Mit der Spotmessung sollten zunächst die bildwichtigen Bereiche angemessen werden. Liegen die Helligkeitsunterschiede im Rahmen der durch die α450/500/550 unterstützten 0,7 bis 0,3 EV, kann direkt eine Belichtungsreihe durchgeführt werden. Die α450/500/550 liefert drei Bilder pro Reihe. Drei Bilder sind das Minimum. Besser sind vier bis neun unterschiedlich belichtete Bilder.

> **Mehrere Belichtungsreihen**
>
> Sollte dies nicht ausreichen, kann man zwei oder auch mehrere Belichtungsreihen durch die α450/500/550 anfertigen lassen (z. B. drei Aufnahmen mit einem Belichtungsabstand von 0,7 EV). Hierzu verschieben Sie zunächst die Belichtung durch Drücken der Taste AV auf 1 EV in Richtung Minus (links) und fertigen eine Belichtungsreihe an. Danach wird auf +1 EV in Richtung Plus (rechts) verschoben und ebenfalls eine Belichtungsreihe angefertigt. Sie haben so sechs Aufnahmen zur weiteren Verarbeitung zur Hand.
>
>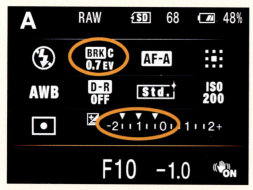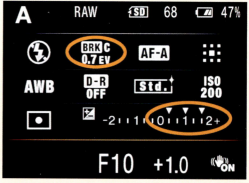
>
> ▲ *Mit mehreren Belichtungsreihen kann man einen größeren Dynamikumfang erreichen als mit den durch die α450/500/550 vorgegebenen maximal drei Bildern.*

Weitere Tools für faszinierende HDR-Fotos

Kontrastumfang ermitteln

1

Zunächst stellen Sie mit dem Moduswahlrad A für den Blendenprioritätsmodus ein. Nun können Sie die größte Blende (kleinster Blendenwert) des Objektivs am Einstellrad vorgeben.

2

Anschließend stellen Sie im Aufnahmefunktionsmenü (Fn-Taste) im Bereich *Messmethode* die Spotmessung ein.

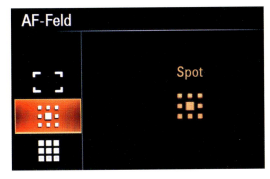

3

Schwenken Sie die Kamera so, dass der Spotkreis im Sucher auf die hellste Stelle im Motiv zeigt. Kontrollieren Sie dann die angezeigte Verschlusszeit im Display bzw. im Sucher. Blinkt eventuell die *4.000*, muss entweder die Blendenzahl erhöht oder der ISO-Wert verringert werden. Notieren bzw. merken Sie sich die angezeigte Zeit.

4

Anschließend schwenken Sie die Kamera und zielen mit dem Spotkreis auf das dunkelste Motivelement. Die vorhergehenden Einstellungen müssen beibehalten werden.

5

Auswertung: Nun teilen Sie den Wert für die hellste Stelle im Motiv so lange durch 2, bis der Wert für die dunkelste Stelle erreicht ist. Hierbei können die Werte gerundet werden. Die Anzahl der möglichen Teilungen ergibt den Kontrastumfang des Motivs. Man kann sagen, dass sich bereits ab ca. vier Teilungen (Blenden) eine Bearbeitung mittels DRI anbietet, um den gesamten Kontrast im Bild darstellen zu können.

HDR mithilfe von Full Dynamic Range Tools (FDRTools)

FDRTools stellt eine eigenständige professionelle Softwarezusammenstellung für die Erzeugung von HDRI- und LDRI-Bildern bereit. Hierbei entsteht ein unansehnliches HDRI-Bild, das einen Kontrastumfang besitzt, den der Monitor bzw. Drucker nicht darstellen kann. Erst das Programm FDRCompressor fertigt aus dem HDRI-Bild ein darstellbares LDRI-Bild. Das Programm ermöglicht zudem die Steuerung von Sättigung, Gamma, Kontrast und Kompressionsgrad vor der Ausgabe in eine 8- bzw. 16-Bit-TIF-Datei.

Belichtungsreihe anfertigen

Zunächst fertigen Sie eine Belichtungsreihe wie bereits dargestellt an.

Belichtung

▲ Belichtungsreihe links oben: –1,5 EV, links unten ohne Korrektur, rechts oben +1,5 EV. In diesem Fall wurde die Belichtungsreihe aus einer RAW-Datei gewonnen. Hiermit sind sogenannte Pseudo-HDR-Bilder möglich. Sie erreichen so natürlich nicht die Ergebnisse echter Belichtungsreihen. Aber wenn Ihnen nur ein Foto zur Verfügung steht, können Sie sich damit behelfen, den Dynamikumfang zu erhöhen. Im RAW-Konverter reduzieren Sie einmal die Belichtung und dann erhöhen Sie die Belichtung. Im Bereich von 1–2 EV können Sie mit brauchbaren Resultaten rechnen.

▼ Pseudo-HDR-Bild, gewonnen aus einer RAW-Datei mit drei unterschiedlich entwickelten Bildern (mit FDRTools).

Weitere Tools für faszinierende HDR-Fotos

Die Belichtungsreihe sollte aus mindestens drei und maximal sieben Bildern bestehen. Ideal erscheinen vier bis fünf Aufnahmen, was aber abhängig vom vorhandenen Motivkontrast sein sollte.

Den Weißabgleich sollten Sie manuell einstellen und die Belichtungsreihe mit der gleichen Farbtemperatur durchführen (in Kapitel 6 wird alles Notwendige zum Weißabgleich erläutert).

Bilder mit FDRTools zusammenführen

Nach dem Start von FDRTools öffnen Sie die zuvor angelegte Belichtungsreihe über den Menüpunkt *Projekte/Erzeuge eins* oder mit der Tastenkombination [Umschalt]+[Strg]+[O].

Wenig später erscheinen die Bilder im Hauptmenü, und im Hintergrund öffnet sich ein weiteres Fenster mit dem Navigator. Nachdem Sie die Schaltfläche *Bearbeite* Ihres Projekts gewählt haben, beginnt die Berechnung.

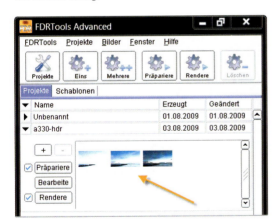

▲ Zunächst werden die einzelnen Bilder eingelesen und zu einem Projekt zusammengeführt.

Im Navigator können Sie nun das entstandene Gesamtbild in zwei Ansichten betrachten. Im Menüpunkt *HDR Bildinspektor* können Sie das entstandene HDR-Bild betrachten, was aber weniger sinnvoll ist, da der Dynamikumfang nicht auf dem Monitor dargestellt werden kann.

Im Bereich *Tonegemapptes Bild* hingegen können Sie sich schon einen ersten Überblick über das Endergebnis verschaffen, da hier bereits eine einfache Tonwertkomprimierung stattgefunden hat.

Sie haben dann im Hauptfenster über *Tonemapping* zwei Möglichkeiten: Zum einen können weitere Parameter im *Compressor* und zum anderen im *Receptor* verändert werden.

Mit *Simplex* kann Einfluss auf die Helligkeit (Gamma) und die Farbsättigung (Suration) genommen werden. *Compressor* bietet die Möglichkeit, die Kompression und den Kontrast fein abzustimmen. Über den Kompressionsgrad kann man festlegen, wie weit die Rechentiefe reicht. Je stärker kompri-

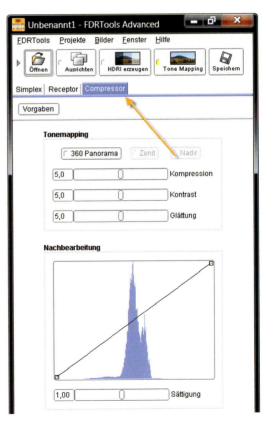

▲ Im Compressor wird das hochkontrastreiche Bild berechnet und auf dem Bildschirm ausgegeben.

Belichtung

miert wird, umso mehr Rechenleistung wird dem Computer abverlangt. Die Ergebnisse überzeugen aber durch sehr kontrastreiche und meist natürlich wirkende LDRI-Bilder.

Möchten Sie das berechnete Bild auf einem Datenträger speichern, ist es wichtig, darauf zu achten, in welchem Modul man sich befindet.

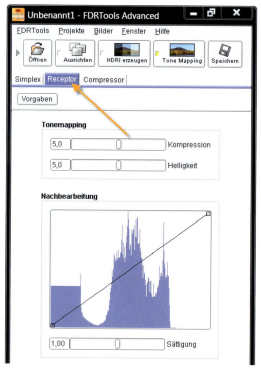

▲ *In der Standardversion steht nur der Receptor zur Verfügung, der weniger Möglichkeiten bietet als der Compressor.*

Für optimale Ergebnisse verwenden Sie möglichst eine Belichtungsreihe mit einem Belichtungsabstand von 2 EV im JPEG-Format. Im RAW-Format sind Belichtungsabstände von 3–4 EV möglich.

Zu den Pluspunkten des Programms gehört die Möglichkeit, auch leicht verwackelte oder bewegte Bilder zusammenzuführen. Verwenden Sie ein Farbmanagement, wird dieses ebenfalls vom Programm unterstützt.

FDRTools von Andreas Schömann ist ein recht günstiges, aber doch professionelles Tool, um hochkontrastreiche Bilder zu erzeugen. Es kann unter *http://www.fdrtools.com* zum Testen und späteren Kauf heruntergeladen werden.

Für die Photoshop-Versionen CS2, CS3 und CS4 steht ein Plug-in des Autors mit ähnlichem Funktionsumfang zur Verfügung.

Da hier zusätzlich das Programm Photoshop im Speicher gehalten werden muss, sollte der Computer mit einem schnellen Prozessor und mindestens 1 GByte an RAM-Speicher ausgestattet sein.

Die Plug-in-Variante kann allerdings keine HDRI-Bilder erzeugen und ist damit auf die Photoshop-eigene Funktion angewiesen.

Einen kleinen Minuspunkt enthält das ansonsten sehr gute Programm. Im Moment ist es nicht möglich, RAW-Dateien der $\alpha 450/500/550$ mit FDRTools zu bearbeiten. Diese Funktion wird aber in kommenden Programmversionen vorhanden sein.

HDRI mit Photoshop

Photoshop ab der Version CS3 bringt von Haus aus eine Funktion mit, um ein HDRI-Bild zu erzeugen. Die HDRI-Automatik ist über die Menüfolge *Datei/Automatisieren/Zu HDR zusammenfügen* erreichbar.

Im nächsten Schritt wählt man die Bilder aus, die zusammengefügt werden sollen. Die Berechnung erfolgt dann automatisch.

Weitere Tools für faszinierende HDR-Fotos

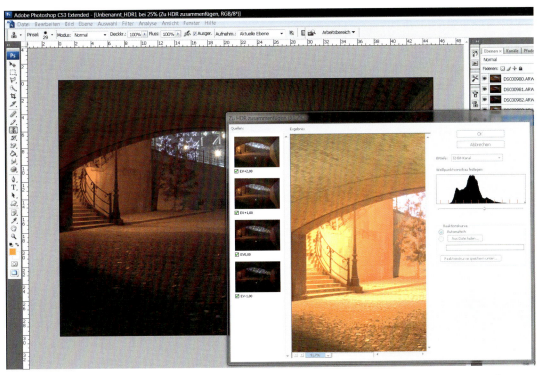

▲ Photoshop ist von Haus aus in der Lage, mehrere Bilder zusammenzufassen. Benutzen Sie hierzu die HDR-Automatik.

Weitere Alternativen

Es existieren weitere Alternativen zur HDRI-Bilderzeugung. So gibt es z. B. ein kostenloses Freewareprogramm namens NoiseRemove, das unter *http://www.stoske.de/digicam/Programme/noise-remove.html* heruntergeladen werden kann.

Eine weitere Alternative ist FixFoto, das allerdings nicht kostenfrei ist und mittels Plug-in maximal zwei Bilder in einem Schritt verarbeiten kann. Recht kostengünstig ist auch PhotoImpact, das mit der Version 12 ebenfalls die Zusammenführung von Bildern beherrscht. Ein weiteres kostenpflichtiges Tool stellt Photomatix unter *http://www.hdrsoft.com/de/* bereit.

Hier sehen Sie eine Belichtungsreihe für die Photomatix-Bearbeitung:

▲ +3 EV.

Belichtung

▲ +2 EV.

▲ −2 EV.

▲ 0 EV.

▲ −3 EV.

Weitere Tools für faszinierende HDR-Fotos

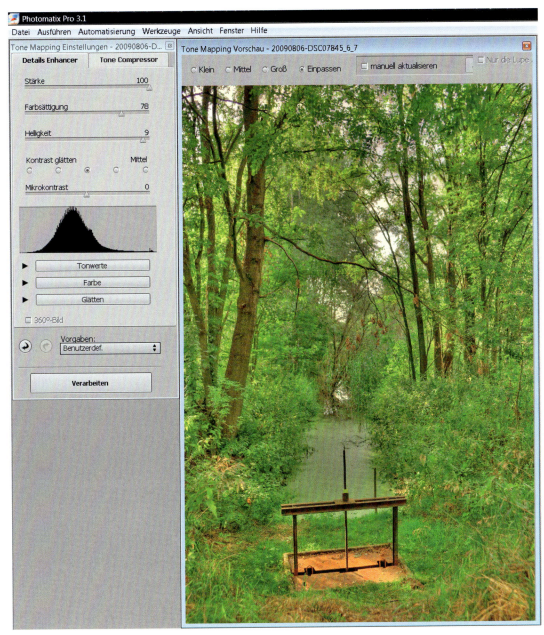

▲ Photomatix ist ebenfalls ein empfehlenswertes Programm zur Erzeugung von HDR-Fotos. Es beherrscht zudem die automatische Reduzierung des Rauschens und der chromatischen Aberration. RAW-Dateien können direkt eingelesen und verarbeitet werden. Auch ist ein Stativ in einigen Fällen nicht unbedingt nötig, da das Programm kleine Bildverschiebungen ausgleichen kann.

Belichtung

Nebeneffekt: vermindertes Rauschen

Als interessanter Nebeneffekt der Bildzusammenführung und Dynamikerhöhung ergibt sich ein vermindertes Bildrauschen. Da je Pixel nun mehrere Werte durch die Belichtungsreihe zur Verfügung stehen, kann man aus den Messungen einen Mittelwert errechnen und zur Reduzierung des Rauschens heranziehen. Der Signal-Rausch-Abstand vergrößert sich dabei, was das Rauschen mindert. Mit einer entsprechenden Anzahl von Bildern können so qualitativ hochwertige Aufnahmen erzeugt werden, die sonst mit der eingesetzten Technik nicht möglich wären.

Schwierige Situation: die Gegenlichtaufnahme

Zu einer der schwierigsten Situationen für die Kamera gehört sicherlich die Gegenlichtaufnahme, z. B. bei Aufnahmen gegen die Sonne. Auch hier versucht die Belichtungsautomatik wieder, die Belichtung recht moderat ausfallen zu lassen, was grundsätzlich ja richtig ist. In der Regel erhält man dann stark unterbelichtete Objekte, wenn sie sich im Schattenbereich befinden. Ausgleichen kann man dies durch eine Belichtungskorrektur im positiven Bereich von ca. 1–2 EV, wodurch die Objekte im Schatten richtig belichtet werden. Der Nachteil ist dann, dass der Hintergrund stark überbelichtet wird. Eleganter ist hier der Einsatz eines Aufhellblitzes. Schattenbereiche werden durch den Blitz entsprechend aufgehellt, was ein insgesamt ausgewogenes Bild ergibt.

▼ Motivabhängig können Gegenlichtaufnahmen natürlich auch (wie hier) ohne Aufhellblitz ihren Reiz haben (Aufnahme mit Sony AF 100 mm F2,8 Makro).

Weitere Tools für faszinierende HDR-Fotos

▲ Gegenlichtaufnahme bei senkrecht stehender Sonne. In Situationen wie dieser kann der eingebaute Blitz bzw. ein externes Blitzgerät zur Reduzierung der Kontraste beitragen und so wie hier noch Zeichnung in die Schatten an der Person im Vordergrund bringen.

Belichtung

Reicht der interne Blitz der α450/500/550 nicht aus, kann ein stärkerer externer Blitz eingesetzt werden, um die Reichweite zu erhöhen.

Bei Gegenlichtaufnahmen sollten Sie prinzipiell die Streulichtblende am Objektiv ansetzen, um Schleierbildung und Reflexe einzuschränken.

3.8 Das Rauschen mit den richtigen ISO-Werten im Griff haben

ISO ist die international einheitliche Kurzbezeichnung für International Organization for Standardization und eine internationale Norm. Der ISO 5800-Standard kombiniert die ASA- und DIN-Norm.

Die Bedeutung der ISO-Werte

ISO-Werte geben die Sensorempfindlichkeit an. Übliche Werte sind hierbei ISO 50, 100, 200, 400, 800, 1600, 3200, 6400, 12800.

Kleine Werte stehen für eine geringe Empfindlichkeit, größere für eine höhere Empfindlichkeit in Bezug auf das Signal. Ein Schritt zum nächsten Wert entspricht der Verdopplung bzw. Halbierung der Empfindlichkeit. ISO 100 ist also halb so empfindlich wie ISO 200 etc.

Die α450/500/550 besitzt die Möglichkeit, Werte zwischen ISO 200 und ISO 12800 einzustellen. Die Spezialwerte Lo80 und Hi200, wie sie an Vorgängermodellen wählbar waren, existieren an der α450/500/550 nicht mehr.

Ist in der analogen Fotografie für jede ISO-Empfindlichkeit ein separater Film notwendig, wird im Gegensatz dazu im digitalen Bereich der nächste ISO-Wert durch die Signalverstärkung erreicht.

Dank der Einstellbarkeit des ISO-Wertes ist man wesentlich flexibler gegenüber der analogen Fotografie, bei der man stets von einem vordefinierten ISO-Wert bis zum nächsten Filmwechsel abhängig war. Die analogen Kameras Dynax 7 und 9 besaßen zwar die Möglichkeit, teilbelichtete Filme wieder einzulegen und genau bis zum letzten unbelichteten Foto vorzuspulen, was aber lange nicht an die Möglichkeiten der ISO-Einstellung von Digitalkameras heranreicht. Das einfallende Licht wird in elektrische Signale umgewandelt, die dann entsprechend der gewählten ISO-Einstellung verstärkt werden. Je geringer das Signal bzw. je höher die gewählte ISO-Empfindlichkeit, umso stärker fällt auch das Rauschen aus.

> **ISO oder ASA?**
> ASA, die Abkürzung für **A**merican **S**tandards **A**ssociation, wurde 1983 weltweit durch die ISO-Norm abgelöst. Eine wesentliche Änderung des Standards gab es damals aber nicht. ASA-Werte entsprechen somit den jetzigen ISO-Werten. Zum Beispiel wurde aus ASA 100 ISO 100. Diese Normen gelten genau genommen aber nur für Filmmaterial. Der Einheitlichkeit wegen geben Kamerahersteller die Empfindlichkeit der Kamera ebenfalls in ISO-Werten an, sodass man diese leicht vergleichen kann.

Die ISO-Automatik

Sie haben bei der α450/500/550 die Möglichkeit, den ISO-Wert automatisch einstellen zu lassen. Aufgrund des höheren Rauschens ab ISO 1600 hat Sony diese Automatik etwas eingeschränkt, um auch im Automatikmodus akzeptable Ergebnisse zu erzielen. Deshalb regelt die α450/500/550 zwischen ISO 200 und ISO 1600 die Empfindlichkeit.

Das Rauschen mit den richtigen ISO-Werten im Griff haben

▲ Nach Drücken der ISO-Taste gelangen Sie ins ISO-Auswahlmenü. Im Menü ISO-Empfindlichkeit können Sie neben ISO AUTO auch alle anderen Werte zwischen ISO 200 und ISO 12800 wählen.

Sobald die Gefahr besteht, eine Aufnahme zu verwackeln, wird die α450/500/550 den ISO-Wert anheben, um eine kürzere Belichtungszeit zu erreichen. Ebenfalls erhöht die α450/500/550 den ISO-Wert im Blendenprioritätsmodus, wenn die α450/500/550 keine passende Belichtungszeit mehr zur Verfügung hat. Dies trifft auch für den Verschlusszeitenprioritätsmodus zu. Hier erhöht die α450/500/550 den ISO-Wert, wenn keine größere Blende am Objektiv vorhanden ist, die eigentlich für die richtige Belichtung benötigt würde. Im manuellen Modus kann die ISO-Automatik nicht verwendet werden. Falls die ISO-Automatik zuvor in einem anderen Programm gewählt wurde, schaltet die α450/500/550 auf ISO 200 um. In den Auto- und Szenenwahlprogrammen verwendet die Kamera generell die ISO-Automatik.

Lästiges Farbrauschen beherrschen

Die einzelnen Pixelsensoren der α450/500/550 messen die Helligkeit des durch das Objektiv einfallenden Lichts. Diese analogen Informationen werden durch den Analog-digital-Wandler digitalisiert.

Was ist unter Bildrauschen zu verstehen?

Da die winzigen Strukturen und Materialien des Sensors nicht im Wortsinne 100-prozentig perfekt hergestellt werden können, entsteht beim gesamten Umsetzungsvorgang nicht nur das gewünschte Nutzsignal, sondern es werden auch Störungen erzeugt.

▲ Das Rauschen wie im Bild links bei ISO 12800 führt neben einem pixeligen Bild auch zu Bildunschärfe. Aus diesem Grund sollte der ISO-Wert möglichst gering gehalten werden. Zum Vergleich wurde das gleiche Motiv rechts mit ISO 200 aufgenommen.

▲ Wenn man mit stärkeren Teleobjektiven fotografiert, bietet es sich an, den ISO-Wert zu erhöhen, um eine kürzere Belichtungszeit zu erhalten. Verwackelten Aufnahmen kann man so entgegenwirken. Ab ISO 3200 nimmt man damit stärkeres Rauschen in Kauf. Wenn man die Bilder vergrößert, stellt man zusätzlich fest, dass Bilddetails verloren gehen und die Schärfe zu wünschen übrig lässt. Die Aufnahme entstand bei ISO 6400 und 300 mm Brennweite.

Das Rauschen mit den richtigen ISO-Werten im Griff haben

Diese Störungen werden als Rauschen bezeichnet. Die Packungsdichte der Sensoren ist bei den Modellen α450/500/550 verhältnismäßig hoch. Eine hohe Packungsdichte verursacht meist ein verstärktes Rauschen. Bildrauschen macht sich vor allem in dunklen Bereichen bemerkbar. Verrauschte Bilder erkennt man hauptsächlich an mehr oder weniger starkem „Farbgrießeln". Zusätzlich wird die Schärfe negativ beeinflusst.

Erhöht man den ISO-Wert, verstärkt die Kamera das Eingangssignal. Dadurch sinkt der Signal-Rausch-Abstand und das Rauschen nimmt zu. Das heißt, die Eingangssignalverstärkung erhöht auch automatisch immer das Rauschen. Eine weitere Quelle für Störungen ist das thermische Rauschen. Hierbei entstehen durch Temperatureinflüsse Ladungen an den Sensoren, die den Signal-Rausch-Abstand ebenfalls beeinflussen.

Zusätzlich besteht immer ein Grundrauschen, was die untere Empfindlichkeit begrenzt. Das Grundrauschen steigt mit der Temperatur. Es verdoppelt sich etwa alle 10 Kelvin.

Man kann das Rauschen mit der Körnung von Filmmaterial vergleichen. Ein ISO-100-Film besitzt so gut wie keine sichtbare Körnung, dagegen hat ein ISO-1600-Film schon eine sehr markante Körnung, die zum Bildcharakter beitragen kann und in einigen Fällen sogar gewünscht ist, um bestimmte Bildwirkungen zu erzielen.

ISO-Rauschen in der Praxis

Die α450/500/550 wurde von Sony hinsichtlich des Rauschens bei hohen ISO-Werten optimiert. Forderungen der Kunden nach einem besseren Rauschverhalten wurden immer wieder laut.

Bis ISO 1600 hält sich das ISO-Rauschen der α450/500/550 in Grenzen. Werte ab ISO 3200 sollten Sie nach Möglichkeit meiden. Auch hier gibt es allerdings Ausnahmen. Es ist durchaus möglich, dass sich bei bestimmten Motiven das Rauschen weniger stark bemerkbar macht. Andererseits kann bei geringen Kontrasten und aufgehellten Motiven bereits bei ISO 200 Rauschen sichtbar werden.

▲ Diese Aufnahme entstand mit ISO 12800. Auch hier hält sich das Rauschen noch in Grenzen. Bei einer Ausbelichtung ist es meist weniger störend als auf dem Computermonitor.

Im praktischen Einsatz der α450/500/550 sollten Sie abwägen, ob eine hohe Empfindlichkeit mit höherem Rauschen benötigt wird. Dies kann etwa der Fall sein, wenn Sie eine kürzere Belichtungszeit wünschen, um Verwacklungen zu vermeiden.

Andererseits nützt es Ihnen wenig, eine Aufnahme ohne Bewegungsunschärfe, dafür aber mit zu starkem Rauschen zu haben. Hält sich hingegen das Rauschen in Grenzen, können Sie mit Spezialprogrammen wie Neat Image oder Helicon Filter das Rauschen reduzieren. Auch im RAW-Konverter können Sie das Rauschen noch nachträglich vermindern.

Belichtung

▲ Nahezu rauschfreie Aufnahmen gelingen Ihnen mit den Alphas im Empfindlichkeitsbereich von ISO 200 bis ISO 400.

Wann immer möglich, sollten Sie mit ISO 200 bis ISO 400 fotografieren, wenn es um ein möglichst geringes Rauschen geht. Lassen Sie die Entscheidung, welcher ISO-Wert gewählt wird, in diesem Fall nicht von der Kamera treffen. Aufgrund des günstigeren Verhältnisses von Pixelmenge und Bildsensorgröße ist das Rauschverhalten der α500 noch etwas besser als das der α450/550. In der Praxis fällt dieser Umstand aber weniger ins Gewicht.

ISO-Rauschen im hohen ISO-Bereich begegnen

Für den ISO-Bereich ab ISO 1600 stellt Sony eine zusätzliche Rauschminderung bereit, die standardmäßig auf Normal eingestellt ist.

Ab diesem Bereich kann das Rauschen schon recht störend wirken, weshalb diese Maßnahme notwendig wird. Die Rauschminderung lässt sich nicht komplett abschalten. Sie haben die Wahl zwischen Normal und Hoch.

In der Praxis wirkt sich der Unterschied allerdings nicht sehr stark aus. Aufgrund der längeren Berechnungszeit stellt die α450/500/550 in den schnellen Serienbildmodi automatisch von Hoch auf Normal, unabhängig davon, was Sie im Menü eingestellt haben.

▲ Für Bereiche ab ISO 1600 kann in diesem Menüpunkt die hohe Rauschreduzierung abgeschaltet werden.

Das Rauschen mit den richtigen ISO-Werten im Griff haben

RAW-Dateien werden durch diese Option nicht weiter verändert. Die Rauschunterdrückung, die bereits auf dem Exmor-Sensor rauschmindernd eingreift, kann ebenfalls nicht abgeschaltet werden.

▲ ISO 6400, RAW-Format (mit Photoshop Lightroom Standardeinstellung ins JPEG-Format konvertiert).

▲ ISO 6400, JPEG-Format, Hohe ISO-Rauschminderung: Normal.

Belichtung

▲ ISO 6400, JPEG-Format, Hohe ISO-Rauschminderung auf Hoch.

▲ ISO 12800, JPEG-Format, Hohe ISO-Rauschminderung auf Normal.

▲ ISO 12800, RAW-Format (mit Photoshop Lightroom Standardeinstellung ins JPEG-Format konvertiert).

▲ ISO 12800, JPEG-Format, Hohe ISO-Rauschminderung auf Hoch.

Deadpixel

Vereinzelt auftretende farbige Pixel, die nicht zum Bild gehören, sind nicht mit dem Bildrauschen zu verwechseln. Im Gegensatz zu Hotpixeln treten die sogenannten Deadpixel (tote Pixel) immer an ein und derselben Stelle auf. Sie liefern kein Nutzsignal mehr und bleiben deshalb schwarz. Diese toten Pixel treten bei allen Kamerafabrikaten auf. Aufgrund der hohen Pixelanzahl fallen vereinzelte Pixel ohne Signalabgabe kaum ins Gewicht.

Durch sogenanntes Pixelmapping können tote Pixel „geheilt" werden. Hierzu werden die Informa-

Das Rauschen mit den richtigen ISO-Werten im Griff haben

tionen der umliegenden Pixel genutzt, und ein entsprechendes Signal wird für die Deadpixel berechnet. Sie fallen nun nicht mehr auf. Die Alphas führen vermutlich regelmäßig eine Pixelregeneration durch.

ISO 50 mit der α450/500/550 – mit einem Trick ist auch das möglich

Besonders bei Motiven mit einfarbigen Flächen kann durchaus schon bei ISO 200 das Rauschen sichtbar sein und stören. Mit einem kleinen Trick kann das Rauschen nochmals reduziert werden.

Können Sie einen gewissen Dynamikverlust bei einer Aufnahme verschmerzen, ist mithilfe des RAW-Formats nochmals eine Reduzierung des Rauschens im Vergleich zu ISO 200 möglich.

1 Aufnahme

Als Erstes stellen Sie eine Belichtungskorrektur (Taste +/–) von +2 EV ein und wählen das RAW-Format. Dann nehmen Sie das Motiv bei ISO 200 auf. Eine zu starke Überbelichtung darf hierbei aber nicht auftreten. Achtung: Der Überbelichtungswarner der α450/500/550 – erreichbar durch Drücken der DISP-Taste im Wiedergabemodus – kann unter Umständen im RAW-Modus leicht abweichende Werte anzeigen!

2 Kompensation

Nun wird die Belichtung im RAW-Konverter um 2 EV nach unten korrigiert. Die dann entstandene Aufnahme entspricht der Belichtungszeit und dem Rauschen einer ISO-50-Aufnahme.

Analog kann man auch mit +1 EV vorgehen und erhält eine Aufnahme, die ISO 100 entspricht. Im RAW-Konverter muss dann entsprechend 1 EV zurückkorrigiert werden.

Theoretisch sind so auch mit der α450/500/550 Aufnahmen mit ISO 25600 und höher möglich. Das Rauschen wäre aber sehr hoch, daher sollten Sie es bei der Theorie belassen.

Dieser Trick ist nur im RAW-Format sinnvoll durchführbar. Hier wird die Reserve des höheren Dynamikumfangs von etwa einer Blende gegenüber Bildern im 8-Bit-Format (z. B. JPEG) ausgenutzt. Andererseits müssen Sie so auf einen auch für die Bilddynamik verwendbaren Vorteil verzichten.

Softwaretools zur Rauschreduzierung

Auch wenn sich das Rauschverhalten der α450/500/550 auf einem sehr hohen Niveau befindet, kann es vorkommen, dass eine nachträgliche Bearbeitung der Bilder notwendig wird.

Auf eine Rauschreduzierung können Sie in den meisten Fällen dann verzichten, wenn Bilder im Internet dargestellt oder kleinformatig ausbelichtet werden sollen.

Prinzipiell sollten Sie bei der Bildbearbeitung mit der Rauschentfernung beginnen, da Arbeitsschritte wie Schärfen oder auch die Farbkorrektur das Rauschen verstärken.

Die Reduzierung des Rauschens ist dabei nicht komplett möglich und geht meist auch mit einem gewissen Qualitätsverlust einher. Reduziert man das Rauschen zu stark, leidet die Bildschärfe unter dieser Maßnahme.

Entrauschen mit Neat Image

Ein sehr gutes Bildbearbeitungsprogramm zur Rauschreduzierung ist Neat Image. Dieses Programm ist schon seit mehreren Jahren auf dem Markt und wurde seitdem ständig verbessert.

Belichtung

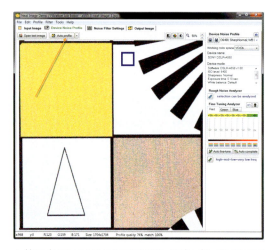

▲ Neat Image setzt entsprechende Profile für die Kamera voraus. Diese können selbst erstellt werden oder es kann eine allgemeine Version von der Homepage heruntergeladen werden. Alternativ können Sie über die Funktion Auto profile ein Profil erstellen lassen.

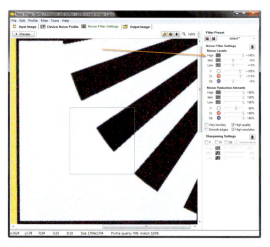

▲ Während der Bearbeitung können Sie diverse Parameter zur Feinabstimmung einstellen.

Im Internet steht unter http://www.neatimage.com eine Demoversion bereit, die für private Zwecke kostenlos genutzt werden kann. Man muss hier zwar mit ein paar Einschränkungen leben, aber für den Normalanwender ist der Funktionsumfang durchaus ausreichend. So steht z. B. in dieser Version kein Plug-in zur Verfügung, die Bearbeitung beschränkt sich auf 8-Bit-Formate und die Stapelverarbeitung ist ebenfalls eingeschränkt auf maximal zwei Schritte.

Für den professionellen Einsatz sollten Sie zur Pro-Version greifen, da hier die Bearbeitung im 16-Bit-Format und eine unbeschränkte Stapelverarbeitung möglich sind.

Voraussetzung für die Bearbeitung eines Bildes sind die entsprechenden Rauschprofile für die α450/500/550. Diese können unter http://www.neatimage.com/noise-profiles/digital-cameras/Sony/download.html für alle ISO-Stufen für JPEG- und RAW-Dateien heruntergeladen werden.

Ist das Rauschprofil berechnet bzw. ausgewählt worden, findet im nächsten Schritt die Rauschreduzierung statt. Hier besteht neben der Einstellung von Helligkeit und Kontrast die Möglichkeit, die Filtereinstellungen sehr fein zu ändern. Wichtig sind auch die Regler zur Regulierung der Schärfe, um Schärfeverluste durch die Rauschreduzierung zu

▲ Hier wurde mit Neat Image das zuvor aus der RAW-Datei (ISO 6400) gewonnene Bild entrauscht. Sie können so ähnlich gute, zum Teil sogar bessere, Ergebnisse als mit der α450/500/550 im JPEG-Modus erzielen.

Das Rauschen mit den richtigen ISO-Werten im Griff haben

kompensieren. Eine Überschärfung sollte indessen möglichst vermieden werden.

Das Programm steht auch als Plug-in-Lösung bereit und installiert sich bei Bedarf automatisch. So steht Ihnen dieses nützliche Tool z. B. auch direkt in Photoshop Elements zur Verfügung.

Mehr als nur Bildentrauschung – Helicon Filter

Helicon Filter (*www.heliconfilter.com*), ursprünglich ein eigenständiges Programm zur Rauschreduzierung von Bilddateien, hat sich im Laufe der Zeit zu einem umfangreichen Bildbearbeitungsprogramm entwickelt.

Neben der Rauschreduktion beherrscht das Programm die Korrektur der chromatischen Aberration (Unterdrückung von Farbsäumen) sowie der Verzeichnung und Vignettierung, die Beeinflussung der Bildschärfe, des Kontrastes und der Helligkeit. Farbkorrekturmöglichkeiten sind neben nützlichen Optionen wie Skalieren, Beschneiden etc. ebenfalls vorhanden. Um den Dynamikumfang erhöhen zu können, ist es mit Helicon Filter möglich, mehrere Bilder zu einer Bildversion mit gesteigertem Dynamikumfang zusammenzuführen. Diese erweiterten Funktionen stehen aber erst mit der Registrierung und dem Erwerb der Home- bzw. Pro-Variante zur Verfügung. Ansonsten kann die Free-Version uneingeschränkt kostenlos genutzt werden.

Zunächst sollten Sie das Arbeitsfeld in zwei Bereiche unterteilen. Hierzu drücken Sie [Strg]+[F2]. Ein direkter Vergleich zwischen dem Ausgangs-

▲ Helicon Filter ist, neben seiner Rauschreduzierung, ein vollwertiges Bildbearbeitungsprogramm und bietet diverse Korrekturmöglichkeiten.

Belichtung

bild und dem Ergebnis der Rauschreduzierung ist so am besten möglich. Um das Rauschen richtig beurteilen zu können, wählen Sie als Zoomfaktor 100 %. Nun klicken Sie das Register *Rauschen* an. Das Programm berechnet ein rauschreduziertes Bild und stellt es im anderen Fenster dar. Es empfiehlt sich, nun mit eventuell notwendigen Arbeitsschritten fortzufahren und die entsprechenden Register anzuwählen. Erst mit dem Abschluss aller Arbeiten können Sie versuchen, das Rauschen im Register *Rauschen* weiter zu reduzieren.

Helicon Filter ist ebenfalls in der Lage, das Bildrauschen selektiv, also nur für bestimmte Bereiche, zu reduzieren. Da durch das Herausrechnen der Rauschanteile auch Informationen in Bildbereichen verloren gehen, in denen das Rauschen weniger stark auffällt, kann hier die Rauschreduzierung vermindert und in anderen Bereichen verstärkt werden. So kann z. B. bei Bildern mit einem größeren Himmelsanteil das Rauschen im Himmel reduziert werden, während Bereiche im Vordergrund weniger stark einer Rauschminderung unterzogen werden und somit kleinste Strukturen erhalten bleiben.

Hierfür stehen vordefinierte Filtereinstellungen zur Verfügung. Ist der Equalizer eingeschaltet, können Sie die Farbkanäle auch von Hand festlegen.

Wie stark die Rauschunterdrückung wirkt, können Sie sich mithilfe der Rauschkarte ansehen.

Die Intensität der Rotfärbung gibt den Grad der Entrauschung an. Helicon Filter erlaubt die Speicherung aller Einstellungen und die Übertragung auf andere Bilddateien. Außerdem können in der Home- und in der Pro-Variante mehrere Dateien in einer Stapelverwaltung nacheinander automatisch bearbeitet werden.

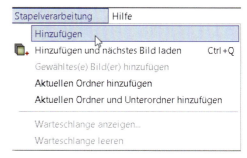

▲ *Mit der Stapelverwaltung ist die automatische Bearbeitung mehrerer Dateien möglich.*

Zudem integriert sich Helicon automatisch als Plug-in in vorhandene Bildbearbeitungsprogramme wie Photoshop, Corel PHOTO-PAINT u. a., wenn man die Pro-Version besitzt. Andersherum erlaubt auch Helicon Filter das Einfügen externer Plug-ins. Eine interessante Homepage zu diesem Thema mit zahlreichen kostenlosen Plug-ins findet man im Internet unter *http://www.thepluginsite.com/*. Beachten sollten Sie hier, dass 16-Bit-Dateien nur mit Plug-ins genutzt werden können, die das Format unterstützen. Falls das Plug-in den 16-Bit-Modus nicht unterstützt, muss die Bilddatei vorab in das 8-Bit-Dateiformat umgewandelt werden.

3.9 Trotz wenig Licht gute Aufnahmen meistern

Nicht selten kommt es vor, dass die Lichtverhältnisse eingeschränkt sind und das interne Blitzgerät der α450/500/550 bzw. selbst ein leistungsstärkeres externes Blitzgerät nicht genügend Leistung erbringen, um die Szene entsprechend auszuleuchten. In diesen Fällen sind Sie gezwungen, mit dem vorhandenen Licht auszukommen und andere Wege zu einer korrekten Belichtung zu gehen. Um das Restlicht bei geringer Lichtintensität nutzen zu können, ist es notwendig, den Sensor hierfür stärker zu sensibilisieren. Die empfangenen Signale müssen intensiver verstärkt werden.

Trotz wenig Licht gute Aufnahmen meistern

Erreicht wird diese Verstärkung durch eine Anhebung des ISO-Wertes. Leider wird damit auch das Rauschen verstärkt, sodass immer ein Kompromiss zwischen Empfindlichkeit und Rauschvermögen gefunden werden muss.

ISO-Wert immer im Auge behalten
Über das Display der α450/500/550 haben Sie den ISO-Wert immer im Blick und können ihn jederzeit überprüfen. Vergessen Sie das möglichst nicht. Sind erst einmal Fotos mit eventuell nicht benötigten hohen ISO-Werten aufgenommen worden, wird es schwierig, das Rauschen zu korrigieren.

Generell kann man sagen, dass Werte bis ISO 800 problemlos gewählt werden können. Steht jedoch wenig Licht zur Verfügung, wird selbst dieser Wert nicht ausreichen. Das trifft besonders dann zu, wenn es sich um bewegte Motive handelt oder die Schärfentiefe durch eine möglichst kleine Blende maximiert werden soll. ISO 1600 bis ISO 3200 können unter Umständen bei Motiven eingesetzt werden, bei denen das Rauschen durch die Struktur des Motivs weniger stark auffällt. Vor dem Einsatz von ISO-Werten über ISO 1600 sollten Sie unbedingt Testaufnahmen machen. Zur Überprüfung kann das Display der α450/500/550 bei starkem Hineinzoomen genutzt werden, wobei jedoch eine Beurteilung am PC-Monitor sinnvoller ist.

Bei unbewegten Motiven, z. B. Landschaftsaufnahmen, ist es nicht immer sinnvoll, den ISO-Wert zu erhöhen, auch wenn wenig Licht zur Verfügung steht. Hier ist es angebrachter, ein Stativ zu nutzen, um Verwacklungsunschärfen zu vermeiden und längere Belichtungszeiten zu wählen. In diesem Fall sollten Sie möglichst ISO 200 einstellen, um das Rauschen so gering wie möglich zu halten. Somit haben Sie auch bei zu dunklen Schattenpartien oder generell unterbelichteten Bildern die Möglichkeit, das Bild aufzuhellen, ohne damit das Rauschen unnötig zu verstärken.

▲ Ausgangsbild.

▲ Dieses nachträglich in den dunklen Bereichen stark aufgehellte Bild wurde bei ISO 1600 mit der α550 aufgenommen. In diesem Format stellt das damit verstärkte Rauschen noch kein Problem dar. Hingegen ist im vergrößerten Bildausschnitt das Rauschen deutlich zu erkennen. Der ISO-Wert 1600 stellt hinsichtlich eines nachträglichen Aufhellens nicht genügend Potenzial bereit. ISO 200 bis ISO 400 wären in diesem Fall geeigneter gewesen.

Belichtung

Stative nutzen

Von den Vorteilen, die Stative bieten, sollten Sie sich, wollen Sie ernsthaft in das Gebiet der Fotografie einsteigen, frühzeitig überzeugen. Der SteadyShot der α450/500/550 bietet zwar ziemlich große Reserven, was das verwacklungsfreie Fotografieren aus freier Hand angeht, aber auch hier sind Grenzen gesetzt. Der Vorteil von Stativen liegt vor allem darin, dass eine sorgfältige Bildkomposition möglich wird. Längere Belichtungszeiten stellen kein Problem mehr dar.

Lichtstarke Objektive

Bei Lichtknappheit sind neben den vorgenannten Möglichkeiten natürlich auch lichtstarke Objektive von hohem Nutzen. Zum Beispiel sind nicht immer Blitzgeräte erlaubt, und auch ein Stativ kann nicht überall aufgebaut werden – denken Sie hier nur an Museen oder Kirchen. Auch bei sportlichen Wettkämpfen in der Halle ist es teilweise ebenfalls verboten, den Blitz zu verwenden, da die Gefahr des Blendens besteht. Hier lassen sich eine Menge Beispiele finden, bei denen lichtstarke Objektive das Mittel der Wahl sind.

Als lichtstark werden Objektive bezeichnet, die im Normal- bzw. Weitwinkelbereich die Anfangsöffnung von f2.8 besitzen. Im Telebereich, in dem der Materialaufwand erheblich höher ist, kann man Objektive mit der Anfangsblende von 4.0 bereits als lichtstark bezeichnen. In Kapitel 8 wird hierauf näher eingegangen.

▼ Auch wenn hier noch mit eingeschaltetem SteadyShot mit 1/15 Sek. Belichtungszeit eine scharfe Aufnahme gelang, sollte bei wenig Licht zumindest ein Einbeinstativ verwendet werden.

Beim Einsatz lichtstarker Objektive sollten Sie aber immer bedenken, dass bei der Wahl einer großen Blende, z. B. f1.4 am Sony/Carl Zeiss Planar T* AF 85 mm F1,4 ZA, die Schärfentiefe sehr gering ausfällt.

▲ Der Einsatz lichtstarker Objektive bietet sich neben dem Freistellen mit geringer Schärfentiefe auch für Aufnahmen in Situationen mit geringem Umgebungslicht an. Hier ist das Minolta-Objektiv AF 50 mm F1,7 an der α550 dargestellt. Der Einsatz von Minolta- bzw. Konica Minolta-Objektiven an den Alphas ist ohne Weiteres möglich.

▲ Das Objektiv Sony/Carl Zeiss Sonnar T* AF 135 mm F1,8 ZA gehört zu einer Reihe von lichtstarken Objektiven des Sony-Lieferprogramms. Mit einer Anfangsblende von 1.8 ist es ideal für die Available-Light-Fotografie.

3.10 Mit Langzeitbelichtungen zu nicht alltäglichen Fotos

Langzeitbelichtungen erschließen dem Fotografen sehr interessante Möglichkeiten. Werden die Nächte länger oder bleibt weniger Zeit, tagsüber zu fotografieren, bietet es sich an, auch mal im Dunkeln auf Fototour zu gehen. Hierbei wird nicht mehr das natürliche Licht genutzt, sondern so manche Kunstlichtquelle.

Die α450/500/550 bringt hierfür gute Voraussetzungen mit. Einzig den Faktor Rauschen müssen Sie im Auge behalten, da – wie bei allen Kameras mit Bildsensoren – auch bei der α450/500/550 das Rauschen mit der Verlängerung der Belichtungszeit zunimmt.

Verschlusszeiten bis 30 Sek. kann die α450/500/550 ohne manuelles Zutun selbst realisieren. Belichtungszeiten darüber werden im Bulb-Modus mit manueller Zeitnahme durchgeführt. Dieser Modus ist nur in der manuellen Betriebsart (M) anwählbar. Der Verschluss bleibt so lange geöffnet, wie der Auslöser gedrückt gehalten wird. Aufnahmen mit längeren Belichtungszeiten erscheinen weniger Erfolg versprechend. Hier kann es recht schnell zu Verwacklungen kommen.

Vorteilhafter ist es, einen Fernauslöser zu nutzen. Entweder verwenden Sie hier einen der Kabelfernauslöser (RM-S1AM oder RM-L1AM) – diese

▲ *Langzeitbelichtung bei 15 Sek. Belichtungszeit (f9, 22 mm).*

können arretiert werden – oder die Infrarotfernbedienung, bei der Sie zum Start und zum Ende der Belichtung jeweils einmal auslösen. Sinnvoll einzusetzen sind auch programmierbare Timer, die wie die Kabelauslöser am Remote-Anschluss der α450/500/550 angeschlossen werden. Generell sollten Sie Langzeitbelichtungen nur mit komplett geladenem Akku durchführen. Der Stromverbrauch ist in dieser Betriebsart besonders hoch. Reicht die Akku-Ladung nicht mehr aus, schaltet sich die α450/500/550 während der Aufnahme ab.

Hotpixel: Rauschunterdrückung bei Langzeitaufnahmen

Hotpixel sind einzelne Pixel, die nicht gleichmäßig auf die Lichtmenge reagieren. Lange Belichtungszeiten und steigende Temperaturen tragen zu ihrer Entstehung bei. Sie erscheinen meist heller als erwünscht und treten bei jeder neuen Aufnahme an unterschiedlichen Stellen auf. Hierdurch ist es schwierig, ihnen beizukommen.

Ab etwa 1 Sek. Belichtungszeit kommt zum ISO-Rauschen noch das Rauschen durch Verstärkerglühen hinzu. Die α450/500/550 verfügt über eine speziell hierfür entwickelte Rauschunterdrückung, die auch standardmäßig eingestellt ist

▼ *Diese Sternenspuraufnahme entstand mit manueller Belichtungseinstellung. Die Belichtungszeit betrug 6 Min. Es wurde Blende 5.6 eingestellt. Der Einsatz eines stabilen Stativs ist zwingend erforderlich.*

Mit Langzeitbelichtungen zu nicht alltäglichen Fotos

und bei Belichtungszeiten ab 1 Sek. zum Einsatz kommt. Bei eingeschalteter Rauschunterdrückung wird versucht, dieses Glühen durch Abzug eines Dunkelbildes zu eliminieren. Hierzu fertigt die α450/500/550 ein weiteres Bild mit geschlossener Blende und gleicher Belichtungszeit an.

Im Aufnahmemenü 2 kann diese Rauschunterdrückung über den Menüpunkt *Langzeit-RM* auch ausgeschaltet werden. Diese Option sollten Sie, wenn möglich, in Betracht ziehen. In der nachfolgenden Tabelle sind die Zeiten angegeben, die nach eigenen Tests ohne Rauschunterdrückung möglich sind, ohne dass störendes Rauschen entsteht.

Ab ISO 3200 sollten Sie die Rauschminderung aber auf jeden Fall einschalten. Programme wie Adobe Lightroom verfügen ebenfalls über eine Rauschreduktionsfunktion, mit der sehr gut Hotpixel aus den Bildern entfernt werden können. Die Wirkung ist teilweise besser als die der eingebauten Langzeitrauschreduzierung der α450/500/550. Dass die α450/500/550 die Berechnung durchführt, erkennen Sie an der Displayanzeige *Verarbeitung*, die leider nicht abzuschalten ist.

> **Serienbildmodus ausschalten**
> Möchten Sie die Rauschminderung nutzen, sollten Sie unbedingt darauf achten, dass weder der Serienbild- noch der Serienbildreihenmodus eingeschaltet ist, da hier die Rauschminderung automatisch für diese Fälle deaktiviert wird.

Um das Optimum bei Langzeitbelichtungen zu erreichen, sollte vorrangig mit ISO 200 bzw. ISO 400 fotografiert werden. Denn je höher der ISO-Wert ist, umso mehr steigt auch das Rauschen an. Entsteht also die Frage, ob man nicht lieber den ISO-Wert erhöhen sollte, um die Belichtungszeit zu verkürzen, kann man sagen, dass dies in Bezug auf das Rauschen nicht sinnvoll ist. Die Signalverstärkung bei höheren ISO-Werten erzeugt deutlich mehr Rauschen als eine längere Belichtungszeit. Außerdem ist es sinnvoll, Pausen zwischen den Aufnahmen zu machen. Da auch die Kameratemperatur das Rauschen beeinflusst, sollten Sie nach Möglichkeit je nach Länge der Belichtungszeiten Pausen bis zu zwei Minuten einplanen, um eine Abkühlung der α450/500/550 zu gewährleisten.

Mit einem vollen Akku kann die α450/500/550 ca. zwei Stunden ohne Unterbrechung belichten, was natürlich nur von theoretischem Wert ist. Das auftretende Rauschen bestimmt hier die Grenzen.

ISO 200	ISO 400	ISO 800	ISO 1600
20 Sek.	20 Sek.	15 Sek.	10 Sek.

▲ Richtwerte für Langzeitbelichtungszeiten, die ohne Langzeitrauschunterdrückung durchgeführt werden können.

▲ Extrembeispiel: Hier rauscht alles. 10 Min. Belichtungszeit bei ISO 12800 und ohne Rauschunterdrückung.

▲ Die gleiche Aufnahme, diesmal mit Rauschunterdrückung, die aber in diesem Extremfall machtlos gegen das starke Rauschen ist.

Belichtung

Sucher abdecken
Am Kameragurt befindet sich eine Okularabdeckung. Benutzen Sie diese bei Langzeitbelichtungen und setzen Sie sie auf den Sucher auf. Sie verhindern damit einfallendes Licht in den Sucher und somit eine eventuell überbelichtete Aufnahme.

▲ ... und die Okularabdeckung aufschieben.

▲ Im Auslieferungszustand befindet sich auf dem Okular die Augenmuschel.

▲ Im Live-View-Modus wird der Sucher automatisch verschlossen, sodass hier ohnehin kein Licht eindringen sollte.

◄ Diese können Sie durch Drücken nach oben entfernen ...

Langzeitaufnahmen bei Tageslicht

Ebenfalls sehr interessant, aber auch recht anspruchsvoll sind Langzeitbelichtungen bei Tageslicht. Die Herausforderung dabei ist, trotz einer möglichst langen Verschlusszeit keine überbelichteten Bilder zu erhalten. ISO 200 sollten Sie hier schon mal voreinstellen. Des Weiteren bietet es sich an, das kameraeigene Rohdatenformat RAW zu benutzen. Hiermit ist es später möglich, Aufnahmen mit bis zu zwei Blendenstufen Überbelichtung per Software zu korrigieren. Um die gewünschten Belichtungszeiten einstellen zu können, wählen Sie den Verschlusszeitenprioritätsmodus (S) an der α450/500/550. Die Kamera wählt dann automatisch die zur Belichtung passende Blende aus und stellt diese ein.

Neutralgraufilter

Gerade bei Tageslicht erreicht man relativ schnell die Grenzen, und die Einstellung der gewünschten Belichtungszeit würde zu einer zu starken Überbelichtung führen. Neutralgraufilter sind dann das Mittel der Wahl. Die Farbwirkung des Bildes wird durch diese Filter nicht beeinträchtigt, aber – und das ist in diesem Fall wichtig – es wird das einfallende Licht gemindert, was längere Belichtungszeiten erfordert. Graufilter sind in den Dämpfungsgraden 2x, 4x, 8x und 64x verfügbar. Wird die doppelte Belichtungszeit benötigt, setzen Sie einen 2-fach-Filter ein, für die vierfache Belichtungszeit den 4-fach-Filter etc. Um unerwünschte Reflexe, hervorgerufen durch den Filter, zu vermeiden, empfiehlt sich der Einsatz einer Streulichtblende.

▲ Langzeitbelichtung mit ¹/₁₀ Sek. Belichtungszeit (ISO 200, f32), um das Sprudeln des Wassers darzustellen.

Besonders wenn in Richtung Sonne fotografiert wird, treten teilweise unschöne Erscheinungen auf. Für Aufnahmen mit starken Kontrasten im Bild, beispielsweise bei Strandaufnahmen, bei denen der Strand eine andere Belichtungszeit als der Himmel benötigt, kann der Einsatz von Grauverlaufsfiltern notwendig werden. Diese Filter besitzen eine hierfür entwickelte Lichtdämpfung, die in dem einen Bereich des Filters stärker als im anderen Bereich ist. Damit ist es möglich, auch Langzeitaufnahmen mit weichen, schleierartigen Wellen am Strand zu erzeugen und im Bereich des Himmels keine Überbelichtung zu erhalten.

Hochwertige Graufilter lassen sich guten Gewissens auch miteinander kombinieren. Die Verlängerungsfaktoren müssen Sie dann entsprechend multiplizieren.

Beim Kauf auf das Filtergewinde am Objektiv achten!

Da die Filter in den meisten Fällen an das Filtergewinde an der Objektivfrontseite geschraubt werden, muss vor dem Kauf ermittelt werden, welches Filtergewinde das Objektiv besitzt. Zum Beispiel ist für das Kit-Objektiv Sony AF 18-55 mm F3,5-5,6 DT SAM ein 55-mm-Filter notwendig. Eine weitere Möglichkeit besteht darin, größere Filter mit einem Adapter an einem kleineren Filtergewinde zu nutzen.

Andersherum ist es nicht sinnvoll, einen kleineren Filter mit Adapter an einem größeren Filtergewinde einzusetzen, da es hier zu Randabschattungen kommen könnte. Bei speziellen Teleobjektiven wie dem Sony AF 300 mm F2,8 G SSM werden die Filter in eine hierfür konstruierte Filterschublade gesteckt und erfüllen so den gleichen Zweck.

4. Blitzlichteinsatz an der α450/500/550

Die α450/500/550 verfügt über ein eingebautes Blitzgerät. Dieses kann, wenn das Licht knapp wird, bzw. in besonderen Situationen, in denen Blitzlicht auch bei genügend Licht erforderlich wird, zum Einsatz kommen. Standardsituationen und komplizierte Fälle sowie das drahtlose Blitzen werden in diesem Kapitel behandelt. Sonys Blitzgeräte und die der Fremdhersteller werden mit ihren Besonderheiten vorgestellt. Auch spezielle Einsatzbereiche wie das Blitzen im Studio kommen nicht zu kurz.

4.1 Grundlagen der Blitzfotografie

Sie kennen sicher einige Situationen, in denen das Sonnenlicht nicht mehr ausreicht, um die gewünschten Beleuchtungseffekte in die Aufnahmen zu zaubern. Seien es z. B. ein bedeckter Himmel oder Innenaufnahmen. Spätestens dann ist eine zusätzliche Lichtquelle gefragt. Und das Blitzlicht können Sie im Gegensatz zur Sonne in weiten Grenzen so dosieren und ausrichten, wie es in der jeweiligen Situation sinnvoll erscheint. Die heutigen Blitzgeräte ermöglichen es, mit relativ wenig Energie beachtliche Blitzleistungen zu liefern. Sie strahlen neutrales Weiß mit einer Farbtemperatur von ca. 5.500 bis 6.500 Kelvin aus, was in etwa unserem Sonnenlicht entspricht. Der wohl wichtigste Begriff in der Blitztechnik ist die Leitzahl. Mit der Leitzahl wird die Lichtleistung des Blitzgerätes angegeben. Man kann hieraus Rückschlüsse auf die mögliche Leuchtweite ziehen. Die Formel zur Berechnung lautet:

> Leuchtweite = Leitzahl : eingestellte Blende

Besitzt das Blitzgerät einen Zoomreflektor, mit dem das Blitzlicht gebündelt werden kann, bezieht sich die Angabe der Hersteller meist auf den kleinsten Ausleuchtwinkel. Zum Beispiel besitzt das Sony-Blitzgerät HVL-F58AM beim kleinsten Ausleuchtwinkel (105 mm) eine Blitzreichweite von 58 m. Bei größeren Ausleuchtwinkeln verringert sich die Leitzahl und damit die Blitzreichweite entsprechend.

Außerdem bezieht sich die Angabe auf eine ISO-Empfindlichkeit von ISO 100/21°. Höhere ISO-Werte erhöhen die Leitzahl, niedrigere verringern sie. Sollte das Motiv stark von der „mittleren Helligkeit" (18 % Grauwert, siehe Graukarte) abweichen, gelten ebenfalls andere Leitzahlen. Da die Blitzhelligkeit mit dem Quadrat des Blitzabstands abnimmt, benötigt man für die doppelte Leitzahl die vierfache Lichtmenge.

ISO 100	ISO 200	ISO 400	ISO 800	ISO 1600
1x	1,4x	2x	2,8x	4x

▲ *Faktoren zur Leitzahlbestimmung.*

Wie der Tabelle zu entnehmen ist, ergibt eine Veränderung der ISO-Einstellung an der Kamera von ISO 100 auf ISO 200 (kleinster ISO-Wert der α450/500/550) eine Leitzahlveränderung um den Faktor 1,4. Besitzt das Blitzgerät bei ISO 100 eine Leitzahl von 42 (HVL-F42AM), ergibt sich bei ISO 200 eine Leitzahl von 58,8 (42 x 1,4).

$$GLz = \sqrt{Lz_1^2 + Lz_2^2 + \ldots}$$

Theoretisch könnte man so z. B. bei ISO 1600 und dem großen Sony-Blitz sehr große Reichweiten erzielen. In der Praxis herrscht aber meist ein gewisser Dunst, und es gibt andere Einflüsse, die sich auf die Reichweite auswirken. Regen und Schnee mindern sie zudem erheblich. Die **G**esamt**l**eit**z**ahl (GLZ) bei gemeinsamer frontaler Beleuchtung ergibt sich wie folgt:

Welche Parameter ändern sich beim Einsatz eines Blitzes?

Im Blendenprioritätsmodus kann uneingeschränkt die gewünschte Blende eingestellt werden. Die α450/500/550 stellt hierfür Synchronzeiten im Bereich von 1/160 Sek. bis 1/60 Sek. ein. Dies ist abhängig von der gewählten Brennweite. Wird eine kürzere Belichtungszeit notwendig und haben Sie ein externes Blitzgerät im Einsatz, wird die Hochgeschwindigkeits-Synchronisation aktiviert. Auf dem Display wird *HSS* angezeigt. Mit dem internen Blitz ist HSS nicht möglich. Hierfür reicht die Leistung des kleinen Blitzes nicht aus. Im Verschlusszeitenprioritätsmodus hingegen können Sie die

Belichtungszeiten zwischen 30 Sek. und 1/160 Sek. einstellen. Diese Begrenzung entfällt ebenfalls beim Einsatz eines externen Programmblitzes, der die Hochgeschwindigkeits-Synchronisation unterstützt. Hier sind dann an der α450/500/550 Belichtungszeiten bis zu 1/4000 Sek. wählbar.

> **Wann der HSS-Modus funktioniert**
> Wenn Sie den HSS-Modus verwenden wollen, ist es wichtig, den Blitzkopf frontal in die Blitzrichtung zu klappen. In allen anderen Blitzkopfstellungen wird der HSS-Modus deaktiviert. Das hängt damit zusammen, dass die Blitzreichweite im HSS-Modus drastisch reduziert wird und nur mit frontalem Blitzen genügend Licht auf das Objekt gelangt. An der α450/500/550 wird der HSS-Modus zudem deaktiviert, wenn Sie den 2-Sekunden- bzw. 10-Sekunden-Selbstauslöser wählen.

4.2 Was bieten Sonys Blitzgeräte im Einzelnen und welche Alternativen können empfohlen werden?

Sony bietet im Moment drei Programmblitzgeräte sowie eine Ringleuchte und einen Zwillingsblitz an. Aber auch Fremdhersteller wie Metz, Sigma und Cullmann haben einige interessante Blitzgeräte für die α450/500/550 im Angebot. Zudem können noch teilweise ältere Minolta- bzw. Konica Minolta-Geräte an der α450/500/550 genutzt werden.

Sony-Blitz HVL-F58AM

Das leistungsstärkste und mit den meisten Funktionen ausgestattete Blitzgerät von Sony für die α450/500/550 ist das Programmblitzgerät HVL-F58AM.

Die Leitzahl bei ISO 100 beträgt 58. Der Ausleuchtwinkel wird abhängig von der Objektivbrennweite im Bereich von 24–105 mm automatisch gesteuert. Im Blitzkopf ist außerdem eine zuklappbare Streulichtscheibe integriert, mit der bis 16 mm ausgeleuchtet werden kann.

Manuell kann man 16 (mit Streuscheibe), 24, 28, 35, 50, 70 und 105 mm Brennweite einstellen.

▲ Der leistungsstärkste der Sony-Programmblitze, der HVL-F58AM. Er lässt sich sehr gut auch bei vertikaler Kameraausrichtung nutzen.

Die Leitzahlen für die jeweiligen Brennweiten betragen (in Metern bei ISO 100):

Brennweite	16	24	28	35	50	70	105
Meter	17	31	36	42	48	52	58

Für den Hochgeschwindigkeits-Synchronisationsmodus gelten folgende Leitzahlen (in Metern bei ISO 100):

	Für $^1/_{1000}$ **Sekunde**						
Brennweite	16	24	28	35	50	70	105
Meter	3,3	6,4	7,4	8,6	9,8	10,5	11,2
	Für $^1/_{4000}$ **Sekunde**						
Meter	1,7	3,2	3,7	4,3	4,9	5,2	5,6

Die Blitzleistung kann manuell in sechs Stufen ($^1/_1$, $^1/_2$, $^1/_4$, $^1/_8$, $^1/_{16}$, $^1/_{32}$) eingestellt werden.

Eine Spezialfunktion ist das Stroboskopblitzen, mit dem auch kreative Fotografen auf ihre Kosten kommen. Beim Stroboskopblitzen werden mehrere Blitze hintereinander gezündet, womit Bewegungsabläufe sehr schön festgehalten werden können. Eine relativ lange Belichtungszeit ist wichtig, um möglichst viele Bewegungsstufen aufzeichnen zu können. Die Blitzfrequenz kann im Bereich von 1–100 Hz eingestellt werden. Es können pro Aufnahme 2–100 Blitze abgegeben werden. Wem dies nicht reicht, der verlängert die Belichtungszeit und lässt die Blitze bis zur Kondensatorentladung arbeiten. Definierte Ergebnisse sind so aber schwer zu erreichen. Für indirektes Blitzen ist der Blitzkopf in weiten Bereichen verstellbar:

- Vertikal: 45°, 60°, 75°, 90°, 120°, 150° nach oben, 0–10° nach unten
- Nach rechts bzw. links: 30°, 45°, 60°, 90°

Im Hochgeschwindigkeits-Synchronisationsmodus (HSS) kann der Blitz Belichtungszeiten bis $^1/_{12000}$ Sek., an der α450/500/550 die maximal möglichen $^1/_{4000}$ Sek. synchronisieren.

Als Energiequelle können Batterien (R6, AA) und Akkus zum Einsatz kommen. Die kürzeste Blitzfolgezeit wird dabei mit Akkus erreicht. Über ein optional lieferbares externes Batteriefach kann die Blitzanzahl ungefähr verdoppelt werden, womit auch größere Veranstaltungen mit Blitzeinsatz gut gemeistert werden können.

Sehr praktisch ist das „Einstelllicht" des Blitzes. Hierzu dient eine schnelle Blitzfolge zur Überprüfung von Schattenwurf und Lichtführung. Die TEST-Taste kann hierfür entsprechend programmiert werden. Wählen Sie die Benutzereinstellung C05. Insgesamt stehen Ihnen acht benutzerdefinierte Funktionen zur Verfügung. Im Dunkeln wird der Autofokus durch das AF-Hilfslicht des Blitzes unterstützt. Ausnahmen sind: eingeschalteter Nachführ-AF an der α450/500/550 oder eine Objektivbrennweite ab etwa 300 mm.

Sony-Blitz HVL-F42AM

Sonys erster selbst entwickelter und speziell auf die Alpha-Serie optimierter Programmblitz besitzt ein paar interessante Funktionen. So lässt sich der Blitz manuell in den Stufen $^1/_2$, $^1/_4$, $^1/_8$, $^1/_{16}$ und $^1/_{32}$ steuern. Mit der zusätzlich vorklappbaren Streuscheibe erreichen Sie einen Leuchtwinkel, der für Brennweiten bis 16 mm einsetzbar ist.

Zudem können Sie mit dem HVL-F42AM den Blitzkopf seitlich in beide Richtungen schwenken. Somit ist z. B. das Blitzen gegen die Decke auch im Hochformat möglich. Die Leuchtkraft entspricht dem HVL-F36AM. Da aber der Abstrahlwinkel enger gewählt werden kann, ist in der Stellung 105 mm eine höhere Reichweite zu erzielen.

Sonys Blitzgeräte und Alternativen

▲ Der kompakte Programmblitz HVL-F20AM ist in aufgeklappter Stellung aktiviert. Der Reflektor ist wesentlich weiter von der optischen Achse entfernt als der interne Blitz, was die Gefahr roter Augen bei Porträts verringert.

Sony-Blitz HVL-F20AM

Mit dem kleinen Programmblitz HVL-F20AM rundet Sony das Blitzprogramm nach unten hin ab. Die Leitzahl beträgt 20 und ist damit annähernd doppelt so hoch wie die des integrierten Blitzes Ihrer α450/500/550. Dieses Blitzgerät ergibt den meisten Sinn an Sonys Vollformatkameras α850 und α900. Diese Kameras besitzen kein eingebautes Blitzgerät und können somit auch keine Blitzgeräte im drahtlosen Modus steuern, was mit dem HVL-F20AM in sehr kompakter Form möglich wird.

Diese Fragestellung besteht an Ihrer α450/500/550 nicht. Mit der Leitzahlverdopplung ist nur ein mäßiger Zugewinn an Reichweite möglich. Sie sollten also gleich darüber nachdenken, einen der beiden größeren Brüder des HVL-F20AM zu erwerben, falls Ihnen die Blitzleistung des kameraeigenen Blitzes nicht ausreicht. Zudem kann das Gerät auch nicht drahtlos mit dem internen Blitz Ihrer α450/500/550 angesteuert werden, was die Einsatzmöglichkeiten weiter einschränkt.

Sony-Blitze HVL-F36AM und HVL-F56AM

Mit Ihrer α450/500/550 können Sie auch die Vorgänger der beiden Programmblitze HVL-F42AM und HVL-F58AM nutzen. Sie sind zum Teil in ihrem Funktionsumfang eingeschränkt und nicht 100-prozentig auf die α450/500/550 abgestimmt, da ihre Entwicklung damals noch auf Minoltas Analoggehäusen basierte.

Eine wichtige Funktion, die den Geräten HVL-F36AM und HVL-F56AM fehlt, ist der automatische Weißabgleich. Hier sendet das Blitzgerät Farbtemperaturinformationen an Ihre α450/500/550. Diese kann so den Weißabgleich exakter durchführen, was allerdings auch nur bei aufgestecktem Programmblitz funktioniert. Bei entfesseltem Einsatz muss weiterhin der Weißabgleich an der α450/500/550 eingestellt werden.

Perfektes Blitzen

▲ Auch die älteren Programmblitze HVL-F36AM und HVL-F56AM sind an Ihrer α450/500/550 mit geringen Einschränkungen einsetzbar.

> **Ausleuchtwinkel beachten**
>
> Zu beachten ist beim Einsatz älterer Programmblitze an der α450/500/550, dass der Zoomreflektor den Ausleuchtwinkel auf die reale Brennweite des Objektivs einstellt. Das heißt, 24 mm Brennweite an der α450/500/550 ergeben im Vergleich mit dem Kleinbildformat eine Bildwirkung von 36 mm. Der Blitz stellt nun aber den Zoomreflektor auf 24 mm ein. Um eine maximale Reichweite herzustellen, müsste der Blitz per Hand auf 36 mm (35 mm) eingestellt werden.

Makroringleuchte HVL-RLAM

Gerade im Nah- und Makrobereich ist der Abstand zum Motiv so gering, dass mit den großen Blitzgeräten unter Umständen Abschattungen durch das Objektiv auftreten können. Hier hilft z. B. die Ringleuchte, die mittels Adapter am Objektiv befestigt wird. Sie liefert weiches, gleichmäßiges Licht. Dafür sorgen LEDs mit Weißlichtcharakter. Da es sich um Dauerlicht handelt, können Sie bereits vor der Aufnahme die Beleuchtungssituation sehr gut beurteilen.

Die LEDs sind in zwei Gruppen aufgeteilt und können getrennt zugeschaltet werden. Bei Bedarf können Sie so Kontrast ins Bild bringen und eine räumliche Wirkung erzielen. Zudem haben Sie mit der Ringleuchte die Möglichkeit, zwischen zwei Beleuchtungsstärken zu wählen. Sony liefert mit der Ringleuchte zwei Adapter für die Objektivfiltergrößen 49 mm und 55 mm mit.

▲ Um die Ringleuchte am Objektiv zu befestigen, ist ein Adapter notwendig. Dieser wird in das Filtergewinde des Objektivs geschraubt. Sollte sich die Frontlinse am eingesetzten Objektiv beim Scharfstellen mitdrehen, rasten Sie die Beleuchtungseinheit erst nach dem Scharfstellen am Adapterring ein. Sie verhindern so das Mitdrehen der Beleuchtungseinheit beim Fokussieren (Foto: Sony).

Der Zwillingsblitz HVL-MT24AM

Während die Ringleuchte vorwiegend weiches und schattenloses Licht produziert, kann man mit dem Zwillingsblitz noch kreativer zu Werke gehen. Die Anordnung der beiden Blitzköpfe ist variabel, und über Teleskoparme kann der Abstand zum Objektiv bis auf maximal 18 cm vergrößert werden.

Sonys Blitzgeräte und Alternativen

Leistungs-wahl	eine Blitz-leuchte	zwei Blitz-leuchten	Weitwin-keladapter	Diffu-soren
1/1	17	24	11	7
1/2	12	17	8	5
1/4	8,5	12	5,6	3,5
1/8	6	8,5	4	2,5
1/16	4,2	6	2,8	1,8
1/32	3	4,2	2	1,3

Den Leuchtwinkel kann man über die mitgelieferten Weitwinkelstreuscheiben und die Diffusoren anpassen. Die Tabelle gibt Aufschluss über die Leitzahl der Zwillingsblitzeinheit in Abhängigkeit davon, ob die Weitwinkeladapter, die Diffusoren oder ein oder zwei Blitzleuchten eingeschaltet sind. Folgende Ausleuchtwinkel ergeben sich:

	eine Blitz-leuchte	Weitwinkel-adapter	Diffusor
Vertikal	45°	60°	90°
Horizontal	60°	78°	90°

Zur Beurteilung der Lichtsituation ist eine Art Einstelllicht vorhanden. Dabei wird für zwei Sekunden eine hochfrequente Blitzserie gezündet. Effektiver ist hier aber die Beurteilung über den Monitor der α450/500/550 mit Testaufnahmen.

Systemblitzgeräte anderer Marken

Sind Sie im Besitz von Minolta- oder Konica Minolta-Systemblitzgeräten, können Sie diese an Ihrer α450/500/550 weiternutzen. Das gilt für folgende Blitze:

- 3600 HS D (entspricht HVL-F36AM)
- 5600 HS D (entspricht HVL-F56AM)
- 2500 D
- Makroringblitz R-1200 (ähnlich HVL-RLAM)
- Makrozwillingsblitz T-2400 (entspricht HVL-MT24AM)

Ältere Geräte werden nicht mehr unterstützt. Eventuell ist ein Auslösen an der α450/500/550 mit maximaler Leuchtkraft des Blitzes möglich. In einschlägigen Internetforen wie *www.so-fo.de* oder *www.sonyuserforum.de* werden Umbausätze für ältere Minolta-Blitze wie den 5400 xi/HS angeboten.

Minolta-Makroringblitz R-1200

Im Unterschied zu Sonys Ringleuchte sind hier vier Blitzröhren zum Quadrat angeordnet. Diese können einzeln eingeschaltet werden. Das Steuergerät wird auf den Blitzschuh der α450/500/550 aufgesteckt und arbeitet entweder im TTL-Vorblitzmodus oder kann in sieben Stufen manuell geregelt werden. Die Leistung kann so auf 1/1, 1/2, 1/4, 1/8, 1/16, 1/32 und 1/64 der maximalen Blitzleistung eingestellt werden. Eine weitere Abstufung erhält man, wenn man in den Custom-Einstellungen ½ EV einstellt. Jetzt hat man die Möglichkeit, die Abstufung auf ⅟₁, ⅟₁,₄, ½, ⅟₂,₈, ¼, ⅟₅,₆ und ⅛ auszuwählen.

Bei ISO 100 beträgt die Leitzahl 12. Man erreicht mit dem Ringblitz eine sehr weiche Ausleuchtung bei einem Ausleuchtwinkel von 80° horizontal und 80° vertikal. Das Gerät ist allerdings nur noch gebraucht zu erhalten.

Metz mecablitz 58 AF-1 digital

Die Firma Metz bietet für die α450/500/550 als interessante Alternative zu den hauseigenen Blitzgeräten von Sony z. B. den mecablitz 58 AF-1 digital an.

▲ (Quelle: Firma Metz).

Der Blitz unterstützt ebenfalls die ADI-Messung und beherrscht die Hochgeschwindigkeits-Synchronisation. Der Funktionsumfang entspricht in etwa dem des Sony-Programmblitzes HVL-F58AM, wobei der Metz-Blitz noch einen kleinen zusätzlichen Blitz besitzt, mit dem frontal aufgehellt werden kann.

Der mecablitz 58 AF-1 besitzt eine USB-Schnittstelle, um auch zukünftig per Firmwareupdate auf dem neusten Stand gehalten werden zu können.

Folgende Metz-Blitzgeräte können Sie an Ihrer α450/500/550 nutzen:

- 76 MZ-5 digital (mit Adapter SCA3302)
- 58 AF-1 digital
- 54 MZ-4i digital (mit Adapter SCA3302)
- 48 AF-1 digital (mit Adapter 48 AF-1P)
- 45 CL-4 digital (mit Adapter SCA3302 + SCA3045)

Sigma EF-530 DG Super

Wie der Metz-Blitz stellt auch der Sigma EF-530 DG Super eine günstige Alternative dar. Er besitzt die notwendigen Funktionen wie Hochgeschwindigkeits-Synchronisation, Einstelllicht, Blitzen auf den zweiten Vorhang, kabelloses Blitzen etc. und unterstützt die ADI-Messung der α450/500/550.

▲ (Quelle: Firma Sigma Deutschland).

Mit einer Leitzahl von 53 reicht er nicht ganz an den großen Sony-Blitz heran. Eine etwas abgespeckte Version ist mit dem EF-530 DG ST verfügbar. Diesem fehlen allerdings einige Funktionen wie kabelloses Blitzen, Einstelllicht, Synchronisation auf den zweiten Verschlussvorhang. Ein zusätzlicher Adapter wird nicht benötigt.

4.3 Blitzen in besonderen Situationen

Im Folgenden werden einige spezielle, häufig vorkommende Fotosituationen vorgestellt, in denen der Blitz eine wichtige Rolle spielt.

Starke Kontraste mit dem Aufhellblitz ausgleichen

Es kommt vor, dass man z. B. Personen im Gegenlicht oder Motive in ähnlich schwieriger Lichtsituation mit hohen Kontrasten fotografieren möchte. Die Mehrfeldmessung würde in diesen Fällen einen Mittelwert errechnen, womit Bildpartien unter- bzw. überbelichtet würden. Auch die beiden anderen Messmethoden, die mittenbetonte Messung und die Spotmessung, würden keine harmonischen Ergebnisse hervorbringen. Hier hilft der Aufhellblitz unter Zuhilfenahme der Langzeitsynchronisation.

Langzeitsynchronisation im Blitzbetrieb

Die Elektronik der α450/500/550 ist bemüht, die Gesamtsituation perfekt abzustimmen und den Gegenlichteffekt bestmöglich beizubehalten. Die α450/500/550 untersucht das Umfeld und berechnet eine Belichtung, die ein bis zwei Stufen unterbelichtet ausfallen kann. Dies ist notwendig, um eine Überbelichtung des Hauptmotivs und des Hintergrunds zu vermeiden. Da in hellerer Umgebung die Blende weiter geschlossen werden muss, ist die Blitzreichweite zum Aufhellen geringer als in dunkler Umgebung.

Mit der AEL-Taste können Sie die Langzeitsynchronisation nicht wie bei anderen Alpha-Modellen aktivieren. Den sogenannten Slow-Sync-Modus aktivieren Sie, indem Sie die Fn-Taste drücken, um ins Menü *Blitzmodus* zu gelangen. Hier wählen Sie die Option *SLOW*.

Im Vollautomatikmodus stellt die α450/500/550 immer eine Belichtungszeit ein, mit der freihändig verwacklungsfreie Aufnahmen möglich sind. Sie ist abhängig von der Objektivbrennweite.

Im Slow-Sync-Modus hingegen verlängert die α450/500/550 die Belichtungszeit, was eventuell den Einsatz eines Stativs notwendig macht. Der Vorteil ist aber, dass das Umgebungslicht mit auf die Aufnahme gelangt. Man denke hier nur an Aufnahmen in der Dämmerung. Der Vordergrund wird richtig durch die Vollautomatik belichtet, der Hintergrund jedoch ist meist nur noch schwarz.

Ebenso funktioniert der Slow-Sync-Modus mit einem der Programmblitze. Hiermit kann auch in einer Entfernung gut aufgehellt werden, die über derjenigen liegt, die mit dem internen Blitz erreichbar ist.

Nicht nutzen können Sie den Slow-Sync-Modus im Vollautomatikmodus und in den Szenenwahlprogrammen.

Schatten aufhellen

Schatten wirken meist nicht besonders gut und lenken vom eigentlichen Motiv ab. Der richtige Blitzlichteinsatz hilft, diese Schlagschatten zu reduzieren.

Perfektes Blitzen

▲ Das Motiv wurde im Vollautomatikmodus aufgenommen. Die Hauptlichtquelle war hierbei der interne Blitz. Unschöne Schatten waren die Folge.

▲ Die gleiche Situation, nun aber mit Blitzlicht und gewählter Option SLOW im Blendenprioritätsmodus. Die Belichtungszeit wird so weit verlängert, dass auch das Umgebungslicht das Motiv ausleuchtet. Die Schatten fallen nun heller und weicher aus.

Am Beispiel der Figur kann man sehen, wie die Vollautomatik zu recht starken Schatten bei der Aufnahme führt. Mit Einbeziehung des Umgebungslichts im Blendenprioritätsmodus und mit dem Slow-Sync-Modus erreichen Sie weit weniger starke Schatten.

Schlagschatten mindern

Zudem haben Sie weitere Möglichkeiten, Schlagschatten zu mindern. Einige Blitzgeräte, zu denen auch der HVL-F20AM, der HVL-F42AM und der HVL-F58AM von Sony gehören, erlauben auch das indirekte Blitzen. Hierbei wird der Blitzreflektor ge-

gen die Decke gerichtet. Die beiden letztgenannten Blitze bieten außerdem die Möglichkeit, den Blitzreflektor seitlich so auszurichten, dass auch die Wand zum indirekten Blitzen genutzt werden kann. Hier gilt: Einfallwinkel ist gleich Ausfallwinkel. Am besten geeignet sind weiße oder graue Decken bzw. Wände, da farbiger Untergrund zu Farbstichen führen kann. Eine weitere Möglichkeit ist die Nutzung sogenannter Bouncer, die auf den Blitzreflektor geschoben bzw. daran befestigt werden. Bouncer zerstreuen das Blitzlicht, wodurch es „weicher" wirkt. Die dritte Möglichkeit ist die Nutzung eines oder mehrerer entfesselter Blitze. Hiermit lassen sich komplexe Beleuchtungen auf-

Blitzen in besonderen Situationen

bauen. Auf diesen Aspekt wird in folgenden Abschnitten noch genauer eingegangen.

▲ Sogenannte Bouncer, hier am HVL-F42AM, machen das Blitzlicht weicher und können zur Reduzierung der Blitzlichtstärke verwendet werden.

▲ Mit dem LumiQuest ProMax System stehen mehrere Reflektoren zum indirekten Blitzen zur Wahl. Der Lichtverlust beträgt mit dem weißen Reflektor etwa ⅓ Blende, mit dem silbernen ⅔ Blende und mit dem goldenen 1 Blende. Ein mattierter Diffusorschirm schluckt nochmals etwa eine Blende.

Spitzlichter in Porträts

Blitzlicht erzeugt auch sehr schön anzusehende Spitzlichter in den Augen. Der Blick des Porträtierten wirkt dadurch lebendiger. Schalten Sie dazu ruhig auch bei ausreichend vorhandenem Licht den Blitz ein. Jetzt kommt es noch auf die richtige Dosis der Blitzleistung an, um z. B. Überstrahlungen zu vermeiden. Eine entsprechende Anpassung können Sie mit der Blitzbelichtungskorrektur (s. den Abschnitt „Belichtungskorrektur mit Blitzlicht") vornehmen.

▲ Der Vorteil von Blitzlicht: schöne Spitzlichter in den Augen.

Interner oder externer Blitz?

Der in der α450/500/550 eingebaute Blitz ist für einen „Immer-dabei-Blitz" in vielen Situationen hilfreich. Mit seiner Blitzleitzahl von 12 bei ISO 100 reicht er nur bis zu einer begrenzten Entfernung

Perfektes Blitzen

▲ Aufgenommen mithilfe des internen Blitzes der α550. Das frontale Blitzen erzeugt harte Schlagschatten.

▲ Zwei externe Blitze beleuchten nun die Szene und sorgen für eine Aufnahme ohne Schlagschatten.

aus. Für Aufhellungen im Bereich von etwa 2–4 m reicht seine Leuchtweite aber durchaus.

Möchten Sie weiter entfernte Objekte aufnehmen, benötigen Sie dagegen stärkere Blitzgeräte. Zudem erlaubt der interne Blitz kein indirektes Blitzen durch Schwenken des Blitzreflektors. Dadurch kommt es oft zu unschönen Schlagschatten oder auch zum Rote-Augen-Effekt. Zudem ist kein HSS-Betrieb möglich.

Ein externes Blitzgerät bietet neben der Möglichkeit, den Reflektor schwenken zu können, und einer besseren Reichweite noch andere Vorteile, z. B. ist entfesseltes Blitzen möglich.

Die Vorteile externer Blitzgeräte

- Externe Blitzgeräte verfügen über eine größere Blitzleistung, erkennbar an der höheren Blitzleitzahl. Damit können weiter entfernte Objekte aufgehellt werden.

- Die Möglichkeit, den Reflektor in mehrere Richtungen zu schwenken, erlaubt es, indirekt zu blitzen und damit Schlagschatten zu vermeiden.

- Im Nahbereich treten keine Abschattungen durch das Objektiv auf, was beim internen Blitz durchaus der Fall sein kann.

- Da der externe Blitz weiter von der optischen Achse entfernt ist, tritt der Rote-Augen-Effekt weniger oder gar nicht auf.

Blitzen in besonderen Situationen

Synchronisierung auf den zweiten Vorhang

Synchronisation auf den zweiten Verschlussvorhang bedeutet, dass der Blitz erst am Ende der Belichtungszeit gezündet wird. Im Gegensatz zur normalen Synchronisation, bei der der Blitz gleich am Anfang, sobald der Verschluss komplett geöffnet ist, zündet, ergeben sich so natürlichere Abbildungen bei sich im Dunkeln bewegenden Objekten.

Das scharfe Motiv erscheint nun am Ende und nicht am Anfang der „Bewegungsspuren". Objekte, die sich scheinbar rückwärts bewegen, bewegen sich mit der Synchronisation auf den zweiten Vorhang vorwärts.

Um die Funktion zu aktivieren, schalten Sie im Menü *Blitzmodus* auf *Sync 2. Vorh.* Im Kameradisplay erscheint nun *REAR*. Problematisch bei längeren Belichtungszeiten ist es, dass man z. B. bei sich bewegenden Personen schwer abschätzen kann, wo sie sich bei Auslösung des Blitzes befinden. Auch wenn Sie eine bestimmte Mimik oder Gestik festhalten möchten, sollten Sie an die Zeitverzögerung denken.

Um überhaupt die benötigte lange Belichtungszeit zu erhalten, benutzen Sie den Verschlusszeitenprioritätsmodus oder den manuellen Modus. Im Verschlusszeitenprioritätsmodus kann die Belichtungszeit bestimmt werden. Die Blende wird automatisch passend dazu gewählt. Im manuellen Modus müssen beide Werte, Belichtungszeit und Blende, selbst eingestellt werden.

Externe Blitze arbeiten ebenfalls wie der interne Blitz mit dieser Funktion zusammen. Die Blitzfernsteuerung ist hierbei nicht möglich, ebenso wenig das Vorblitzen gegen rote Augen.

▲ Option: Aufhellblitz. Sofort nach dem Auslösen zündet der Blitz. Die Bewegungsschleier liegen auf der falschen Seite.

▲ Option: Blitzen auf den zweiten Vorhang. Wesentlich natürlicher wirken die Bewegungsschleier in dieser Aufnahme. Die Bewegungsrichtung des Fahrzeugs ist so richtig zu erkennen. Der Blitz zündet erst kurz vor dem Schließen des Verschlusses.

Was bringt ADI wirklich?

So drastisch wie im nachfolgenden Beispiel wirkt sich die ADI-Vorblitzmessung nicht immer aus. Im ersten Bild wurde ohne ADI geblitzt.

Die Kamera ließ sich hier von dem sehr hellen Motiv irritieren und belichtete zu knapp. Nachfolgend mit ADI ergibt sich hingegen eine optimale Belichtung.

▲ Vorblitz-TTL-Messung.

▲ ADI-Messung.

Hat man nun z. B. zwei Objekte in unterschiedlicher Entfernung vor der Kamera, wird die α450/500/550 versuchen, das für die Schärfe ausgewählte Objekt richtig zu belichten.

Die Kamera kennt die Entfernung und blitzt entsprechend. Das zweite Objekt wird entweder überbelichtet (wenn es sich vor dem scharfen Objekt befindet) oder unterbelichtet (wenn es sich hinter dem scharfen Objekt befindet). Im Vorblitz-TTL-Modus würden mit hoher Wahrscheinlichkeit beide Objekte falsch belichtet werden.

Im Abschnitt 4.4 wird noch genauer auf die ADI-Vorblitzmessung eingegangen.

Belichtungskorrektur mit Blitzlicht

Sind im Bild sehr helle oder sehr dunkle Motive vorhanden, kann eine Blitzbelichtungskorrektur notwendig werden.

Das gilt ebenso für Motive sehr dicht vor dem Blitzgerät. Die α450/500/550 erlaubt die Einstellung der Belichtungskorrektur im Bereich von –2 EV bis +2 EV. Die Einstellungsmöglichkeit hierzu finden Sie, außer im vollautomatischen Modus oder den Szenenwahlprogrammen, nach Drücken der Fn-Taste im Menüpunkt *Blitzkompens.* der α450/500/550.

▲ Mit der Option Blitzkompensation können Sie die Stärke des Blitzes in gewissen Grenzen variieren. Auch ein externes Blitzgerät kann hiermit gesteuert werden.

Mit dem Steuerschalter können Sie nun die entsprechende Korrektur einstellen. Nach dem Drücken des Auslösers wird der Wert gespeichert. Mit einer Minuskorrektur wird die Blitzleistung verringert, mit der Pluskorrektur entsprechend erhöht.

Durch die Blitzbelichtungskorrektur wird nur die Belichtung des Vordergrunds beeinflusst. Sie können so u. a. die Belichtung des Vorder- und Hintergrunds aufeinander abstimmen. Soll die Belichtung des Hintergrunds ebenfalls verändert werden, stellen Sie an der α450/500/550 die Belichtungskorrektur für Dauerlicht ein.

Blitzen in besonderen Situationen

▲ Belichtet mit –2 EV Blitzbelichtungskorrektur. Die Aufnahme wird dadurch unterbelichtet.

▲ Belichtet mit +2 EV Blitzbelichtungskorrektur. Hier ergibt sich eine überbelichtete Aufnahme.

▲ Belichtet ohne Blitzbelichtungskorrektur.

Bildschärfe durch Blitzeinsatz

Werden bei unzureichenden Lichtverhältnissen längere Belichtungszeiten notwendig, besteht die Gefahr von Bewegungs- oder Verwacklungsunschärfe. Der SteadyShot kann hier bis zu einem gewissen Grad hilfreich wirken.

Danach kommt man bei Freihandaufnahmen aber nicht mehr um den Blitz herum. Nun sollte der interne bzw. ein externer Programmblitz verwendet werden.

Einstelllicht des HVL-58AM nutzen

Der große Sony-Blitz stellt dem Fotografen eine Möglichkeit zur Verfügung, vorab zu prüfen, wie die Lichtsituation beim Blitzen ausfallen wird. Hierzu simuliert der Blitz eine Art Einstelllicht über einen stroboskopartigen Blitz.

Perfektes Blitzen

▲ Mit der TEST-Taste kann am HVL-58AM-Blitz ein Einstelllicht simuliert werden. Zudem hat sie die Funktion, anzuzeigen, wenn der Programmblitz blitzbereit ist (leuchtet gelb) und ob die Belichtung nach der Aufnahme korrekt war (leuchtet grün).

Hierbei stehen drei Optionen zur Auswahl:

- Einzelblitz.
- Langsame Blitzfrequenz mit drei Blitzen.
- Schnelle Blitzfrequenz (vier Sekunden) mit verringerter Reichweite, besonders im Nah- und Makrobereich zu empfehlen.

Durch Betätigen der TEST-Taste wird die Funktion ausgelöst.

Benutzerdefinierte Funktionen des HVL-58AM

Der Sony-Programmblitz HVL-58AM besitzt die Möglichkeit, acht benutzerdefinierte Einstellungen vorzunehmen. Benutzerdefinierte Funktionen im Überblick:

- Kurzzeitsynchronisation an oder aus.
- Kanalwahl für drahtloses Blitzen, hierfür stehen vier Kanäle zur Verfügung.
- Wahl des drahtlosen Steuermodus.
- Testblitzauswahl.

- Dauer bis zum automatischen Abschalten: 30 Sekunden, 3, 30 Minuten oder die Möglichkeit *Dauerhaft* stehen zur Wahl.
- Automatisches Abschalten im drahtlosen Betrieb. Hierfür hat man 60 Minuten oder die Einstellung *Dauerhaft* zur Auswahl.
- Belichtungsfunktion im manuellen Modus und Stroboskopbetrieb. Normalerweise ist die Wahl nur im manuellen Modus der α450/500/550 möglich. Hier hat man die Möglichkeit, auch andere Modi zu nutzen, was aber weniger sinnvoll erscheint. Die besten Ergebnisse erzielt man im manuellen Modus.
- Wahl der Einheit (Meter oder Fuß).

Durch ein drei Sekunden langes Drücken der Fn-Taste gelangen Sie in den Programmiermodus. Mit den Richtungstasten des Steuerschalters für rechts und links werden die Optionen gewählt. In den einzelnen Programmpunkten nehmen Sie dann Änderungen mit den Richtungstasten des Steuerschalters für oben und unten vor.

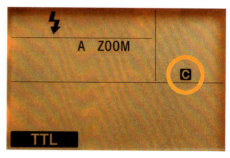

▲ Das Symbol C erscheint, sobald die Funktionen 3, 4, 6 und 7 der benutzerdefinierten Einstellungen geändert wurden.

Rote Augen verhindern

Es kann vorkommen, dass bei Blitzlichtaufnahmen von Personen der Rote-Augen-Effekt auftritt. Dabei erscheinen die Pupillen mehr oder weniger rot. Dieser Effekt entsteht, wenn Blitzlicht und Objektiv nahezu in einer Achse liegen (wie beim eingebauten Blitzlicht der α450/500/550). Der Blitz trifft dabei direkt durch die im Dunkeln weit geöffneten Pupillen auf die Netzhaut. Diese reflektiert den

Blitzen in besonderen Situationen

Blitz in der Farbe Rot, was sich unangenehm auf den Abbildungen widerspiegelt. Auch bei Tieren tritt der Effekt auf. Sie besitzen aber oft eine andersfarbige Netzhaut. Bei Katzen z. B. ergibt sich ein stark hell leuchtender Effekt, da die Netzhaut sehr stark reflektiert. Was kann man nun gegen diesen Effekt unternehmen?

▲ Rot-Augen-Reduz Ein bedeutet in diesem Menü, dass eine Serie von Blitzen vor der eigentlichen Aufnahme abgegeben wird, um den Rote-Augen-Effekt zu reduzieren.

Am besten umgeht man das Problem, indem man den Blitz möglichst weit entfernt von der optischen Achse positioniert. Hierfür kommen z. B. die Sony-Blitzgeräte infrage. Sie beherrschen das drahtlose Blitzen und können somit auch frei angeordnet werden. Mit einer Studioblitzanlage treten diese Probleme ebenfalls nicht auf. Wie behilft man sich mit dem eingebauten Blitzgerät der α450/500/550? Zunächst sollte die zu fotografierende Person nicht direkt in die Kamera (und damit in den Blitz) schauen. Um die Pupillen zu schließen, ist es ratsam, dass die Person in eine Lichtquelle schaut. Die Pupille wird ähnlich gesteuert, wie es in der Fotografie geschieht. Sie verengt sich bei heller und öffnet sich bei dunkler Umgebung.

Zusätzlich bietet die α450/500/550 eine Funktion, um den Rote-Augen-Effekt zu reduzieren. Dazu wählen Sie im Benutzermenü 1 die Blitzfunktion Rot-Augen-Reduz aus. Vor dem eigentlichen Hauptblitz werden mehrere kurze Vorblitze gezündet, um die Pupillen zu animieren, sich möglichst weit zu schließen. Das Problem bei spontanen Schnappschüssen ist in diesem Fall, dass die Personen vorher „gewarnt" werden und entsprechend die Mimik und Gestik verändern. Blitzt dann der Hauptblitz, hat sich die Atmosphäre verändert und das Ergebnis entspricht nicht unbedingt Ihren Wünschen. Für derartige Fälle kann man empfehlen, die Funktion der α450/500/550 abzuschalten und eventuell auftretende rote Augen später am PC per Software zu entfernen. Das klappt in den meisten Fällen recht gut.

Rote Augen per Software entfernen

Adobe Photoshop Lightroom bietet wie viele andere Programme eine Funktion zur Beseitigung dieses unschönen Rote-Augen-Effekts. Anhand dieses Beispiels soll die Vorgehensweise aufgezeigt werden.

1

Wechseln Sie zur Rasteransicht ([G]) und wählen Sie das zu korrigierende Bild aus. Nun wählen Sie das Entwickeln-Modul ([Strg]+[Alt]+[2]) aus. Hier klicken Sie auf das Werkzeug zur Rote-Augen-Korrektur. Zoomen Sie in das Bild hinein, um die Pupillen gut erkennen zu können.

2

Klicken Sie in die Mitte des Auges und ziehen Sie mit der Maus von der Mitte aus weg, bis der Rahmen die Größe der Pupille hat. Es spielt keine Rolle, wenn der Rahmen etwas größer wird. Lightroom erkennt das Rot und berechnet die Korrektur so, dass nur das Rot reduziert wird.

Sobald Sie die linke Maustaste loslassen, berechnet Lightroom die Korrektur.

Perfektes Blitzen

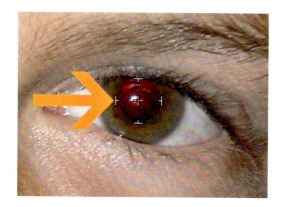

3

Sollte die Korrektur noch nicht 100-prozentig stimmen, können Sie eine Verschiebung des Markierungsrahmens vornehmen. Zudem können Sie die Pupillengröße und die Stärke der Abdunklung im Werkzeugbereich anpassen.

▼ *Die Funktion zur Rote-Augen-Korrektur arbeitet recht zuverlässig. Haben Sie die Umrahmungsgröße für die Pupille festgelegt, können Sie diese auch sofort auf das zweite Auge anwenden, da die Größe erhalten bleibt.*

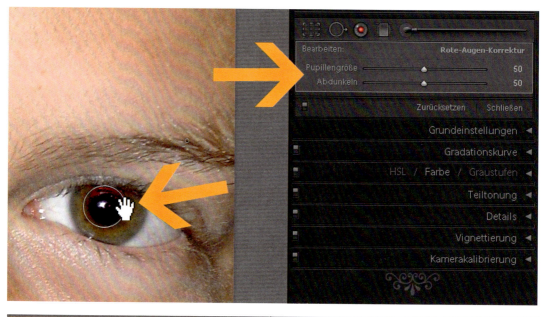

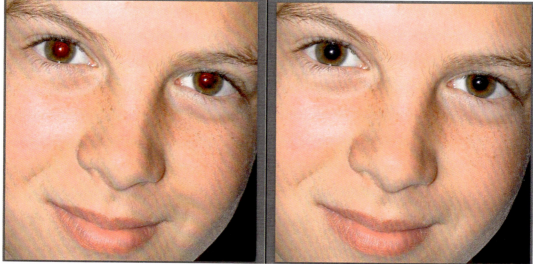

Sollte diese Korrektur nicht Ihren Vorstellungen entsprechen, wählen Sie *Zurücksetzen*. Legen Sie nun eine neue Rahmengröße fest und beginnen Sie die Bearbeitung von Neuem. Mit [Strg]+[Z] können Sie jederzeit die Bearbeitung rückgängig machen.

Stroboskopblitzen

Die α450/500/550 kann im Zusammenhang mit dem Sony-Blitz HVL-F58AM (bzw. HVL-F56AM) Stroboskopblitze versenden.

Beim Stroboskopblitzen werden mehrere Blitze hintereinander gezündet, womit sehr schön Bewegungsabläufe festgehalten werden können. Eine relativ lange Belichtungszeit ist wichtig, um möglichst viele Bewegungsstufen aufzeichnen zu können. Die Blitzfrequenz kann im Bereich von 1–100 Hz eingestellt werden. Es können pro Aufnahme zwei bis etwa 100 Blitze abgegeben werden. Wem dies nicht reicht, der verlängert die Belichtungszeit und lässt die Blitze bis zur Kondensatorentladung arbeiten. Definierte Ergebnisse sind so aber schwer zu erreichen.

Zum Stroboskopblitzen ist ein Stativ unumgänglich. Zunächst berechnet man die erforderliche Verschlusszeit nach der Formel:

$$\text{Min. Verschlusszeit (Sekunden)} = \text{Blitzzahl / Frequenz}$$

◀ Die Einstellungen zum Stroboskopblitzen erreichen Sie über den Menüpunkt *MULTI*.

Zum Beispiel ergeben zehn Blitze mit einer Frequenz von 20 Hz eine Verschlusszeit von ½ Sek. Diese muss mindestens im M-Modus eingegeben werden, um alle Blitze mit in die Aufnahme einzubeziehen. Der M-Modus ist auch die Voraussetzung zur Einstellung der Stroboskopoption am Programmblitz. In den anderen Modi schaltet der Blitz zurück auf TTL-Blitzen.

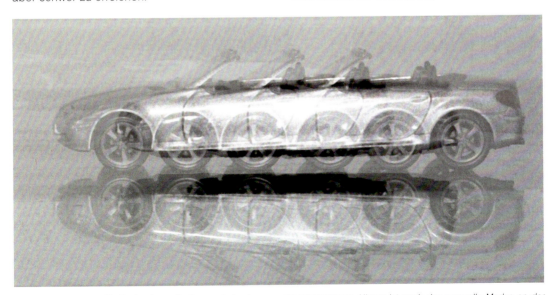

▲ Die Einstellungen für Stroboskopaufnahmen sind rein manuell vorzunehmen. Hierzu ist auch der manuelle Modus an der α450/500/550 Voraussetzung. Interessante Aufnahmen sind so möglich.

Perfektes Blitzen

Über die Fn- und die Richtungstasten lassen sich nun die Frequenz und die Anzahl der Blitze (TI-MES) sowie die Leistung im Bereich von ⅛ bis ¹⁄₃₂ einstellen. Die Blitzreichweite kann am Programmblitz direkt abgelesen werden. Da die Programmsteuerung abgeschaltet ist, ist dies auch der richtige Abstand für die Aufnahme.

Über die Custom-Funktion 4 kann der Blitz so programmiert werden, dass in den Betriebsarten P, A, S und M der α450/500/550 Stroboskopblitzen möglich ist. Empfohlen wird aber das Programm M, um nachvollziehbare Ergebnisse zu erhalten.

Drahtlos blitzen

Drahtlos zu blitzen (auch entfesseltes Blitzen) bedeutet, dass der externe Programmblitz nicht an der Kamera (über den Blitzschuh), sondern getrennt von ihr und dabei ohne Verkabelung arbeitet. Gesteuert wird der externe Blitz dabei über den eingebauten Blitz der α450/500/550. Dieser sendet entsprechende Signale für Start und Lichtmenge an den oder auch die externen Blitze.

▲ WL steht für ferngesteuertes Blitzen, CH1 definiert den benutzten Kanal. Es stehen mehrere Kanäle zur Verfügung. So ist es möglich, in einem Raum mit mehreren Fotografen jedem Fotografen einen eigenen Kanal zuzuordnen. Eine gegenseitige Beeinflussung ist dann ausgeschlossen.

Alternativ kann ein Fernsteuerungsgerät auf den Blitzschuh geschoben werden. Dies ist in Situationen notwendig, in denen kein Blitzlicht direkt von der Kamera kommen darf. Eine dritte Möglichkeit ist die Verwendung eines Programmblitzes auf dem Blitzschuh der α450/500/550 als Steuergerät.

Zum drahtlosen Blitzen sind die Sony-Programmblitze HVL-F36AM (3600 HS (D)) sowie HVL-F56AM (5600 HS (D)), HVL-F42AM und HVL-F58AM geeignet. Der Konica Minolta-Blitz 2500 D (wird nicht mehr hergestellt) ist für die drahtlose Blitzfernsteuerung nicht geeignet, ebenso wenig der kleine Sony-Blitz HVL-F20AM.

Am besten funktioniert das drahtlose Blitzen in dunkler Umgebung und dann, wenn der Empfänger für die Steuersignale zur signalgebenden Kamera zeigt. Das vertikale Verdrehen des Blitzreflektors ist bei den Sony-Blitzen nur mit dem HVL-F42AM, HVL-F56AM und HVL-F58AM möglich.

Bei den Sony-Blitzen stehen zwei bzw. vier Übertragungskanäle für die Steuersignale zur Verfügung. Auf Veranstaltungen mit mehreren Fotografen kann so eine gegenseitige Beeinflussung vermieden werden, da jeder seinen eigenen Kanal für die Steuerung der externen Blitzgeräte wählen kann.

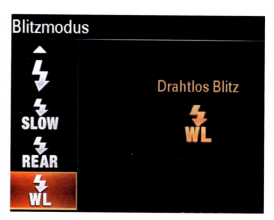

▲ Menü Blitzmodus zur Wahl der Option für drahtloses Blitzen. Hier ist Drahtlos Blitz einzustellen.

Zunächst beginnt man, die Kamera und den Blitz aufeinander abzustimmen. Dazu schieben Sie den externen Blitz auf den Blitzschuh der α450/500/550 und stellen im Blitzmenü die Blitzfunktion auf Drahtlos Blitz um. Der externe Blitz registriert dies und ändert entsprechend seine Einstellung. Auf dem Display erscheint WL für drahtlos

Blitzen in besonderen Situationen

(**W**ireless). Der Blitz kann nun abgenommen und positioniert werden.

Natürlich kann die Betriebsart auch direkt am Blitz gewählt werden. Klappt man dann das interne Blitzgerät der α450/500/550 hoch, ist man startklar zum kabellosen Blitzen. Prüfen können Sie die Verbindung beider Geräte, indem Sie eine Testaufnahme machen bzw. die AEL-Taste drücken. Löst das externe Blitzgerät nicht aus, ist zu prüfen, ob Kamera und Blitz den maximalen Objektabstand überschritten haben (max. 5 m) und ob der Signalempfänger zur Kamera zeigt.

In der Grundeinstellung wird das eingebaute Blitzlicht nur zur Steuerung des externen Blitzgerätes benutzt und leistet somit lediglich einen unmaßgeblichen Beitrag zum Blitzen (Ausnahme: im Nahbereich). Möchte man eine natürlichere Darstellung gewährleisten, bietet sich die Verhältnissteuerung an. Das interne Blitzlicht übernimmt dann z. B. 25 %, ein externes Blitzgerät 50 % und ein zweites externes Blitzgerät 25 % der notwendigen Gesamtblitzleistung.

▲ Verhältnissteuerung zwischen internen und externen Blitzgeräten.

Im Nahbereich hingegen kann der Steuerblitz auf der Aufnahme sichtbar werden. Hier hilft meist schon das Abdunkeln mit einem weißen Blatt Papier, oder aber man nutzt den Close-up-Diffusor CD-1000.

Hochgeschwindigkeits-Synchronisation (HSS)

Im normalen Blitzbetrieb unterstützt die α450/500/550 Blitzsynchronisationszeiten bis maximal $^{1}/_{160}$ Sek. Diese Belichtungszeitgrenzen schränken den kreativen Fotografen ein. Sind kürzere Belichtungszeiten bzw. eine weiter geöffnete Blende notwendig, bietet die α450/500/550 die **H**igh-**S**peed-**S**ynchronisation (HSS) an. Mit HSS sind alle verfügbaren Belichtungszeiten der α450/500/550 gegeben. Zum Beispiel ist es mit HSS möglich, sich sehr schnell bewe-

▲ Im WL-Modus steuert das interne Blitzgerät der α450/500/550 das externe Blitzgerät. Eine Verkabelung ist dabei nicht notwendig.

gende Objekte mit einer sehr kurzen Belichtungszeit und einer offenen Blende selbst bei Tageslicht aufzunehmen.

Mit der normalen Synchronisation müsste man hier die Blende sehr weit schließen und hätte dann eine vielleicht nicht gewünschte große Ausdehnung der Schärfentiefe.

▲ Die Anzeige HSS kennzeichnet den Hochgeschwindigkeits-Synchronisationsmodus am Blitzgerät.

Der eingebaute Blitz der α450/500/550 kann nicht im HSS-Modus betrieben werden. Hier ist bei ¹⁄₁₆₀ Sek. das Ende erreicht. Sicher hängt das mit der geringeren Leistungsfähigkeit des internen Blitzes und dem enorm ansteigenden Leistungsbedarf im HSS-Modus zusammen.

Gut geeignet sind hingegen die Sony-Blitze HVL-F36AM, HVL-F42AM, HVL-F56AM und HVL-F58AM. Auch hier muss aber mit einer erheblichen Abnahme der Blitzreichweite gerechnet werden.

Womit hängt das zusammen? Die normale Blitzsynchronisation zündet den Blitz, sobald der Schlitzverschluss der Kamera vollkommen geöffnet ist. Der Schlitzverschluss der α450/500/550 kann so die beschriebenen Belichtungszeiten von $1/160$ Sek.

normal synchronisieren. Bei Zeiten darunter gibt es keinen Zeitpunkt mehr, an dem der Schlitzverschluss komplett geöffnet ist. Es läuft nur noch ein Spalt über den Sensor, dessen Größe von der Belichtungszeit abhängt. Der Blitz muss nun von Anfang an, sobald der Schlitz über den Sensor läuft, bis zum Ende der Ablaufzeit „blitzen". Das erreicht er nur mit oszillierendem Blitzlicht, das einem relativ langen Dauerlicht entspricht und viel Energie kostet.

Erscheint im Kameradisplay die Anzeige HSS, ist die Hochgeschwindigkeits-Synchronisation aktiviert.

Den HSS-Modus können Sie im Verschlusszeitenprioritätsmodus durch Wahl einer beliebigen Belichtungszeit unter $1/160$ Sek. „erzwingen". Die Blende wird entsprechend berechnet und eingestellt. Im manuellen Modus ist dies ebenfalls möglich. Hier muss natürlich zusätzlich noch die Blende selbst eingestellt werden.

Im Blendenprioritätsmodus wird die Blende vorgewählt. Sollte die passende Belichtungszeit kürzer als $1/160$ Sek. sein, wird auf HSS umgeschaltet.

Im Programm P hängt die Wahl des HSS-Betriebs von der automatisch gewählten Zeit-Blende-Kombination ab. Auch hier gelten die gleichen Zeiten.

HSS ist ebenfalls bei drahtloser Blitzfernsteuerung möglich. Generell gilt, dass der Blitzreflektor nicht geschwenkt werden darf. Schwenkt man den Blitzreflektor in eine beliebige Richtung, wird auf normale Synchronisation umgeschaltet. Eine Ausnahme bildet der Sony-Blitz HVL-F58AM. Rechts- und Linksschwenken ist bei ihm im HSS-Modus erlaubt.

▲ Die Aufnahme entstand mit Hochgeschwindigkeits-Synchronisation (HSS-Modus) bei $^1/_{3200}$ Sek. Belichtungszeit (Blende 2.8). Ohne HSS-Modus wäre nur eine Belichtungszeit von $^1/_{160}$ Sek. erreichbar gewesen, was in diesem Fall wesentlich zu lang gewesen wäre.

Mehr Power für den großen Sony-Blitz

Reicht Ihnen die Akku-Kapazität des großen Sony-Blitzes HVL-F58AM (bzw. HVL-F56AM) nicht aus, können Sie als Option den externen Batterieadapter verwenden. Dieser nimmt sechs Akkus bzw. Batterien (Format AA) auf.

Den Batterieadapter können Sie praktischerweise unter der Kamera am Stativgewinde befestigen.

FA-EB1AM, der externe Batterieadapter fürs Blitzgerät. ▶

4.4 Gezielte Wahl der Blitzmodi der Alphas

Die α450/500/550 unterstützt zwei Blitzsteuerungsmodi, die im Folgenden genauer beleuchtet werden.

ADI-Steuerung

Die ADI-Steuerung (**A**dvanced **D**istance **I**ntegration) bezieht in den Messvorgang die Entfernung des Motivs mit ein. Mit normaler TTL-Vorblitzmessung war es möglich, dass sich die Elektronik z. B. bei Objekten mit besonderen Reflexionseigenschaften täuschen ließ. Damit war keine perfekte Belichtung garantiert. Da die Steuerung der α450/500/550 nun aber über den Entfernungsencoder der D-Objektive den Motivabstand kennt, kann die Blitzleistung optimal angepasst werden.

Sollten an der α450/500/550 Objektive ohne Encoder (ohne D) angeschlossen werden, wird in den meisten Fällen automatisch in den Nur-TTL-Vorblitz-Modus umgeschaltet. Kommt es mit Fremdobjektiven ohne D zu Fehlbelichtungen, wird dazu geraten, ein Chipupdate durch den Objektivhersteller durchführen zu lassen.

> **D-Kennzeichnung**
> Minolta kennzeichnete die mit einem Entfernungsencoder ausgestatteten Objektive in der Bezeichnung mit einem D. Sonys Objektive hingegen werden nicht entsprechend ausgewiesen, obwohl nicht alle Sony-Objektive diese Fähigkeit besitzen (z. B. AF 16 mm F2,8, AF 20 mm F2,8, AF 28 mm F2,8, STF 135 mm F2,8 [T4,5]).

Die ADI-Steuerung ist ebenfalls nur mit geeigneten Blitzgeräten möglich. Die Sony-Blitzgeräte sowie die meisten aktuellen Metz-Geräte und die Sigma-Blitzgeräte EF-530 DG ST bzw. EF-530 DG Super unterstützen die ADI-Steuerung.

Undokumentiert ist die mögliche Nutzung der ADI-Steuerung bei „Nicht-D-Objektiven", wenn es sich um ältere Minolta- bzw. Konica Minolta-Objektive handelt. Da die α450/500/550 einen internen Entfernungsencoder besitzt, können hierüber Rückschlüsse auf die Entfernungseinstellung gezogen werden. Hierzu ist eine interne Datenbank notwendig, die alle erforderlichen Objektiveigenschaften gespeichert hat. Dazu kalibriert die α450/500/550 nach dem Einschalten der Kamera das aufgesetzte Objektiv. Zu beachten ist, dass bei Objektiven mit Fokusbegrenzer (Focus Limiter) dieser ausgeschaltet sein muss, da die Kamera sonst von falschen Werten ausgeht.

Weil die AF-Spindel auch im manuellen Fokusmodus nicht komplett auskuppelt, ist die ADI-Steuerung sogar in diesem Modus möglich.

> **Vorblitz und Vorblitz-TTL**
> Man darf die Option der Rote-Augen-Reduzierung nicht mit Vorblitz-TTL verwechseln. Bei der Rote-Augen-Reduzierung wird vor dem eigentlichen Blitz eine Reihe von Blitzen gezündet, um die Pupille im Auge zu schließen und so den Rote-Augen-Effekt zu reduzieren.

TTL-Vorblitzmessung

TTL (**T**hrough **t**he **L**ens) bedeutet, dass die Belichtungsmessung durch das Objektiv erfolgt. Der Vorteil der TTL-Blitzmessung ist, dass ohne Weiteres Zwischenringe, Filter u. a. ohne Belichtungskorrekturen eingesetzt werden können, da sie direkten Einfluss auf die Messung haben.

Die Kamera sendet über das Blitzgerät einen Messblitz. Dieser wird am Objekt reflektiert und gelangt über das Objektiv zurück zum Sensor in der Kamera. Hier werden die Daten ausgewertet,

Gezielte Wahl der Blitzmodi der Alphas

ein Hauptblitz berechnet und gezündet. Bei analogen Kameras kann man auf den Vorblitz verzichten, da die Messung auf der Filmoberfläche stattfindet. Trifft hier genügend Licht auf, wird der Blitz gestoppt. Diese Methode ist aufgrund des zu stark reflektierenden Sensors nicht möglich. Vorteile der TTL-Blitzmessung sind u. a. die geringe Streulichtempfindlichkeit und der Umstand, dass alle Belichtungsmessmodi (Mehrfeld-, mittenbetonte und Spotmessung) verwendet werden können.

Der Abstand zwischen Vor- und Hauptblitz ist sehr gering. In zeitkritischen Situationen kann es vorkommen, dass die Zeitdifferenz als störend empfunden wird. Hier hilft nur der Einsatz eines Blitzgerätes mit eigenem Sensor zur Belichtungsmessung, wie z. B. des Metz mecablitz 54 MZ-4i digital. Es entfällt dann allerdings der Vorteil der 40-Waben-Feldmessung durch den kamerainternen Sensor. Die Zeitdifferenz konnte aber bei der α450/500/550 gegenüber den Vorgängern reduziert werden und ist damit kaum noch wahrnehmbar.

Blitzen im Studio

Die α450/500/550 besitzt am Gehäuse keinen Anschluss für eine Studioblitzanlage.

▲ Adapter für die α450/500/550 zur Verbindung mit einer Studioblitzanlage.

Über den optional erhältlichen Adapter FA-ST1AM können Sie Ihre α450/500/550 mit einer Synchronbuchse erweitern. Der Adapter wird auf den Blitzschuh gesteckt und eröffnet Ihnen alle Möglichkeiten der Studiofotografie.

5. Farbräume und Farbprofile

Zwei Farbräume sind an der α450/500/550 wählbar: zum einen sRGB und zum anderen Adobe RGB. Welcher von beiden wann eingesetzt werden sollte und welche Vor- und Nachteile sich ergeben können, wird in diesem Kapitel betrachtet. Um durchgehend farbgetreu arbeiten zu können, ist ein Farbmanagement nötig. Was Sie dafür benötigen und wie man es umsetzt, erfahren Sie ebenfalls in diesem Kapitel.

Farbräume und Farbprofile

5.1 Farbraumeinstellungen richtig wählen

Die Farbwiedergabe des CMOS-Sensors der α450/500/550 ist sehr zuverlässig. An unser menschliches Auge reicht sie indessen bei Weitem nicht heran. Letztendlich ist es die Software, die die einzelnen Farbtöne interpretieren muss. Dahinter verbirgt sich eine komplexe Aufgabe, und es ist wichtig, die richtigen Einstellungen festzulegen, um Farbabweichungen auszuschließen. Die Farbraumeinstellung ist in diesem Zusammenhang von zentraler Bedeutung.

Diverse Farbräume und Farbmodelle wurden bereits entwickelt und als Standard herausgebracht. In der digitalen Fotografie kommen nur einige davon zum Einsatz. Je nach Einsatzzweck unterscheiden sich die Farbräume. Dabei durchläuft ein Foto von der Kamera über den Bildschirm bis zum Drucker meist mehrere Farbräume. Sind diese nicht aufeinander abgestimmt, sieht z. B. das Bildschirmbild wesentlich anders aus als das ausgedruckte Ergebnis.

> **Die Farbräume**
> Unter Arbeiten mit Farbräumen versteht man die Möglichkeit, Farben in einem bestimmten Rahmen zu erkennen bzw. auszugeben. Selbst unserem Auge steht nur ein bestimmter Farbraum zur Verfügung. Ebenso ist es mit Eingabegeräten wie der α450/500/550 bzw. Ausgabegeräten wie z. B. Druckern oder Bildschirmen.

5.2 sRGB und Adobe RGB: Wann sollte man welchen Farbraum nutzen?

Die α450/500/550 bietet den sRGB- und den Adobe-RGB-Farbraum an (siehe Aufnahmemenü 1). Standardmäßig ist sRGB eingestellt. Aber welchen dieser Farbräume sollten Sie sinnvollerweise einsetzen?

▲ Im Aufnahmemenü 1 können Sie zwischen dem sRGB- und dem Adobe-RGB-Farbraum wählen.

Hierzu folgt zunächst ein Blick auf das RGB-Farbsystem. RGB steht für die drei Grundfarben **R**ot, **G**rün und **B**lau. Die Farbtiefe beträgt 8 Bit pro Grundfarbe, womit dann insgesamt 16,8 Mio. Farben dargestellt werden können.

Die Farbe des Pixels wird dabei mit je einem Wert der drei Grundfarben beschrieben. Zum Beispiel hat Schwarz den Wert 0/0/0 und Weiß den Wert 255/255/255. Rot ist mit 255/0/0, Grün mit 0/255/0 und Blau mit 0/0/255 definiert. Alle Mischfarben des Systems entstehen durch unterschiedliche Anteile der einzelnen Grundfarben.

Die RGB-Werte stellen nun aber keine absoluten Farbwerte dar, also z. B. wie ein bestimmtes Rot letztendlich auf dem Drucker ausgegeben werden soll. Hierfür gibt es bestimmte Farbraumdefinitionen.

sRGB und Adobe RGB: Wann sollte man welchen Farbraum nutzen?

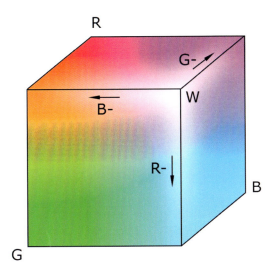

Der zentrale Farbraum, der alle für das menschliche Sehen wahrnehmbaren Farbnuancen enthält, ist der CIELab-Farbraum (meist Lab-Modus genannt). Von diesem Farbraum gehen alle anderen Farbräume, sogenannte Arbeitsfarbräume, aus – so auch sRGB und Adobe RGB.

Der Vergleich der RGB-Werte zeigt erste Unterschiede. Das absolute Rot ist in beiden Fällen der RGB-Wert 255/0/0. Im Vergleich zum CIELab-Farbraum ist das Rot von Adobe RGB wesentlich kräftiger als das des sRGB-Farbraums. Das Rot von sRGB mit 255/0/0 entspricht in Adobe RGB dem Wert von 219/0/0. Umgekehrt ist eine Darstellung des Adobe-RGB-Wertes 255/0/0 in sRGB nicht möglich. Bei der Konvertierung würden erste Verluste auftreten.

Der Farbraum sRGB wurde speziell für die Wiedergabe auf üblichen Monitoren entwickelt. Einige Farbdrucker unterstützen ebenfalls den sRGB-Farbraum. Die meisten „besseren" Drucker unterstützen aber ein Farbspektrum, das über das des sRGB-Farbraums hinausgeht. Diese Drucker würden nicht optimal mit sRGB genutzt werden. So ist der Adobe-RGB-Farbraum etwas größer als der sRGB-Farbraum und deckt den größten Teil der druckbaren Farben ab. Er ist quasi auch der Standardfarbraum der Druckindustrie. Die üblichen Offsetdruckverfahren werden gut mit dem Adobe-RGB-Farbraum abgedeckt. Den Unterschied im Farbumfang sieht man am besten in einem dreidimensionalen Diagramm. Wie man sieht, ist sRGB komplett in Adobe RGB enthalten. Im rotblauen Bereich sind beide Farbräume fast identisch, während im blaugrünen Bereich ein deutlicher Unterschied zu sehen ist.

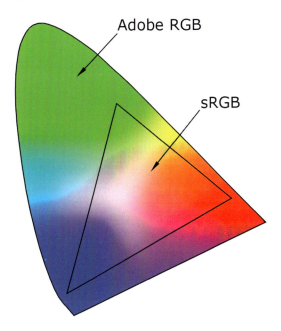

Wenn man das zuvor Beschriebene betrachtet, müsste man ausschließlich Adobe RGB den Vorrang vor sRGB geben. Der Farbraum ist deutlich größer, und ein Konvertieren von Adobe RGB nach sRGB hat den Nachteil, dass Farben, die nicht in sRGB existieren, die nächstmögliche Farbe zugeordnet wird und dadurch Farbdetails verloren gehen können.

Deshalb ist es sinnvoller, die Bilder in einem problemlos anwendbaren Arbeitsfarbraum zu bearbeiten und erst zum Schluss in das Ausgabeformat umzuwandeln.

Farbräume und Farbprofile

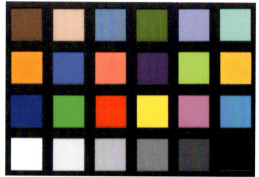

▲ Oben wurde Adobe RGB und unten sRGB als Farbraum gewählt. Unterschiede treten im Normalfall nur bei stark gesättigten Farben auf.

Sichtbar werden Unterschiede zwischen sRGB und Adobe RGB nur dann, wenn es sich um Motive mit großflächigen Bereichen und intensiven Farben aus dem Adobe-RGB-Farbraum handelt, die in sRGB nicht vorhanden sind.

Das Fazit

Für Standardfotos kann also uneingeschränkt der sRGB-Farbraum verwendet werden. Monitore, Heimdrucker und Laborprinter können diesen Farbraum sehr gut darstellen bzw. wiedergeben.

Im professionellen Bereich dominiert der Adobe-RGB-Farbraum. Hier ist ein durchgängiges Farbmanagement notwendig. Da Profis meist ohnehin den RAW-Modus verwenden, spielt die Einstellung an der α450/500/550 hier keine Rolle. Aus

RAW-Dateien lassen sich später beim digitalen Entwickeln beide Farbräume auswählen.

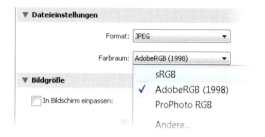

▲ Arbeiten Sie im RAW-Format, können Sie später im RAW-Konverter, wie hier in Lightroom, den Farbraum nachträglich beim Export wählen.

Der CMYK-Farbraum

CMYK ist beim Drucken der maßgebliche Farbraum. Die Farbwerte werden hierbei aus den drei Primärfarben **C**yan (grünliches Blau), **M**agenta (Violett, das in Richtung Rot tendiert), Gelb (**Y**ellow, mittleres Gelb) und Schwarz (engl. Black oder **K**ey = Key Color, Schlüsselfarbe) zusammengesetzt. Theoretisch würde die Mischung aus Cyan, Magenta und Gelb Schwarz ergeben. Praktisch entsteht aber nur ein dunkles Braun. Wer einmal versucht hat, mit einem Tintenstrahldrucker bei leerer schwarzer Tintenpatrone zu drucken, wird

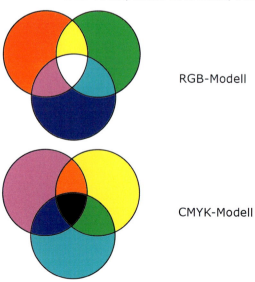

den Unterschied zu tiefem Schwarz deutlich gesehen haben.

Aus diesem Grund wird als vierte Farbe Schwarz eingesetzt. Schwarz ist ebenfalls für den Kontrast bzw. für das Abdunkeln der Farben zuständig. Ansonsten ist Schwarz an der Farbgebung nicht beteiligt. Der Farbraum selbst kommt meist erst am Schluss der Bearbeitungskette zum Einsatz. Da CMYK in der Regel kleiner als der RGB-Farbraum ist, kann es notwendig werden, nach der Umwandlung eine leichte Farbkorrektur (Erhöhung der Farbsättigung) und eine Schärfung durchzuführen.

5.3 Kalibrierung und Profile für ein durchgängiges Farbmanagement

Um durchgängig die richtigen Farben und Helligkeiten auf dem Bildschirm und später auf dem Drucker zu erhalten, benötigt man ein Farbmanagementsystem.

> **International Color Consortium (ICC)**
> Bemühungen, ein einheitliches Farbmanagementsystem zu schaffen, ergaben 1993 die Gründung dieses Konsortiums durch mehrere Firmen der Bildbearbeitungs- und Grafikbranche. Die entwickelten Farbprofile (ICC-Profile) gelten als genormter Datensatz für alle beteiligten Geräte wie Kamera, Monitor und Drucker. Auf der Internetseite *http://www.color.org/* können detaillierte Informationen abgerufen werden.

Die einzelnen Möglichkeiten zur Farbwiedergabe werden dabei an die Geräte – so weit es geht – angeglichen. Farben, die durch ein Gerät nicht dargestellt werden können, werden möglichst nahe liegend wiedergegeben.

Sogenannte ICC-Profile schlagen nun die Brücke zwischen den unterschiedlichen Systemen. Das ICC-Profil beschreibt den Farbraum eines Gerätes. Das bedeutet, es stellt die Möglichkeiten, Farben zu erkennen bzw. auszugeben, dar.

Außerdem beschreibt es, wie bestimmte eingegebene Farbtöne ausgegeben werden sollen. Dieses Profil liefert entweder der Hersteller des Gerätes oder man erstellt selbst ein individuelles Profil.

Die α450/500/550 erlaubt im Adobe-RGB-Farbraummodus keine Einbettung von ICC-Profilen in die Bilddatei. Da sie aber den gängigen Farbraum des Formats DCF 2.0 unterstützt, ist das Farbmanagement mit kompatiblen Geräten möglich. Der mitgelieferte Picture Motion Browser SR unterstützt dieses Format. Im Adobe-RGB-Farbraum aufgenommene Bilder werden entsprechend im Dateinamen gekennzeichnet und beginnen mit _DSC. Die Farbrauminformationen werden hier in den EXIF-Daten gespeichert.

Individuelle ICC-Farbprofile anfertigen lassen

Für eine Reihe von höherwertigen Druckern werden im Internet individuelle Farbprofile angeboten. Hierzu muss für den vorhandenen Drucker eine Kalibrierungsvorlage heruntergeladen werden. Diese wird entsprechend der Anleitung ausgedruckt und per Post an den Anbieter geschickt.

Das fertige Profil wird dann auf der Homepage des Anbieters zum Herunterladen bereitgestellt und muss nur noch installiert werden.

◀ *Originalfoto. Nachfolgend die Beispiele für einen unkalibrierten Bildschirm und Drucker. So kann sich im Extremfall ein fehlendes Farbmanagement auswirken.*

Bildschirmdarstellung. ▶

◀ *Ausdruck.*

Kalibrierung und Profile für ein durchgängiges Farbmanagement

Ganz kostenlos ist dieser Service natürlich nicht. Aber ab 25 Euro erhält man ein auf seinen Drucker zugeschnittenes ICC-Profil.

Monitor kalibrieren

Mittlerweile ist auch die Monitorkalibrierung erschwinglich geworden. Zum Beispiel gibt es Geräte wie das Kolorimeter Spyder3Express von ColorVision (*http://www.datacolor.eu/de*), mit dem es recht einfach und günstig ist, den Monitor richtig einzustellen.

Dahinter verbirgt sich ein Messgerät, das die Farbwerte des Bildschirms ausmisst. Per Software können dann eventuelle Farbstiche oder Helligkeitsunterschiede ausgeglichen werden. Im Anschluss an die Kalibrierung zeigt das Programm eine Ansicht vor und nach der Kalibrierung. Es wird ein entsprechendes Farbprofil angelegt und nach Wunsch verwendet.

Den Abgleich sollten Sie in regelmäßigen Abständen, spätestens nach drei Monaten, erneut durchführen, da sich Farben und Helligkeit des Monitors verändern können. Mithilfe der aus dem gleichen Hause stammenden Druckerkalibrierungssoftware Spyder3Print lässt sich nach erfolgter Bildschirmkalibrierung auch der Drucker exakt einstellen. Hierfür wird ein Probeausdruck angefertigt und dieser danach eingescannt. Entsprechende Farbfehler werden durch ein zu erstellendes Profil korrigiert.

▲ *Spyder3Studio beinhaltet die Monitor- und die Druckerkalibrierung in einem Paket (Quelle: www.colorvision.com).*

▲ *Mit dem Spyder3 von ColorVision wird das Kalibrieren eines Bildschirms zum Kinderspiel.*

6. Farbrichtige Aufnahmen mit den Alphas

Den perfekten Weißabgleich und schwierige Lichtsituationen zu meistern, das sind u. a. die Themen dieses Kapitels. So wird beschrieben, welche Einstellungen notwendig sind und welches Zubehör sinnvoll sein kann. Neben der Optimierung mit Gradationskurven wird auch aufgezeigt, wie das von den Kameras zur Verfügung gestellte Histogramm in der Live View oder im Wiedergabemodus für eine optimale Belichtung genutzt werden kann.

Komplexe Lichtsituationen

6.1 Den Weißabgleich perfekt durchführen

Unterschiedliche Lichtsituationen werden mit verschiedenen Farbtemperaturen beschrieben. Eine Glühbirne mit 40 Watt Leistung strahlt z. B. mit einer Farbtemperatur von ca. 2.600 Kelvin, während es bei der Abendsonne ca. 5.000 Kelvin sind. Da wirkt eine weiße Fläche jeweils unterschiedlich.

Der Mensch führt, völlig unbewusst, einen Weißabgleich durch. Was wir kompensieren, würde eine Digitalkamera als „Farbstich" aufzeichnen.

▲ Über die Fn-Taste gelangen Sie ins Menü und können den Bereich Weißabgleich auswählen.

Entgegen unserer üblichen Anschauung haben wärmere Lichtfarben eine niedrigere Farbtemperatur als kältere Lichtfarben. Aber unser Farbspektrum wurde aus dem Spektrum eines „schwarzen Körpers" hergeleitet. Wird ein Stück Eisen erhitzt, glüht es zunächst rot. Erhöht man die Hitze weiter, wird die Farbe immer heller (Orange, Gelb, Violett und zum Schluss bis ins Blaue hinein).

Das wirkt vielleicht etwas verwirrend. Es bietet sich somit an, einfach einen Wert einzuführen, der diesen Umstand umkehrt. Aus diesem Grund kommt der Mired-Wert (**Mi**cro **R**eciprocal **D**egree) zum Einsatz:

$$\text{Mired} = \frac{1.000.000}{\text{Farbtemperatur}}$$

oder

$$\text{Dekamired} = \frac{\text{Mired}}{10}$$

Ein kleiner Mired-Wert definiert eine niedrige Farbtemperatur, was unserem Verständnis besser entspricht. Dekamired ist einfach handlicher als Mired und kommt daher öfter zum Einsatz. Bei Konversionsfiltern wird Dekamired als Maß für die Stärke des Filters verwendet.

Kommt das Licht z. B. von einer Glühlampe mit 200 Watt Leistung und 3.000 Kelvin Farbtemperatur, ergibt das einen Dekamired-Wert von 33. Möchten Sie nun mit Tageslichteinstellung (18 Dekamired) fotografieren, benötigen Sie einen Konversionsfilter der Stärke KB15 (33 – 18 = 15). KB steht für positive Werte und KR für negative Werte.

An der α450/500/550 können Sie zwar auch Konversionsfilter einsetzen, der automatische Weißabgleich hat damit aber seine Schwierigkeiten. Man sollte also per Hand einen festen Farbwert vorwählen. In der folgenden Tabelle sehen Sie verschiedene Farbtemperaturen im Vergleich:

Fotografieren Sie z. B. mit der Einstellung *Tageslicht* eine mit Neonlicht ausgeleuchtete Situation, ergibt das ein rötliches Bild. Der Weißabgleich ist bei der Digitalfotografie also unabdingbar. In der analogen Fotografie gab es dieses Problem natürlich auch. Hier wurde es durch speziell abgeglichene Filme und Korrekturfilter gelöst. Ein normaler Tageslichtfilm ist auf eine Farbtemperatur von 5.600 Kelvin sensibilisiert.

Um nun die Digitalkamera auf die jeweilige Lichtsituation einzustellen, gibt es bei der α450/500/550 mehrere Möglichkeiten.

Den Weißabgleich perfekt durchführen

Lichtquelle	Farbtemperatur (Kelvin)	Dekamired	Mired
Blauer Himmel im Schatten	9.000–12.000	8–11	83–111
Nebel	8.000	13	125
Bedeckter Himmel	6.500–7.500	13–15	133–154
Elektronenblitzgerät	5.500–5.600	18	179–181
Mittagssonne	5.500–5.800	17–18	172–181
Morgen- und Abendsonne	5.000	20	200
Xenonlampe/-Lichtbogen	4.500–5.000	20–22	200–222
Leuchtstofflampe (neutral)	4.400–4.800	21–23	208–227
Mondlicht	4.100	24	244
Sonnenuntergangssonne	3.500	29	286
Halogenlampe	3.200	31	313
Glühbirne 200 W	3.000	33	333
Glühbirne 40 W	2.680	37	373
Kerze	1.500	67	667
Rote Glut	500	200	2.000

Vor- und Nachteile des vollautomatischen Weißabgleichs

Prinzipiell führt die α450/500/550 einen automatischen Weißabgleich (AWB, **A**utomatic **W**hite **B**alance) durch. Hierbei sucht die Kamera nach der hellsten Stelle im Motiv. Es wird davon ausgegangen, dass die hellste Stelle auch wirklich weiß ist. In den meisten alltäglichen Situationen funktioniert diese Art des Abgleichs. Sollte die hellste Stelle aber nicht weiß sein, kommt es zum Farbstich im Bild. Hier hilft dann nur der manuelle Abgleich.

▲ Standardeinstellung: automatischer Weißabgleich.

▲ Hier stand die Weißabgleicheinstellung auf Tageslicht, was einen falschen Weißabgleich ergab. Die Farben erscheinen wesentlich zu warm.

▶ Zum Vergleich der korrekte Weißabgleich, den die Kamera selbstständig im AWB-Modus richtig gewählt hatte.

Komplexe Lichtsituationen

Wann den halb automatischen Weißabgleich nutzen?

Die α450/500/550 bietet sechs einstellbare Beleuchtungsarten (Tageslicht, Schatten, Bewölkt, Kunstlicht, Leuchtstofflampe, Elektronenblitzlicht) zur Auswahl. Die einzelnen Profile besitzen noch weitere Abstufungen in positive bzw. negative Richtung.

▲ Menü zur Wahl des voreingestellten Weißabgleichs. Hier können Sie sechs unterschiedliche Profile wählen.

Beleuchtungsart	Farbtemperatur (in Kelvin)
Tageslicht	ca. 5.500 (4.700–6.600)
Tageslicht/Schatten	ca. 7.000 (5.700–8.800)
Tageslicht/Wolken	ca. 6.200 (5.200–7.600)
Kunstlicht/Glühlampe	ca. 2.800 (2.600–3.100)
Blitzlicht	ca. 6.500 (5.400–8.000)
Leuchtstofflampe	ca. 4.000 (2.800–6.500)

▲ Einstellbare Farbtemperaturprofile der α450/500/550 (Werte in Klammern: Positive und negative Korrekturen sind in allen Profilen möglich).

Diese Farbtemperaturprofile stellen natürlich nur Annäherungen an die jeweilige Farbtemperatur dar. Sollten Sie auch mit diesen Profilen nicht das gewünschte Ergebnis erzielen, ist ein manueller Weißabgleich nötig. In einigen Fällen kann es auch sinnvoll sein, den Weißabgleich absichtlich falsch einzustellen, z. B. kann man in einer Kerzenlichtsituation die Einstellung auf Tageslicht ändern, um den gewünschten Effekt zu erreichen.

▲ Weißabgleich mit der Einstellung AWB.

▲ Angenehmer wirkt die mit der Einstellung Tageslicht aufgenommene Kerze.

Direkteingabe der Farbtemperatur

An der α450/500/550 lassen sich über den Menüpunkt Farbtemperatur die Kelvin-Werte zwischen 2.500 und 9.900 Kelvin in 100-Kelvin-Schritten direkt einstellen. Hierfür ist zusätzlich ein Colormeter notwendig, um die richtige Farbtemperatur zuvor ermitteln zu können. Bei Studioleuchten z. B. wird die Farbtemperatur angegeben, die dann auch direkt eingestellt werden kann.

Den Weißabgleich perfekt durchführen

Farbtemperaturen und Farbfilter im Vergleich:

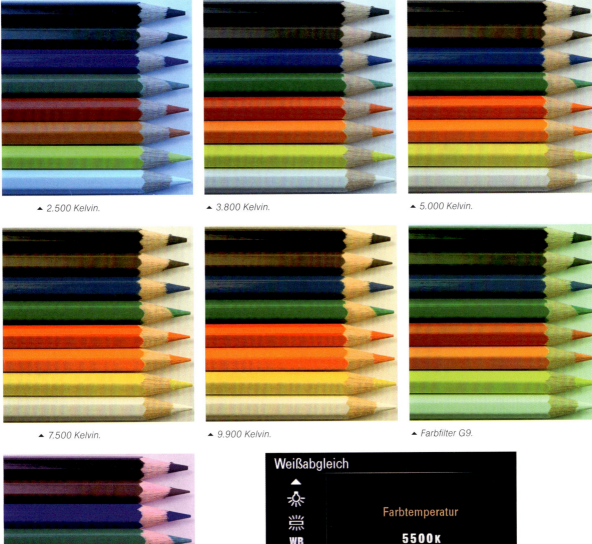

▲ 2.500 Kelvin.　　　▲ 3.800 Kelvin.　　　▲ 5.000 Kelvin.

▲ 7.500 Kelvin.　　　▲ 9.900 Kelvin.　　　▲ Farbfilter G9.

▲ Farbfilter M9.

▲ Im Menüpunkt Farbtemperatur kann die Farbtemperatur manuell vorgegeben werden. Sinnvoll z. B., wenn die Farbtemperatur eingesetzter Leuchten im Studio bekannt ist.

Komplexe Lichtsituationen

Über die Farbtemperatur werden Verschiebungen der Rot-Blau-Kurve vorgenommen. Zusätzlich besteht die Möglichkeit, Verschiebungen im Farbbereich Richtung Magenta und Grün vorzunehmen.

Hierzu ist der Menüpunkt *Farbfilter* vorgesehen. Der Bereich erstreckt sich von *M9* (Magenta) bis *G9* in Richtung Grün. Die CC-Werte entsprechen den CC-Korrekturfiltern (Farbkorrekturfilter oder Konversionsfilter).

Beim Einsatz von Farbfiltern ist darauf zu achten, dass die korrekte Farbtemperatur fest eingestellt wird, da der Weißabgleich sonst nicht zuverlässig funktioniert.

Weißabgleich mit Messwertspeicher festhalten

Wenn es darauf ankommt, sehr genau in Bezug auf die Farbtemperatur arbeiten zu müssen, oder wenn Sie einfach experimentieren möchten, kann der gemessene Weißabgleich für die weitere Verwendung gespeichert werden. Dazu messen Sie mit der Kamera ein Objekt an, das Sie als weiß definieren.

Sinnvoll ist es, hierfür ein weißes Blatt Papier oder eine Graukarte zu verwenden.

Die Speicherung des Weißabgleichs ist recht einfach:

1

Mit der Fn-Taste gelangen Sie in die Menüliste. Hier wählen Sie den Menüpunkt *Weißabgleich* aus.

2

Nun wählen Sie mit dem Steuerschalter den Menüpunkt *Benutzerdef.* aus. Zum Benutzer-Setup gelangen Sie mit einmaligem Bewegen des Steuerschalters nach rechts.

3

Nach dem Drücken der Spot-AF-Taste erscheint die folgende Meldung: *Spotmessfeld verwenden. Zum Laden Auslöser drücken*. Wählen Sie nun mit dem Spotmessfeld die für den Weißabgleich relevante Stelle und lösen Sie aus. Dabei ist es nicht wichtig, dass die Kamera scharf gestellt hat, da dies keine Auswirkungen auf die Farbtemperaturmessung hat.

4

Drücken Sie jetzt den Auslöser voll durch. Es erscheinen die Farbtemperatur und der CC-Wert auf dem Display. Die beiden Werte können Sie nun durch Drücken der AF-Taste des Steuerschalters abspeichern. Die Werte werden dann als Weißabgleich genutzt und im Display der

▲ Im Display erkennen Sie an der markierten Stelle, dass Sie mit dem benutzerdefinierten Weißabgleich arbeiten. Es werden die Farbtemperatur und der CC-Wert angezeigt.

Den Weißabgleich perfekt durchführen

α450/500/550 angezeigt. Weiterhin bleiben die Werte gespeichert, bis ein neuer benutzerdefinierter Weißabgleich stattfindet. Sie haben so den einmal vorgenommenen Weißabgleich jederzeit für weitere Aufnahmen parat. Diese Werte können im Menüpunkt *Benutzerdef.* gewählt werden.

Konnte keine korrekte Farbtemperaturmessung durchgeführt werden, erscheint auf dem Display *Benutzerdef. Weißabgleich fehlgeschlagen* und die Farbtemperatur wird im Display gelb dargestellt. Die Kamera verwendet nun zwar den Wert, weist aber durch die gelbe Schrift darauf hin, dass es eventuell zu Farbstichen kommen wird. Möglicherweise war das angemessene Objekt zu dunkel oder zu hell.

Ist der eingebaute (hochgeklappte) oder ein externer Blitz während des Weißabgleichs aktiv, wird der Abgleich unter Zuhilfenahme des Blitzgerätes durchgeführt. Dies ist natürlich nur sinnvoll, wenn Sie danach auch mit einem Blitz fotografieren möchten, da es sonst ebenfalls zu Farbverschiebungen kommen kann.

> **Benutzerdefinierter Weißabgleich nicht im Automatik- und den Szenenwahlmodi möglich**
> Der benutzerdefinierte Weißabgleich ist nur in den Modi P, A, S und M möglich. Die Vollautomatik und die Szenenwahlprogramme verwenden nur den automatischen Weißabgleich. Ein Zugriff auf diese Funktion ist in diesen Fällen nicht möglich.

Weißabgleichvorgaben nutzen

Es kann vorkommen, dass Sie mit den Vorgaben des Weißabgleichs einmal nicht zufrieden sind. Sie haben dann einige Möglichkeiten neben dem benutzerdefinierten Weißabgleich.

▲ Unter diesem Menüpunkt kann der gespeicherte Weißabgleich später auch wieder abgerufen werden.

▼ Die Aufnahme links entstand mit dem automatischen Weißabgleich. Rechts wurde die Option Leuchtstofflampe gewählt. Welche Variante Ihnen besser gefällt, sollten Sie in schwierigen Lichtsituationen wie dieser einfach selbst mit unterschiedlichen Vorgaben ausprobieren.

Komplexe Lichtsituationen

Testen Sie kurz einige Vorgaben des Weißabgleichmenüs am Motiv durch und wählen Sie dann die für Sie passende Option aus.

▲ Die Einstellung Tageslicht ließ hier zwar das Eis weiß erscheinen, aber die Abendstimmung durch die tief stehende Sonne stimmte bei der Aufnahme noch nicht.

▲ Mit der Einstellung Schatten wurde das Eis zu gelblich dargestellt.

▲ Ein guter Kompromiss konnte mit der Einstellung Bewölkt erreicht werden. Das Eis wird neben einer insgesamt warmen Darstellung weiß wiedergegeben.

6.2 Farbabweichungen mit der Live View überprüfen

Es bietet sich an, den Live-View-Modus der α500/550 neben der Kontrolle der Schärfe und Belichtung auch zur Überprüfung des Weißabgleichs einzusetzen. Hierfür ist das Display auch in gewissem Rahmen nutzbar und für viele Anwendungen ausreichend. Eine exakte Übereinstimmung lässt sich allerdings nicht immer feststellen, zumal es auch zu Abweichungen z. B. durch spiegelndes Umgebungslicht auf dem Display kommen kann.

▲ Live-View-Display.

Sind also hohe Anforderungen an den Weißabgleich gestellt, überprüfen Sie die Ergebnisse am besten immer am kalibrierten Computermonitor. Setzen Sie sinnvollerweise in diesen Fällen auch das RAW-Format ein, bei dem Sie später am Computer noch den Weißabgleich ändern können. Bedenken Sie bei der Nutzung des RAW-Formats, dass Sie auf dem Display während der Nutzung der Live View oder nach der Aufnahme im Wiedergabemodus das Bild mit den Einstellungen für das JPEG-Format sehen. Diese werden nur im Sony-eigenen RAW-Konverter (Image Data Converter SR) als Voreinstellungen übernommen. In Photoshop Lightroom z. B. werden diese Einstellungen hingegen zum Teil ignoriert und müssen separat vorgenommen werden.

Schwierige Lichtsituationen meistern

▲ *Fertige Aufnahme. Zum Teil kommt es zu geringfügigen Abweichungen zwischen der Live-View-Darstellung und der Aufnahme.*

6.3 Schwierige Lichtsituationen meistern

Grau- und Farbkarten dienen zum Kalibrieren in besonderen Lichtsituationen. Die Graukarte hat einen genormten Reflexionsgrad von 17,68 %, was dem logarithmischen Mittel des abbildbaren Kontrastumfangs von 1,5 log Dichte entspricht.

Immer wenn das Motiv nicht der durchschnittlichen Helligkeitsverteilung, wie sie im Normalfall auftritt, entspricht, kann es zu Über- bzw. Unterbelichtungen kommen. Beispiele hierfür sind ein schwarzes Hauptmotiv vor dunklem Hintergrund oder ein weißes Hauptmotiv vor hellem Hintergrund.

In diesen Fällen ist ein manueller Weißabgleich notwendig. Dafür platzieren Sie die Graukarte möglichst dicht am Objekt der Begierde. Nun führen Sie eine Objektmessung an der Graukarte durch. Dies sollte im Fall der eingestellten Mehrfeld- oder mittenbetonten Messung möglichst formatfüllend geschehen. Bei der Spotmessung genügt das Messen im Spotkreis.

▲ *Graukarte zur Belichtungsmessung und für den Weißabgleich.*

Komplexe Lichtsituationen

Haut als Graukarte nutzen
Unsere Haut reflektiert ähnlich einer Graukarte. Das heißt: Sind Personen das Aufnahmeobjekt, kann man den Abgleich auch näherungsweise mittels Spotmessung auf Hautpartien durchführen.

Weißabgleich mit der Farbtafel im Buch

Das Buch hält im Innencover vorn eine Farbtafel zum Abfotografieren bereit. Hiermit kann der Weißabgleich noch exakter als mit einem weißen Blatt Papier oder einer Graukarte durchgeführt werden. Die Auswahl der Farben ist an natürliche Vorbilder angelehnt. So kann schon im Vorfeld einer Aufnahmesession die farbgetreue Wiedergabe überprüft werden.

Es ist wichtig, die Farbtafel unter den gleichen Lichtbedingungen abzufotografieren wie später das eigentliche Motiv. Mithilfe des Displays der α450/500/550 können die Farben auf Übereinstimmung mit der Farbtafel geprüft werden. Gibt es hier Abweichungen zum Original, muss die Farbtemperatur manuell angepasst werden. Zu empfehlen ist auch die Überprüfung der Farben und der Grauabstufungen am Monitor und auf dem Drucker. Stimmt das Ergebnis auf dem Display mit dem Original überein und gibt es trotzdem Abweichungen auf dem Monitor oder Drucker, sollten diese kalibriert werden (siehe Kapitel 5.4).

Nachträgliche Korrektur des Weißabgleichs

Die gängigen Bildbearbeitungsprogramme bieten die Möglichkeit, den Weißabgleich nachträglich zu korrigieren. Sie werden so aber nicht immer zum gewünschten Ergebnis gelangen, da z. B. Mischlichtaufnahmen schwer zu korrigieren sind. Farbstiche hingegen sollten in der Regel leicht zu beheben sein. Im RAW-Format aufgenommene Motive lassen sich ohnehin sehr gut im RAW-Konverter anpassen.

Anhand dreier Programme wird der Weißabgleich im Folgenden beispielhaft erläutert.

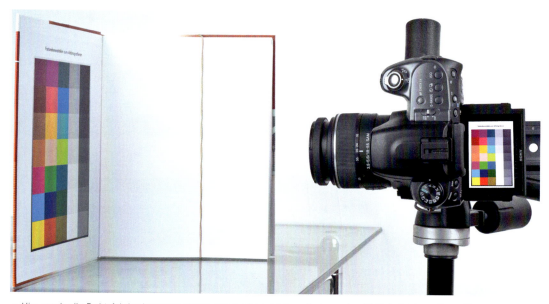

▲ Hier wurde die Farbtafel des Innenumschlags des Buches abfotografiert, um den Weißabgleich zu überprüfen. Man erkennt eine sehr gute Übereinstimmung zwischen dem Display der α550 und der Farbkarte.

Schwierige Lichtsituationen meistern

Korrektur mit Image Data Converter SR

1

Öffnen Sie mit dem Image Data Converter SR die Bilddatei. Wählen Sie aus den Paletten die Option *Weißabgleich* aus.

2

Nun wählen Sie *Graupunkt angeben* aus und klicken auf die Pipette. Der Mauszeiger wird zur Pipette, mit der Sie auf eine Stelle im Bild klicken können, die idealerweise weiß oder auch grau sein sollte.

3

Das Programm berechnet nun das gesamte Bild auf dieser Grundlage.

4

Ist trotzdem noch ein Farbstich vorhanden, können Sie eine weitere Anpassung im Bereich *Farbkorrektur* vornehmen.

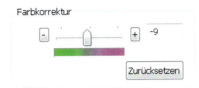

▲ Sind Sie trotz des manuellen Weißabgleichs nicht mit dem Ergebnis zufrieden, können Sie über die Funktion Farbkorrektur zusätzlich Verschiebungen im grünen und rötlichen Bereich vornehmen.

> **Den Weißabgleich übertragen**
>
> Möchten Sie den zuvor durchgeführten Weißabgleich auch für andere Aufnahmen nutzen, bietet sich hierfür die Funktion zum Kopieren der Bildverarbeitungseinstellungen an, die über die Tastenkombination [Strg]+[C] angewählt werden kann. Die Einstellungen überträgt man dann auf das nächste Bild mit *Bildverarbeitungseinstellungen einfügen* oder der Tastenkombination [Strg]+[V]. Zusätzlich können die Einstellungen auch gespeichert werden. Hierzu wählen Sie im Menüpunkt *Bearbeiten* die Option *Bildverarbeitungseinstellungen speichern* aus. Hier können die aktuellen Einstellungen gespeichert werden. Durch *Laden und Anwenden* überträgt man die Einstellungen auf ein anderes Bild.

Korrektur mit Adobe Lightroom

1

Zunächst öffnen Sie die Bilddatei und wählen das Modul *Entwickeln*.

2

Bei eingeblendetem rechten Fenster ([Strg]+[Alt]+[2]) klicken Sie im Bereich *Grundeinstellungen* auf die Pipette.

Komplexe Lichtsituationen

3

Nun können Sie den Weiß- bzw. Graupunkt im Bild auswählen und setzen. Lightroom zeigt dann auch die ermittelte aktuelle Farbtemperatur an.

Korrektur mit Photoshop Elements

1

Als Erstes öffnen Sie die Bilddatei. Sinnvoll ist das Kopieren der Ebene mit [Strg]+[J]. Somit bleibt das Original zum Vergleich bestehen.

2

Nun öffnen Sie das Dialogfeld für Tonwertkorrekturen über das Menü *Überarbeiten/Beleuchtung anpassen/Tonwertkorrektur* oder einfacher mit der Tastenkombination [Strg]+[L].

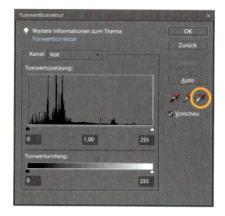

3

Mit der Pipette klicken Sie auf eine weiße Stelle im Bild. Falls kein Weiß im Bild vorhanden ist, können

▼ *Fehlerhafter Weißabgleich: Rechts die Wand ist eigentlich weiß, erscheint hier aber rötlich. Das sollte korrigiert werden.*

▼ *Korrekter Weißabgleich: Nachträglich wurde durch den manuellen Weißabgleich der Rotstich beseitigt. Mit der Pipette wurde auf die weiße Wand geklickt, um den Weißpunkt als Referenzwert zu setzen.*

mit der linken Pipette auch Grau- bzw. Schwarzwerte definiert werden.

Weißabgleich-Reihenaufnahmen

Für sehr kritische Situationen bietet die α450/500/550 zusätzlich noch die Möglichkeit an, eine Weißabgleichreihe mit drei Aufnahmen zu erzeugen.

▲ Im Bildfolgemodus steht eine Möglichkeit für Weißabgleich-Reihenaufnahmen zur Verfügung. Im Hi-Modus erfolgt eine Verschiebung um 20 Mired, im Lo-Modus um 10 Mired.

Dabei wird der momentan eingestellte Weißabgleich als Grundlage benutzt. Sie können aus zwei Modi wählen: WB Lo mit einer Verschiebung um 10 Mired und WB Hi mit 20 Mired. Diese Verschiebung erfolgt jeweils in Richtung Minus (kälter) und Plus (wärmer). Man löst hierfür nur einmal aus und die α450/500/550 erzeugt automatisch die drei Aufnahmen.

Kompliziertes Mischlicht

Es gibt immer wieder Situationen, in denen es nicht möglich ist, den optimalen Weißabgleich zu finden.

So kommt es vor, dass mehrere Lichtquellen mit unterschiedlichen Farbtemperaturen vorhanden sind. Fotografiert man z. B. in der Dämmerung, haben das Resttageslicht und die künstliche Beleuchtung Einfluss auf die Farbtemperatur. Oder man befindet sich in einem beleuchteten Raum, in den zusätzlich durch das Fenster Sonnenlicht scheint. Grundsätzlich sollten Sie in solchen Situationen den Weißabgleich auf die stärkere Lichtquelle abstimmen.

Erzielen Sie so keine befriedigenden Ergebnisse, können Sie die Möglichkeiten des RAW-Formats nutzen. So stellen Sie sicher, dass der Weißabgleich nachträglich entsprechend den eigenen Vorstellungen geändert werden kann.

6.4 Histogramme für die perfekte Belichtung nutzen

Bezogen auf die digitale Fotografie versteht man unter einem Histogramm die Darstellung der Häufigkeits- und Intensitätswerte der Farben eines Bildes. Kontrastumfang und Helligkeit des Fotos können so abgelesen werden. In Farbbildern werden meist drei Histogramme (eines pro Farbkanal) dargestellt.

Die α450/500/550 stellt die Gesamthelligkeit aller drei Farbkanäle im Bildwiedergabemodus einzeln sowie gesamt dar. Links beginnt der Schwarzanteil bei 0. Die Helligkeitswerte erstrecken sich dann abgestuft bis Weiß (255). Je höher dabei ein Balken dargestellt wird, umso höher fallen auch die Helligkeitswerte aus.

Der praktische Nutzen dieses Histogramms ist es, Fehlbelichtungen schon auf dem Display der α450/500/550 zu erkennen. Die α500/550 verfügt zudem im Live-View-Modus über ein einblendbares Histogramm zur Anzeige der Gesamthelligkeit. Zum Histogramm zeigt die α450/500/550 zusätzlich noch ein Miniaturbild an. Überbelichtete bzw. unterbelichtete Bereiche werden hierbei durch Blinken angezeigt.

▲ Im Bildwiedergabemodus können Sie durch Drücken der DISP-Taste die Histogramme und weitere Informationen aufrufen. Im Live-View-Modus kann zudem auf dem Display ein Gesamthelligkeitshistogramm eingeblendet werden.

> **Anzeige des Überschreitens des Belichtungsumfangs mit 8-Bit-JPEG**
> Die Anzeige der überbelichteten bzw. unterbelichteten Bereiche stützt sich auf das JPEG-Format. Benutzen Sie RAW-Dateien, können diese Bereiche unter Umständen noch Informationen enthalten, da hier mit 12 Bit gearbeitet wird. Der Dynamikumfang ist gegenüber dem JPEG-Format bis zu einer Blende höher.

Im Einzelbild-Wiedergabemodus drücken Sie die DISP-Taste, um das Diagramm darzustellen. Durch erneutes Drücken gelangen Sie zur Anzeige mit Miniaturen der Bilder. Ein weiteres Drücken der DISP-Taste zeigt ein Bild ohne Informationen. Danach gelangen Sie wieder zur normalen Anzeige.

Überbelichtung

Eine Überbelichtung erhält man, wenn die empfangene Lichtmenge größer ist als die vom Pixel zu verarbeitende Lichtmenge. Sie erkennen dies in Bildern an Stellen, an denen keine Zeichnung bzw. Informationen mehr vorhanden sind. Farbtöne gehen verloren, diese Stellen werden einfach weiß dargestellt.

Da der Informationsinhalt praktisch null ist, kann auch durch eine Bildbearbeitung keine Rettung derartiger Bilder mehr erfolgen.

▲ Die Überbelichtung erkennt man an einer starken Anhäufung der hellsten Tonwerte auf der rechten Seite. Überbelichtete Bereiche können nicht wiederhergestellt werden.

Unterbelichtung

Unterbelichtungen entstehen durch zu geringen Lichteinfall. Im Gegensatz zur Überbelichtung kann man hier aber dem Pixel bzw. Pixelbereich noch Informationen entlocken. Da der Signal-Rausch-Abstand in diesem Fall allerdings sehr gering ist, wird mit dem Aufhellen auch das Rauschen verstärkt und sichtbar.

▲ Eine Unterbelichtung des Bildes zeigt sich durch eine starke Anhäufung der Tonwerte im linken Bereich. Unterbelichtete Bereiche können unter Inkaufnahme von stärkerem Rauschen meist wiederhergestellt werden.

Beide Fälle, die Über- und Unterbelichtung, sollten also möglichst vermieden werden.

▲ Dieses Motiv wurde korrekt belichtet, was auch an der gleichmäßigen Verteilung der Histogrammwerte im mittleren Bereich zu erkennen ist. Rechts und links läuft das Histogramm aus. Über- bzw. Unterbelichtungen sind somit im Bild nicht vorhanden.

Die Histogrammaufteilung in RGB-Farben ist bei der α450/500/550 umgesetzt worden. Hierbei wird jeder einzelne Farbkanal getrennt dargestellt. Sie können so die einzelnen Farbkanäle begutachten und eventuelle Fehlbelichtungen erkennen.

Die einzelnen Farbkanäle analysieren

Neben dem Helligkeitshistogramm zeigt die α450/500/550 auch die einzelnen Farbkanäle an. Welchen Nutzen können Sie daraus ziehen?

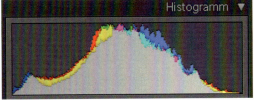

▲ Zugehöriges Histogramm.

Sie haben die Möglichkeit, nicht nur Fehlbelichtungen zu ermitteln, sondern können auch erkennen, wie ausgewogen die Farben verteilt sind. Sind alle drei Kurven nahezu identisch, können Sie von einer idealen Farbgebung ausgehen. Ist ein Farbkanal gegenüber den anderen stark verschoben, muss mit einem Farbstich gerechnet werden. Das Farbhistogramm stellt somit eine noch wertvollere Hilfe dar als das Helligkeitshistogramm.

▲ Der Vergleich der beiden Helligkeitshistogramme lässt nicht unbedingt eine Farbabweichung erkennen. Hier helfen die drei Farbhistogramme weiter. Ist der Weißabgleich in Ordnung, verlaufen die Histogramme ähnlich.

▲ Weicht der Weißabgleich ab, erkennt man die Abweichung auch sofort in den Farbkanälen.

▲ Zugehörige Histogrammanzeige.

▲ Zugehörige Histogrammanzeige.

Das Livehistogramm für die Belichtungskontrolle nutzen

Die α500/550 hat zusätzlich noch ein weiteres Hilfsmittel an Bord. Im Live-View-Modus können Sie die richtige Belichtung mithilfe eines Echtzeithistogramms beurteilen. Drücken Sie hierzu im Live-View-Modus die DISP-Taste, bis unten links das Histogramm erscheint. Sie können nun sofort sehen, ob es zu Über- bzw. Unterbelichtungen kommen wird oder ob eine Belichtungskorrektur notwendig ist.

Bereits in der Live-View-Anzeige erkennt man, dass das Ergebnis vermutlich überbelichtet sein wird. Das Histogramm unterstützt diese Annahme. Dies ist daran zu erkennen, dass im rechten Bereich des Histogramms der Tonwertberg abgeschnitten ist. ▶

Mit Gradationskurven Bilder optimieren

▲ Nach dem Drücken der Taste für die Belichtungskorrektur wurde eine Korrektur in Minusrichtung von einer Belichtungsstufe vorgenommen. Sie erkennen die Änderung sofort auf dem Display und können den Wert Ihrem Motiv entsprechend anpassen.

▲ Der Tonwertberg wurde nun deutlich nach links verschoben.

▲ Überbelichtete Aufnahme.

▲ Mit einer Belichtungskorrektur von –1.0 aufgenommenes Motiv. Das Livehistogramm erspart Ihnen bei richtiger Anwendung das Anlegen einer Testreihe bzw. mehrere Probeaufnahmen.

6.5 Mit Gradationskurven Bilder optimieren

Helligkeit und Kontrast sind entscheidende Bildparameter, die das Bild beeinflussen.

Bildbearbeitungsprogramme (in diesem Beispiel der mitgelieferte Image Data Converter SR von Sony) gestatten die Veränderung von Helligkeit und Kontrast anhand grafischer Darstellungen. Über den Menüpunkt *Farbkurve* gelangt man zur Gradationskurve. In Photoshop benutzt man die Tastenkombination [Strg]+[M].

Komplexe Lichtsituationen

▲ Über den Menüpunkt Farbkurve gelangen Sie in Sonys Image Data Converter SR zur Gradationskurve und können dort Änderungen vornehmen.

Zunächst erhält man in einem sich öffnenden neuen Fenster eine Gerade von links unten nach rechts oben. Das ist der Ausgangspunkt für die Bildveränderung. Der Image Data Converter SR zeigt zusätzlich noch die RGB-Farbwerte sowie die Helligkeitstonwerte im Hintergrund an.

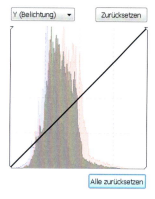

▲ Ausgangshistogramm.

Die x-Achse definiert die Eingabewerte, die Werte, die verändert werden sollen. Die y-Achse stellt die Ausgabewerte dar. Für jede Helligkeit im Bild kann also ein neuer Helligkeitswert eingestellt werden. Sollen bestimmte Bildpartien aufgehellt oder abgedunkelt werden, ist die Gradationskurve zur Bearbeitung zu empfehlen. Die folgenden Beispiele zeigen, wie man die Kurven verändern muss, um bestimmte Effekte zu erzielen.

Bild leicht aufhellen
Zur leichten Aufhellung wird die Kurve in der Mitte leicht angehoben.

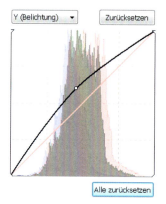

Bild stark aufhellen
Soll ein Bild stark aufgehellt werden, muss darauf geachtet werden, dass die dunkleren Bereiche stärker angehoben werden müssen als die hellen.

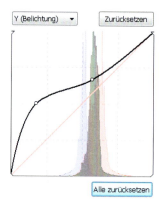

Bild extrem aufhellen (High-Key)
High-Key-Bilder sind von sehr starker Aufhellung geprägt. Nicht alle Motive sind dafür geeignet.

Ähnlich wie diese drei Beispiele funktioniert das Abdunkeln eines Bildes – jedoch mit dem Unterschied, dass die Funktionslinie gespiegelt wird.

Mit Gradationskurven Bilder optimieren

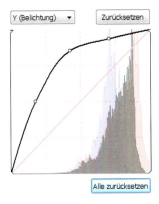

Kontrast erhöhen
Mit einer S-Kurve kann der Kontrast des Bildes angehoben werden.

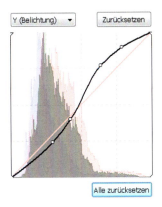

Lichtsituation richtig einschätzen
Wie zuvor besprochen sind Überbelichtungen möglichst zu vermeiden, da in den überbelichteten Bereichen keine Informationen mehr vorhanden sind und auch nicht wiederhergestellt werden können.

Eine Möglichkeit wäre es, generell ⅓ EV unterzubelichten, was auch praktiziert wird. Leider ist diese Methode nicht immer wirksam und der Belichtungsspielraum eingeschränkt, da Helligkeitswerte im oberen Bereich des Histogramms nicht verwendet werden. Leider wird auch der Weißabgleich beeinflusst, da dieser von einem vollständigen Histogramm ausgeht, um den Weißpunkt zu definieren. Ist die Unterbelichtung zu stark, kann es zu Farbstichen im Bild kommen, da der automatische Weißabgleich den Weißpunkt falsch festlegt.

Die Verwendung des kameraeigenen Rohdatenformats RAW hat gegenüber der generellen Unterbelichtung Vorteile und sollte in schwierigen Lichtsituationen bevorzugt werden. Die Farbtiefe des RAW-Formats ist mit seinen 12 Bit den 8 Bit des JPEG-Formats überlegen und kann die ca. neun Blendenstufen Dynamikumfang des Sensors mit reichlich Spielraum abbilden. Verwendet man das RAW-Format, erhält man so praktisch etwa eine Blende mehr Dynamik im Bild. Ein Bild, das im JPEG-Format gespeichert wurde und überbelichtet ist, kann im RAW-Format durchaus noch genügend Zeichnung in den hellen Bereichen besitzen.

Zudem besteht die Möglichkeit, den Weißabgleich direkt am Computer im RAW-Konverter durchzuführen. Die Möglichkeiten, die sich hier auftun, sind weit umfangreicher als beim automatischen Weißabgleich der Kamera. Man kann mit unterschiedlichen Werten experimentieren und so das Optimum finden.

Da aber für viele Anwendungen das 8-Bit-Format benötigt wird, muss wieder eine Umwandlung von 12 auf 8 Bit erfolgen. Damit würde jedoch der zusätzliche Dynamikumfang wieder verschwinden und man hätte das gleiche Ergebnis wie mit dem JPEG-Format. Hier kommt nun wieder die Gradationskurve ins Spiel. Wird die Kurve geändert und damit die Tonwerte – werden also die Schatten aufgehellt und gleichzeitig die hellen Bildpartien abgedunkelt, ohne die Mitteltöne zu stark zu verändern –, erhält man ein die Gesamtdynamik des RAW-Formats ausnutzendes Endresultat im JPEG-Format.

Komplexe Lichtsituationen

Den Über- und Unterbelichtungswarner der Alphas nutzen

Die Alphas sind mit einem sogenannten Lichter- und Schattenwarner ausgestattet. Sie können so direkt nach der Aufnahme feststellen, an welchen Stellen es im Bild zu strukturlosen Lichtern bzw. tiefschwarzen Schatten gekommen ist. Schalten Sie hierfür im Wiedergabemodus die Histogrammanzeige (DISP-Taste) ein. Die Anzeige blinkt dann in den betreffenden Bereichen. In diesen Fällen passen Sie die Belichtung nach dem Drücken der Taste für die Belichtung entsprechend an.

Bei Überbelichtungen (weiße Bereiche) korrigieren Sie in den negativen Bereich und bei Unterbelichtungen in den positiven Bereich. Treten Über- und Unterbelichtungen auf, ist der Kontrastumfang des Motivs so hoch, dass er nicht von der Kamera bewältigt werden kann. Lösungsansätze hierfür wären zum einen, dass man das Motiv bzw. die betreffenden Bereiche entsprechend abschattet oder aufhellt. Zum zweiten testen Sie den Dynamikbereich-Optimierer mit unterschiedlichen Werten. Eine dritte Möglichkeit ist die Nutzung der HDR-Funktion der α450/500/550 bzw. das nachträgliche Zusammenrechnen mehrerer Bilder unterschiedlicher Belichtungen (HDR-Fotos, siehe Kapitel 3.6).

▲ Der Lichter- und Schattenwarner zeigt Ihnen schon direkt nach der Aufnahme blinkend an, ob es zu über- bzw. unterbelichteten Bereichen im Bild gekommen ist. Entsprechende Korrekturen sind dann vor Ort noch mit neuen Aufnahmen möglich.

6.6 Mit den Kreativmodi die Bildausgabe gezielt anpassen

Die α450/500/550 stellt im Menü *Kreativmodus* zunächst Voreinstellungsmöglichkeiten für den Kontrast, die Farbsättigung und die Schärfe bereit. Diese können jeweils in Einerschritten von –3 bis +3 eingestellt werden. Im Folgenden wird dann auf die zur Verfügung stehenden Bildstile eingegangen, die ebenfalls über dieses Menü erreichbar sind.

Ein paar Ausnahmen sind hierbei zu beachten: Wurde der Schwarz-Weiß-Modus (*B/W*) gewählt, ist die Veränderung der Farbsättigung nicht möglich. Setzen Sie ein Szenenprogramm ein oder verwenden Sie die α450/500/550 im AUTO-Modus, stehen Ihnen die Einstellungsmöglichkeiten im Menü *Kreativmodus* nicht zur Verfügung.

▲ Hinter dem Menüpunkt Kreativmodus finden sich Einstellungen des Kontrastes, der Sättigung, der Bildschärfe für mehrere Bildstile.

 **Kontrastvoreinstellung**
Mit dem Element *Kontrast* ist es möglich, eine Kontrastvoreinstellung vorzunehmen.

Mit den Kreativmodi die Bildausgabe gezielt anpassen

▲ Kontrast –3.

▲ Kontrast +3.

Eine Verringerung des Kontrastes kann sinnvoll sein, wenn Über- bzw. Unterbelichtungen auftreten. So kann verhindert werden, dass zu viele Informationen in hellen bzw. dunklen Bildbereichen verloren gehen.

Eine Erhöhung des Kontrastes kann notwendig werden, wenn es sich um kontrastarme Bilder handelt.

Voreinstellung der Farbsättigung

Die Farbintensität lässt sich an der α450/500/550 ebenfalls vorwählen. Negative Werte ergeben abgeschwächte Farben. Im positiven Bereich erhalten Sie dagegen eine Verstärkung der Farben. Sinnvoll ist eine Veränderung meist nur, wenn man die Bilder im Nachgang ohne Bildbearbeitung weiterverwenden will.

▲ Standard.

Komplexe Lichtsituationen

▲ *Farbsättigung –3.*

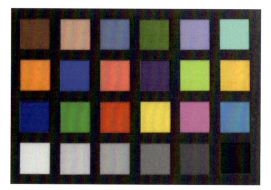

▲ *Standard.*

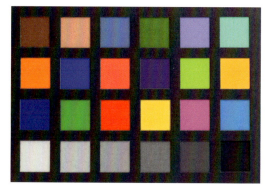

▲ *Farbsättigung +3.*

±0 Voreinstellung der Schärfe

Die ohnehin intern durchgeführte Schärfung kann mit dem dritten Schieberegler beeinflusst werden. Die Schärfung wird dabei durch Minderung bzw. Verstärkung der Tonwerte an Kanten durchgeführt.

▲ *Schärfe –3.*

▲ *Standard.*

▲ *Schärfe +3.*

Mit den Kreativmodi die Bildausgabe gezielt anpassen

Bildbeeinflussung nur im JPEG-Format

Sämtliche Einstellungen wirken sich natürlich nur auf das JPEG-Format aus. Das Rohdatenformat RAW ist von den Änderungen nicht betroffen.

Im Gegensatz zum JPEG-Format können diese Einstellungen bei Bildern im RAW-Format noch nachträglich im Image Data Converter SR verändert werden.

Bedenken Sie vor allem, dass die Farbinformationen eines einmal im JPEG-Format im Modus *Schwarz-Weiß* aufgenommenen Bildes nicht mehr zurückzuerlangen sind.

> **Bildstile einsetzen**
>
> Möchten Sie die Bildstile einsetzen, um möglichst ab Speicherkarte schnell Bildergebnisse präsentieren zu können, wählen Sie möglichst die Option *RAW & JPEG (Fein)*. So steht Ihnen später neben dem fertigen JPEG-Bild noch das „digitale" Negativ im RAW-Format für eventuelle weitere Bearbeitungen zur Verfügung.

Mit Bildstilen arbeiten

Im Menü *Kreativmodus* sind mehrere Bildstile verfügbar.

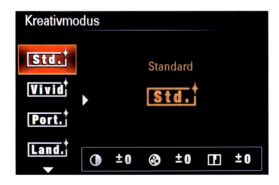

Durch Hoch- und Runterdrücken am Steuerschalter können folgende Stile gewählt werden:

- Standard
- Vivid (lebhaft)
- Porträt
- Landschaft
- Sonnenuntergang
- Abendszene
- Schwarz-Weiß

Einstellungen für Kontrast, Farbsättigung (mit Ausnahme von Schwarz/Weiß) und Schärfe können zudem jeweils angepasst werden.

Hinter dem Bildstil *Vivid* verbirgt sich ein Bildstil, der die Farben verstärkt.

Die Bildwirkung kommt dem in analoger Technik eingesetzten Fuji Velvia bzw. dem Kodak E100VS nahe. Diese beiden Filmsorten sind für lebendige und satte Farben bekannt.

Der Bildstil *Porträt* ist abgestimmt auf angenehme Hauttöne, *Landschaft* erhöht die Sättigung für die Farbkanäle Grün und Blau und *Sonnenuntergang* steht für eine sehr warme Farbwiedergabe.

Der Modus *Abendszene* senkt den Kontrast etwas ab und passt die Farben der abendlichen Stimmung an.

Komplexe Lichtsituationen

▲ Standard.

▲ Bildstil Vivid für lebhafte Farben.

▼ Bildstil Landschaft: Sättigung, Kontrast und Schärfe werden angepasst.

▲ Standard.

Mit den Kreativmodi die Bildausgabe gezielt anpassen

Besonderer Bildstil: Graustufenbilder

Sind Sie sicher, dass Sie Ihre Bilder ausschließlich im Schwarz-Weiß-Format aufnehmen möchten, können Sie die Option *B/W* verwenden. Sie sollten sich aber dessen bewusst sein, dass die fehlenden Farbinformationen nicht mehr zurückgewonnen werden können.

Eine nachträgliche Umwandlung eines JPEG- oder besser eines RAW-Bildes per Software bietet die gleichen Möglichkeiten, eine Schwarz-Weiß-Aufnahme zu erreichen. Die Originaldatei kann aber für die weitere Verwendung separat gespeichert werden.

Bildstile in den Kreativprogrammen

Generell können in den Belichtungsprogrammen P, A, S und M sämtliche Bildstile frei gewählt werden, während sie in den Szenenwahlprogrammen gesperrt sind. In den Szenenwahlprogrammen sind die Einstellungen für Kontrast, Farbsättigung und Schärfe ebenfalls nicht veränderbar, da sie fester Bestandteil des jeweiligen Programms sind.

Bildstile im Image Data Converter SR anwenden

Neben der Einstellung der Bildstile an der α450/500/550 ist die nachträgliche Veränderung im RAW-Konverter Image Data Converter SR möglich.

Dieser Konverter wurde zwar ursprünglich speziell für die Sony-Kamera Cyber-shot R1 entwickelt, bietet aber in der Version 3.1 alle Einstellungsmöglichkeiten, die auch an der α450/500/550 verfügbar sind, und sogar noch ein paar zusätzliche. In Kapitel 10 wird hierauf noch genauer eingegangen.

◀ *Im RAW-Konverter, wie hier im Image Data Converter SR, können auch nachträglich Bildstile ausgewählt und auf das Bild übertragen werden.*

▼ *Bildstil Schwarz-Weiß (B/W).*

Komplexe Lichtsituationen

6.7 Tipps zur Belichtungs-, Tonwert- und Farbkorrektur an der α450/500/550

Weicht die mittlere Helligkeit im Motiv vom Normwert (18 % Grauwert) ab, wird eine manuelle Belichtungskorrektur notwendig. Dies trifft auf großflächige weiße oder schwarze Bereiche wie Schnee oder Schatten im Motiv zu. Hier muss korrigierend eingegriffen werden, sonst erscheint z. B. der Schnee auf dem Foto nicht weiß, sondern grau.

◀ Die Belichtungsautomatik hat sich von dem großen Weißanteil im Motiv täuschen lassen. Das Weiß erscheint grau.

▼ Korrigiert man die Belichtung um ca. +1 EV, erscheint der Schnee weiß.

Tipps zur Belichtungs-, Tonwert- und Farbkorrektur an der α450/500/550

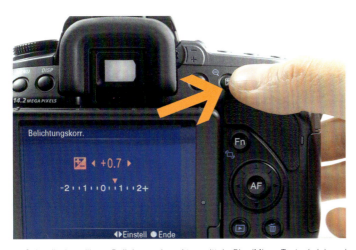

▲ Schnell einstellbare Belichtungskorrektur mittels Plus/Minus-Taste (+/−) und Einstellrad oder Steuerschalter.

Die α450/500/550 bietet die Möglichkeit, die Belichtung im Bereich von −2 bis +2 EV (Blendenwerten) manuell in Ein-Drittel-Stufen anzupassen. Hierzu drücken Sie die Plus/Minus-Taste (+/−) und wählen über das Einstellrad bzw. das Steuerrad die gewünschte Korrektur aus. Diese Einstellung bleibt bei einem Wechsel zwischen den Programmen A, S und P vorhanden. Im Automatikmodus/Blitz-aus-Modus bzw. in den Szenenwahlprogrammen der α450/500/550 können Sie hingegen keine Belichtungskorrekturen durchführen.

Belichtungskorrekturskala

Im manuellen Modus (M) kann die Belichtungskorrekturskala dazu genutzt werden, festzustellen, wie stark die selbst vorgenommene Belichtungseinstellung von dem durch die Kamera ermittelten Wert abweicht.

Bei Abweichungen von über bzw. unter 2 EV erscheint ein Pfeil am Ende der Skala.

Tonwertkorrektur für mehr Kontrast

Die Tonwertkorrektur dient der Optimierung von Helligkeit und Kontrast im Bild. Flaue, kontrastlose Aufnahmen oder Aufnahmen mit großen zu dunklen oder zu hellen Bereichen können nachträglich per Bildbearbeitung korrigiert werden.

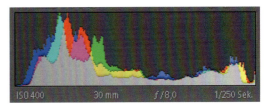

▲ Histogramm zur Überprüfung und Einstellung der Tonwerte. Lightroom zeigt unter dem Histogramm zusätzlich die Belichtungsdaten an.

Tonwerte und ihre Bedeutung

Die α450/500/550 kann 256 Tonwerte je Farbkanal verarbeiten. Die Tonwerte geben die Helligkeit der einzelnen Pixel wieder. Das heißt, der hellste Punkt im Bild wird mit der Zahl 255 (rechts im Histogramm) dargestellt und der dunkelste mit der Zahl 0 (links im Histogramm).

Die Intensität des einzelnen Tonwertes wird über die Höhe der Balken wiedergegeben.

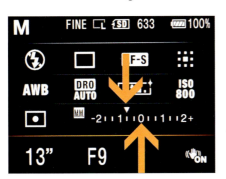

◀ Arbeiten Sie im manuellen Belichtungsmodus, können Sie trotzdem die Belichtungsautomatik der α450/500/550 zur Unterstützung nutzen. So zeigt Ihnen die Kamera auf der Belichtungsskala die Abweichung zur kameraseitig ermittelten Belichtungsmessung an.

Komplexe Lichtsituationen

6.8 Optimierung der Farbwerte

Da in den einzelnen Tonwerten jeweils die drei Farbkanäle Rot, Blau und Grün vorhanden sind – und das in unterschiedlich starker Intensität –, beeinflusst die Tonwertkorrektur auch diese Farbkanäle unterschiedlich, was zu Farbveränderungen bzw. Farbstichen führen kann. Dies gilt es, bei der Tonwertkorrektur zu beachten.

Kontrastlose Aufnahmen verbessern

Ist es notwendig, den Kontrast aufgrund eines relativ kontrastarmen Fotos zu erhöhen, bietet es sich an, zunächst die Automatikfunktion des jeweiligen Bildbearbeitungsprogramms zu nutzen. Stellt man fest, dass die Autotonwertkorrektur mit anschlie-

◀ *Bearbeitungsfenster Tonwertkorrektur vor der Korrektur.*

▼ *Kontrastlose Aufnahmen lassen sich meist gut mit der Tonwertkorrektur aufbessern.*

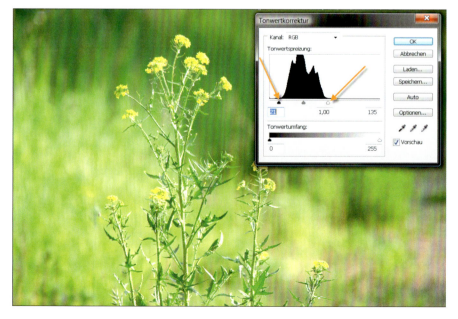

Optimierung der Farbwerte

ßender Autofarbkorrektur unbefriedigende Ergebnisse erzielt, ist der manuelle Eingriff notwendig.

Kontrastlose Aufnahmen sind dadurch gekennzeichnet, dass der Hauptanteil an Tonwerten in der Mitte des Histogramms verteilt ist. Dem Bild fehlen also die schwarzen und hellen Tonwerte. Um den Kontrast zu erhöhen, zieht man nun den schwarzen Regler bis zum linken Anfang der Kurve und den weißen bis zum Ende der Kurve auf der rechten Seite.

Bei Bedarf kann noch die Farbsättigung erhöht werden, um die Leuchtkraft der Farben zu verbessern.

Farbtonkorrektur gegen Farbstich

Im Ergebnis der Tonwertkorrektur kann es zu übersättigten Farben bzw. Farbstichen kommen. Um diesen Effekt auszugleichen, wählt man das Bearbeitungsfenster *Farbton/Sättigung* aus. Negative Werte für die Sättigung ergeben eine Minderung zu starker Farben. Sind weitere Farbkorrekturen notwendig, kann man diese mit dem Regler *Farbton* vornehmen.

▲ *Bearbeitungsfenster Farbton/Sättigung.*

7. Dateiformate und Datenspeicherung

Im Gegensatz zu den meisten Kompaktkameras ist die α450/500/550 in der Lage, zusätzlich zum JPEG-Format auch das camerainterne RAW-Format auszugeben. Welche Möglichkeiten in diesem Format stecken und warum Sie es einsetzen sollten, wird in diesem Kapitel aufgezeigt.

An der α450/500/550 können Sie zwei unterschiedliche Speicherkartentypen verwenden. Diverse Tests wurden durchgeführt und ausgewertet, um Ihnen die Wahl des optimalen Speichermediums zu erleichtern.

Dateiformate und Datenspeicherung

7.1 Immer das optimale Dateiformat

Das RAW-Format ist das Rohdatenformat der Bildinformationen, die der Exmor-CMOS-Bildsensor über den Analog-digital-Wandler der α450/500/550 zur Verfügung stellt. Das heißt auch, dass hier noch keine Bearbeitung (bis auf eine erste Rauschminderung) durch die Kamera stattgefunden hat. Alle Einstellungen wie Schärfegrad, Farbsättigung etc. beeinflussen nicht das RAW-Format, sie gelten nur für das JPEG-Format, bei dem die α450/500/550 alle Einstellungen zur Konvertierung vom RAW- ins JPEG-Format berücksichtigt.

RAW-Format für gehobene Ansprüche

Gegenüber dem JPEG-Format ergibt das folgende Vorteile:

- Keine JPEG-Komprimierung und damit keine Qualitätsverluste.
- JPEG arbeitet mit 8 Bit Farbtiefe, bei RAW stehen mit der α450/500/550 12 Bit zur Verfügung.
- Sämtliche Korrekturmöglichkeiten wie Weißabgleich, Schärfen, Änderungen des Tonwertumfangs etc. können später am Computer erfolgen.

Natürlich gibt es auch Nachteile:

- Alle Aufnahmen müssen zwangsläufig mit einem RAW-Konverter bearbeitet und umgewandelt werden, was einen relativ hohen zeitlichen Aufwand bedeutet.
- Die Dateigröße der RAW-Dateien ist weit umfangreicher als das gepackte JPEG-Format.

Eine RAW-Datei der α450/500/550 ist etwa 16/14/16 MByte groß, während im JPEG-Standardformat in der besten Auflösung nur etwa 6/5/6 MByte (Fein-Modus) bzw. 4,5/4/4,5 MByte (Standard-Modus) benötigt werden. Möchten Sie das Optimum aus den Dateien herausholen, ist der Umweg über einen RAW-Konverter möglich.

Wollen Sie dagegen schon bei der Aufnahme ein möglichst fertiges Bild erhalten, sollten Sie das JPEG-Format wählen. Der interne RAW-Konverter der α450/500/550 arbeitet auf hohem Niveau, deshalb ist die Bildqualität auch ohne den Umweg über einen externen RAW-Konverter sehr gut.

 Auch für den, der beides möchte, stellt die α450/500/550 eine entsprechende Option zur Verfügung. Im Aufnahmemenü 1 können Sie die parallele Speicherung von RAW- und JPEG-Dateien wählen. Leider wird damit der Speicherbedarf weiter erhöht.

Die doppelte Speicherung ist vor allem dann sinnvoll, wenn Sie zunächst schnell fertige Bilder zur Verfügung haben wollen und eventuell später noch einige Aufnahmen nachbearbeiten möchten, um ein Maximum an Bildqualität zu erhalten.

▲ Wählen Sie die Qualitätsstufe Fein oder Standard, speichert die α450/500/550 die Bilder im JPEG-Format.

Warum sind 12 Bit Farbtiefe im RAW-Format besser als die 8 Bit des JPEG-Formats? Durch die Reduzierung der Farbtiefe von 12 auf 8 Bit gehen

▲ In der Wildtierfotografie, bei der es oft auf eine schnelle Bilderserie ankommt, kann das JPEG-Format Vorteile haben. Setzen Sie hier am besten auch schnelle Speicherkarten ein.

Informationen verloren. Möchte man die Dateien nachträglich bearbeiten, ist es aber wichtig, möglichst viele Informationen zur Verfügung zu haben, da durch Rundungsfehler bei jeder Bildoperation Verluste entstehen, die sich addieren. Das heißt, die Datei sollte zunächst mit den maximal verfügbaren Informationen bearbeitet werden. Erst im nächsten Schritt wird dann auf die 8 Bit des JPEG-Formats heruntergerechnet (bzw. abgerundet).

Dateiformat sinnvoll wählen

Die Rohdatenformate von Digitalkameras sind speziell auf jedes Modell abgestimmt und unterliegen keinem einheitlichen Standard. Gängige Programme können diese meist nicht öffnen. Sonys Image Data Converter SR bietet daher die Möglichkeit, die bearbeiteten Bilder im TIF- (8 und 16 Bit) bzw. JPEG-Format zu speichern.

Der Vorteil von TIF-Dateien liegt darin, dass die Speicherung verlustfrei erfolgt. Andererseits entstehen so recht große Bilddateien. Eine 16-Bit-Datei der α450/500/550 in voller Auflösung benötigt immerhin den vier- bis fünffachen Speicherplatz einer RAW-Datei. Das JPEG-Format hingegen ist, was den Speicherverbrauch angeht, eher genügsam. Eine Umwandlung in das JPEG-Format bei niedrigster Komprimierungsstufe (1) ergibt eine Dateigröße, die etwa 60 % der RAW-Dateigröße entspricht. Benutzt man hingegen die nächsthöhere Komprimierungsstufe (2), erhält man schon eine recht starke Komprimierung.

Dateiformate und Datenspeicherung

Die Vorteile des JPEG-Formats

In den Qualitätsstufen *Fein* und *Standard* speichert die α450/500/550 die Bilddateien im JPEG-Format ab. Das JPEG-Format ist wohl das am weitesten verbreitete Grafikformat überhaupt. Es wurde von der **J**oint **P**hotographic **E**xperts **G**roup entwickelt und stellt ein Verfahren zur verlustbehafteten bzw. fast verlustfreien Speicherung von Bilddateien dar.

Halten Sie den Auslöser im Serienbildmodus im JPEG-Format gedrückt, können Sie bei der α450/500/550 – im Vergleich zum RAW-Format – weit mehr Bilder durchgängig aufnehmen. Den Nachteil des JPEG-Formats sollte man aber nicht vergessen: Mit jedem Speichervorgang gehen weitere Bildinformationen verloren, da die Komprimierung von Neuem beginnt.

Der Nachfolger, das JPEG-2000-Format, konnte sich bisher noch nicht durchsetzen. Microsoft versucht momentan, in Zusammenarbeit mit Adobe und Pegasus einen neuen JPEG-Standard zu etablieren. Das Format verspricht eine weit bessere Komprimierung, die aber auf Kosten der Rechenleistung geht. Damit ist es momentan für Digitalkameras weniger geeignet.

Etwas weniger komplex als JPEG 2000, verspricht HD-Photo (auch JPEG XR) eine wesentlich effektivere Komprimierung ohne störende Artefakte. Auch dieses Format konnte sich aber bisher noch nicht durchsetzen.

Das JPEG-Format ist auch das richtige Format neben GIF und PNG, wenn es darum geht, Bilder für das Internet zu speichern. Hierfür sollte allerdings die Bildgröße entsprechend verkleinert und eine recht starke Komprimierungsstufe eingestellt werden, um zu lange Downloadzeiten zu verhindern.

DNG – das universelle Rohdatenformat

Momentan ist es so, dass jeder Kamerahersteller ein eigenes Rohdatenformat, meist dazu noch modellabhängig, besitzt. Die Softwareprogramme, die das Rohformat unterstützen, müssen für jedes dieser Formate angepasst werden, um die Daten lesen und entsprechend verarbeiten zu können. Adobe versucht seit einiger Zeit, ein einheitliches Rohdatenformat auf dem Markt zu etablieren. Dazu bietet Adobe einen Konverter an, mit dem sich die Rohdaten von einer Vielzahl auf dem Markt erhältlicher Kameras in das DNG-Format umwandeln lassen. Zukünftig soll so garantiert sein, dass auch, wenn die dann erhältlichen Softwareprogramme nicht mehr das ursprüngliche RAW-Format unterstützen, das ins DNG-Format umgewandelte Bild dann noch weiterverarbeitet werden kann. Der Konverter unterstützt ebenfalls das Rohdatenformat der α450/500/550.

▲ Adobes DNG-Konverter zur Umwandlung von RAW-Dateien der α450/500/550 ins DNG-Format. Eine Version des Programms ist direkt als Plug-in für Adobes Photoshop und Photoshop Elements vorgesehen.

Einige Hersteller wie Leica, Hasselblad, Pentax und Samsung haben sich bereits dazu entschlossen, das DNG-Format kameraseitig zu unterstützen. Eine Liste mit Software, die das DNG-Format unterstützt, ist unter *http://www.adobe.com/products/dng/supporters.html* zu finden.

Gezielte Bildspeicherstrategien

Fürs Web: das PNG-Format

Der Hauptvorteil des PNG-Formats besteht darin, dass Dateien verlustfrei komprimiert werden können. Gegenüber dem TIF-Format kann so Festplattenplatz eingespart werden. An die Kompressionsstärke des JPEG-Formats reicht es hingegen nicht heran. Zwar sind eingebettete Metainformationen möglich, EXIF- und IPTC-Daten werden aber nicht unterstützt, was das Format für die Bildverarbeitung weniger interessant macht.

Bilder als E-Mail versenden

Möchte man seine Bilder per E-Mail versenden, steht man vor dem Problem der großen Bilddateien. Besonders das Senden der Dateien kann so zu einem zeitaufwendigen Unterfangen werden, da die meisten Internetverbindungen einen recht langsamen Upload gegenüber einem wesentlich schnelleren Download erlauben.

Mit dem mitgelieferten Picture Motion Browser kann man problemlos die Bilddateien für das Versenden vorbereiten. Dafür wählt man im Menü *Manipulieren/Bilder per E-Mail senden* aus. Die vorgeschlagene Einstellung zur Komprimierung ist für die meisten Fälle ausreichend.

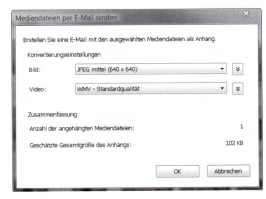

▲ Die Software Picture Motion Browser von Sony erlaubt das Reduzieren der Bildgröße zum Versenden per E-Mail.

7.2 Gezielte Bildspeicherstrategien

Sind High-End-Speicherkarten an der α450/500/550 sinnvoll?

Die α450/500/550 unterstützt das hauseigene Speicherkartenformat, den Memory Stick PRO Duo (und Memory Stick PRO-HG Duo), und zusätzlich das SD-Kartenformat (**S**ecure**D**igital, auch SDHC-Speicherkarten sind einsetzbar), mit jeweils einem eigenen Kartenslot. CompactFlash-Speicherkarten können an der α450/500/550 nicht eingesetzt werden.

α450/500/550-Fotografen, die gern im RAW-Format arbeiten, wird die Preisentwicklung bei Speicherkarten freuen. Etwa 11–19 MByte nimmt eine RAW-Datei ein, was bei einer 2-GByte-Karte etwa 100 Bildern entspricht. 4- oder sogar 8-GByte-Karten sind da schon angebracht,

▲ Die α450/500/550 unterstützt zwei Speicherkartenformate. Zum einen können Sie SD-Speicherkarten verwenden und zum anderen Sonys Memory Stick. Eine parallele Speicherung auf beiden Karten ist nicht möglich. Es kann also immer nur eine von beiden Varianten verwendet werden. Wenn Sie beide Kartenslots bestücken, können Sie im Falle einer vollen Speicherkarte schnell auf die andere umschalten. In zeitkritischen Situationen kann das von Vorteil sein.

Dateiformate und Datenspeicherung

denn 200–400 Bilder pro Aufnahmetag sind keine Seltenheit.

Die α450/500/550 verfügt über eine sehr gute Serienbildgeschwindigkeit. Bis zu sieben Bilder (bei der α500 etwa fünf Bilder) pro Sekunde mit einer Auflösung von 14,2 Megapixeln (α500 12,3 Megapixel) benötigen einen entsprechend schnellen Signaltransport und schnellen Speicher. Das heißt auch, dass die Geschwindigkeit der Speicherkarte der Kamera angepasst sein sollte, um das Potenzial auch wirklich zu nutzen. Unnötig lange Pausen beim Speichervorgang können so verhindert werden. Hingegen ist es fraglich, ob teure, extrem schnelle Karten auch von der Kamera genutzt werden können.

> **Geschwindigkeit der Speicherkarten**
> Die Speicherkartenhersteller kennzeichnen ihre Karten mit Aufschriften wie z. B. 120- oder 300-fach. Als Grundwert wird hier von der Speichergeschwindigkeit von CD-ROM-Laufwerken der ersten Generation ausgegangen. Diese Speichergeschwindigkeit betrug 150 KByte/s. Eine 120x-Speicherkarte unterstützt also eine Übertragungsgeschwindigkeit von 120 x 150 KByte/s = 18.000 KByte/s, was in etwa 17,6 MByte/s entspricht.

Nachfolgend wurden einige Speicherkarten im Bildfolgezeitprioritätsmodus an der α550 getestet. Der Test kann auch auf die α450/500 übertragen werden, wobei die α500 durch ihre geringere Auflösung etwas kleinere Dateien erzeugt. Zudem steht hier nur eine maximale Serienbildgeschwindigkeit von fünf Bildern pro Sekunde zur Verfügung. Entsprechend weniger Daten müssen transportiert werden.

Geschwindigkeit von Speicherkarten an der α550

Die Kingston-SD-Karte liegt bei dem Test an letzter Stelle, wenn es um die Geschwindigkeit an der α450/500/550 geht. Im RAW-Modus und im JPEG-Fein-Modus wurde eine Leistung von etwa 5 MByte pro Sekunde gemessen. Das ist ein eher durchschnittlicher Wert. Im RAW-Modus können Sie hier nur maximal fünf Bilder hintereinander aufnehmen, ohne dass die α550 beim Speichern ins Stocken gerät. Im Fein-Modus sind es dann aber immerhin ordentliche 16 Aufnahmen.

Mit der SanDisk-SD-Karte Ultra II erreichen Sie im RAW- und im JPEG-Fein-Modus eine Datenübertragungsgeschwindigkeit von etwa 10 MByte pro Sekunde. Das ist ein durchaus akzeptabler Wert. 12 bzw. 17 Aufnahmen in Folge sind im RAW- bzw. Fein-Modus möglich.

Auch der Memory-Stick-Slot wurde auf Geschwindigkeit getestet. Zum einen kam eine SanDisk Extreme III und zum anderen eine Sony PRO-HG Duo zum Einsatz. Beide Karten sind für Speichergeschwindigkeiten von etwa 30 MByte pro Sekunde ausgelegt.

Gezielte Bildspeicherstrategien

Die α550 zeigt mit den beiden schnellen Karten, was in ihr steckt. Bis fast ans Limit der Karten findet die Datenübertragung statt.

So werden im Schnitt 24–27 MByte pro Sekunde auf die Karte übertragen. Die SanDisk-Karte hat dabei leicht die Nase vorn. Sie bewältigt etwa 2–3 MByte pro Sekunde mehr als die Sony-Karte.

Im Fein-Modus nimmt die Datenübertragungsmenge recht stark ab. Die niedrige Geschwindigkeit resultiert aus der Rechenzeit, die die α550 benötigt, um die Daten zu komprimieren und „zu entwickeln". Trotzdem können in der gleichen Zeit mehr Aufnahmen auf die Speicherkarten gebannt werden, da die Dateigröße wesentlich geringer ist als bei den RAW-Dateien.

Die α550 schafft es bei beiden Karten, im RAW-Modus etwa 14 und im Fein-Modus 17 Bilder ohne Pause unterzubringen.

Das Fazit
Die α550 ist für Speichergeschwindigkeiten von etwa 30 MByte pro Sekunde ausgelegt. Diese ist auf die mögliche Serienbildgeschwindigkeit abgestimmt. Der Zwischenspeicher der α550 wurde in Größe und Schnelligkeit so gewählt, dass mit schnellen Karten etwa zwei Sekunden lang aufgenommen werden kann. Danach können Sie mit verringerter Geschwindigkeit weiter auslösen. Für die meisten Anwendungen ist dies sicherlich ausreichend.

Man kann damit sagen, dass die α450/500/550 ein sehr schnelles Speicherkarten-Interface besitzt. Schnelle Speicherkarten werden unterstützt und fast ausgereizt. Die Empfehlung liegt also ganz klar bei schnellen Speicherkarten. Zudem wird die gesamte Performance der Bildbetrachtung am Monitor, beim Löschen größerer Bildbestände auf der Karte etc. gesteigert.

Das Arbeiten gestaltet sich so insgesamt flüssiger und angenehmer. Auch das Überspielen der Daten auf den PC bringt mit schnellen Karten Zeitvorteile. Arbeiten Sie vorwiegend im Standard-Modus ohne hohe Serienbildgeschwindigkeiten, können Sie sicher auf teure Karten verzichten. Aufgrund der dann geringeren Dateigröße ist das Handling auch mit nicht ganz so schnellen Karten ausreichend gut.

Optimale Speicherstrategien

Welche Speichergröße ist wirklich sinnvoll? Muss es unbedingt eine 16-GByte-Karte sein oder sind mehrere kleine Karten nicht effektiver? Die α450/500/550 produziert bei 12,3 bzw. 14,2 Megapixeln Auflösung Dateigrößen von 3–20 MByte. Nutzen Sie den Fein-Modus, um Daten im JPEG-Format zu speichern, sind bereits Dateigrößen von etwa 4–6 MByte zu erwarten. RAW-Dateien hingegen benötigen sogar etwa 8–20 MByte.

Von daher sollte als Minimum an Speicherkapazität 1 GByte angesetzt werden. So können Sie im Fein-Modus etwa 150/180/150 und im RAW-Modus etwa 65/75/65 Bilder unterbringen. Für einen kurzen Fotoausflug reicht das im Allgemeinen aus. Längere Touren kann man damit allerdings nicht abdecken. Mehrere Strategien können sinnvoll sein.

Variante 1
Mindestes drei Speicherkarten der Größe 2 GByte. Gegenüber nur einer Karte mit z. B. 8 GByte ergeben sich Vorteile. Zum einen hat man beim Verlust einer Karte oder falls doch mal eine Karte ihren Dienst verweigert, immer noch die anderen Speicherkarten und so eventuell nicht alle Bilder verloren. Zum anderen kann man sich überlegen, unterschiedlich schnelle Karten anzuschaffen. Das spart Geld, wenn man nur selten eine schnelle Karte benötigt und ansonsten mit günstigeren Karten auskommt.

Dateiformate und Datenspeicherung

Variante 2

Arbeiten Sie professionell z. B. in der Sportfotografie, sind schnelle und größere Speicherkarten notwendig. Mehrere 4- oder 8-GByte-Karten sind dann in jedem Fall sinnvoll. Ein ständiger Kartenwechsel wäre nur störend.

Variante 3

Ein bis zwei Speicherkarten, z. B. eine 2-GByte-SD-Karte und ein 1-GByte-Memory-Stick als Reserve sowie ein mobiles Speichergerät oder ein Notebook.

Gerade im Urlaub oder auf längeren Fototouren kann es sinnvoll sein, seine Bilder täglich zu sichern. Hierfür eignet sich ein Notebook bzw. ein mobiles Speichergerät. Auch die kleinen Netbooks können zum Speichern Ihrer Bilddateien verwendet werden.

Speicherplatz für unterwegs – wichtige Parameter zur Auswahl

Sind Sie mehrere Tage mit der α450/500/550 unterwegs und fotografieren recht intensiv, entsteht schnell ein Datenvolumen, das nicht mehr kostengünstig mit Speicherkarten bewältigt werden kann. Ist man z. B. 14 Tage im Urlaub und nimmt pro Tag 200 Bilder im RAW-Format auf, benötigt man ein Speichervolumen von etwa 50–60 GByte.

Bei den derzeitigen Preisen für Speicherkarten wäre dies doch noch eine recht hohe Investition. Günstiger erhält man Speicherplatz in dieser Größenordnung durch mobile Speichergeräte. Diese verfügen momentan über Kapazitäten von 40–500 GByte. Sie können mit diesen Geräten bis zu 50 % gegenüber Speicherkarten sparen.

Vorsicht ist geboten bei sehr günstigen Angeboten. Hier muss geprüft werden, ob eine Festplatte im Lieferumfang enthalten ist. Meist ist das nicht der Fall.

Um die Wartezeiten bei der Datenübertragung nicht unnötig zu verlängern, sollten Sie ein Gerät mit schnellem USB-2.0-Anschluss wählen. Bei guten Geräten kann man mit einem Datendurchsatz von etwa 2 GByte pro Minute von der Speicherkarte auf das Speichergerät rechnen.

▲ Mobile Massenspeicher – meist kleine Alleskönner (Quelle: http://www.jobo.com).

Das Gerät sollte über eine automatische Datenkontrolle nach der Überspielung der Bilder verfügen. Nichts wäre schlimmer, als dass man nach dem Urlaub feststellt, dass keine bzw. nur teilweise Bilder auf dem mobilen Speicher angekommen sind.

Subnotebooks bzw. Netbooks werden immer erschwinglicher und eignen sich ebenfalls als mobile Datenspeicher. Zudem steht ein wesentlich größeres Display zur Verfügung. Hiermit sind bereits erste Vorauswahlen und kleine Korrekturen der Bilder möglich. Auch bei diesen Geräten sollte auf eine möglichst lange Akku-Laufzeit Wert gelegt wer-

Gezielte Bildspeicherstrategien

den. Zwei bis drei Stunden sollte der Akku möglichst durchhalten. Auch auf das Gewicht sollte geachtet werden. Netbooks sind bereits mit einem Gewicht ab etwa 1 kg erhältlich, was die Flexibilität erhöht.

▲ *Gewicht und Handlichkeit machen auch die Netbooks zu einem sinnvoll einsetzbaren mobilen Speichergerät (Quelle: Sony). Selbst RAW-Dateien können mit den entsprechenden Programmen gleich vor Ort geprüft werden. Bei mobilen Speichergeräten ist dagegen nicht immer sichergestellt, dass die RAW-Dateien unterstützt werden.*

8. Empfehlenswerte Objektive an der α450/500/550

Ganz entscheidend für das Bildergebnis ist neben den Eigenschaften der α450/500/550 immer auch die Objektivqualität. Entsprechende Möglichkeiten der Wechseloptiken werden in diesem Kapitel aufgezeigt. Ferner wird auf weitere Faktoren eingegangen, die ein optimales Bildergebnis verhindern könnten. Auf Möglichkeiten, die eigenen Objektive hinsichtlich ihrer Leistung zu testen, wird ebenfalls hingewiesen.

Objektive

Nicht umsonst heißt es, dass zu einer guten Kamera auch ein gutes Objektiv gehört. Für Ihre α450/500/550 steht Ihnen ein recht großer und ständig wachsender Objektivpark zur Verfügung.

Die Preise bewegen sich in einem relativ großen Spielraum. So können Sie z. B. das AF 18-70 mm F3,5-5,6 bereits ab etwa 100 Euro erhalten, wogegen das AF 300 mm F2,8 G SSM in einer Preisklasse um die 8.000 Euro angesiedelt ist.

In der Regel werden Sie, wenn Sie die Fotografie ambitioniert betreiben wollen, mehrere Objektive einsetzen. Es gibt sogenannte Superzooms, mit denen ein großer Brennweitenbereich abgedeckt werden kann.

Für Gelegenheitsfotografen, die den Objektivwechsel scheuen und keine allzu hohen Ansprüche an die Bildqualität stellen, scheinen diese Objektive ideal zu sein. Und tatsächlich kann ein solches Objektiv für relativ kleine Abzüge bis 15 x 10 cm ausreichend sein. Sind hingegen großformatige Abzüge gewünscht, empfehlen sich zuallererst Festbrennweiten und Zoomobjektive der G-Klasse.

Know-how zum Blendeneinsatz

Die Blende ist im Objektiv eingebaut und beeinflusst die Lichtmenge, die durch das Objektiv zum Sensor gelangt. Schließen Sie die Blende, gelangt weniger Licht zum Sensor und umgekehrt. Ebenso wird die Schärfentiefe durch die Blende beeinflusst.

Die Blendenzahl ist das Verhältnis zwischen der wirksamen Blendenöffnung und der Objektivbrennweite.

Die Formel zur Blendenzahl lautet:

> wirksame Blende : Brennweite = 1 : Blendenzahl

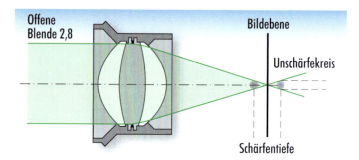

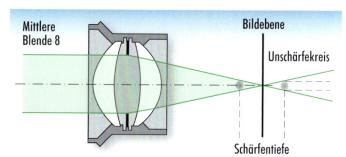

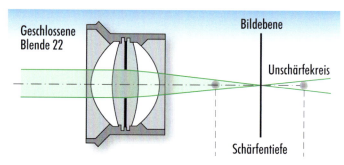

▲ *Darstellung, wie die Blendenöffnung die Schärfentiefe im Bild verändert.*

Ein Beispiel: Bei einem Objektiv mit 50 mm Brennweite und einer Blende von 1:1.7 ergibt sich ein wirksamer Blendendurchmesser von ca. 30 mm. Bei einem 300-mm-Objektiv

Empfehlenswerte Objektive an der α450/500/550

mit einer Blende von 1:2.8 beträgt die Größe der wirksamen Blende immerhin schon ca. 107 mm. Daran sieht man, dass Objektive mit einer großen Anfangsöffnung entsprechend große und teure Linsenkonstruktionen bedingen.

Günstigere Objektive haben meist eine Anfangsöffnung von 1:3.5 bis 1:5.6. Hier wird Material zugunsten der Lichtstärke eingespart, was sich besonders in Situationen mit wenig Umgebungslicht bemerkbar macht.

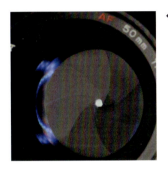

◀ Geschlossene Blende eines 50-mm-Objektivs mit sieben Lamellen.

Als Lichtstärke wird dabei die maximal mögliche Blendenöffnung bzw. das größtmögliche Öffnungsverhältnis bezeichnet.

1:1	1:1.4	1:2	1:2.8	1:4	1:5.6
1:8	1:11	1:16	1:22	1:32	

▲ Blendenreihe für ganze Blendenwerte.

Zwischenwerte der Blendenwerte sind ebenfalls möglich. Der Übergang von einer Blendenstufe zur nächsten bedeutet die Verdopplung bzw. Halbierung der Lichtmenge, die zum Sensor gelangt.

Die Belichtungsmessung findet immer mit offener Blende statt. So ist gewährleistet, dass das Sucherbild möglichst hell erscheint. Lassen Sie die Belichtung durch die Kamera berechnen, wird eine eventuell kleiner vorgewählte Blende entsprechend berücksichtigt. Eine korrekte Belichtung bei der Aufnahme ist so gewährleistet. In diesem Buch wird die allgemein übliche Syntax f„Blendenwert", z. B. f2.8, verwendet. Dies entspricht einer Blendenzahl von 1:2.8.

Der SSM-Antrieb im Detail

Alle momentan von Sony angebotenen Kameras besitzen den Autofokusantrieb im Gehäuse. Über einen Stangenantrieb kann das Scharfstellen erfolgen. Das hat den Vorteil, dass man sich die Motoren im Objektiv sparen kann. Andererseits muss dieser Motor dann so ausgelegt sein, dass er wenige Linsengruppen, wie z. B. beim Sony AF 50 mm F1,8 SAM, ebenso verschieben können muss wie viele und schwere, z. B. beim Sony AF 70-200 mm F2,8 G SSM.

Sind die Motoren hingegen ins Objektiv integriert, kann jeder Motor präzise an die Objektiveigenschaften angepasst werden. Dieses Verfahren kann Vorteile etwa bei der Fokussiergeschwindigkeit bedeuten.

SSM steht für **S**uper**S**onic Wave **M**otor. Es handelt sich um einen Ultraschallmotor, der direkt im Objektiv verbaut wird. Diese Motoren zeichnen sich durch eine besonders leise und sanfte Arbeitsweise aus. Selbst bei langsamer Rotation stellen sie ein sehr hohes Drehmoment zur Verfügung. Die Start-/Stoppzeiten sind ungewöhnlich kurz.

Vom Prinzip her wird ein mit einem piezoelektrischen Element versehener Stator dabei über eine Wechselspannung so in Schwingung versetzt, dass ein Rotor über die entstehenden Torsionskräfte eine Drehbewegung vollzieht. Die entstehende Ultraschallwelle (etwa 30 kHz) treibt den Rotor extrem schnell an.

Die Vorteile der Innenfokussierung

Ein Objektiv wird normalerweise dadurch scharf gestellt, dass die vordere Linsengruppe in Richtung der optischen Achse bis zum Schärfepunkt verschoben wird. Damit verändert sich die Länge

Objektive

des Objektivs beim Fokussieren. Bei Weitwinkel- und Normalobjektiven spielt dies kaum eine Rolle. Besonders stark wirkt es sich aber bei Teleobjektiven aus. Innenfokussierte Objektive hingegen bewegen die sich im Inneren des Objektivs befindlichen Linsenelemente und behalten so die Länge des Objektivs bei. Weitere Vorteile der Innenfokussierung sind die Verringerung der Naheinstellgrenze sowie die Verbesserung der Randabschattung (auch Vignettierung genannt).

Folgende Sony-Objektive besitzen die Innenfokussierung:

- Sony AF 11-18 mm F4,5-5,6 DT
- Sony/Carl Zeiss Vario-Sonnar AF 16-80 mm F3,5-4,5 DT ZA
- Sony/Carl Zeiss Vario-Sonnar T* AF 16-35 mm F2,8 ZA SSM
- Sony/Carl Zeiss Vario-Sonnar T* AF 24-70 mm F2,8 ZA SSM
- Sony AF 16-105 mm F3,5-5,6 DT
- Sony AF 18-200 mm F3,5-6,3 DT
- Sony AF 18-250 mm F3,5-6,3 DT
- Sony AF 24-105 mm F3,5-4,5
- Sony AF 28-75 mm F2,8 SAM
- Sony AF 35 mm F1,4 G
- Sony AF 70-200 mm F2,8 G SSM
- Sony AF 70-300 mm F4-5,6 G SSM
- Sony AF 70-400 mm F4-5,6 G SSM
- Sony AF 300 mm F2,8 G SSM
- Sony/Carl Zeiss Sonnar T* AF 135 mm F1,8 ZA

8.1 Unschärfe durch Diffraktion vermeiden

Je kleiner die Blende, umso stärker ist die Beugung des Lichts. Das heißt, beim Abblenden erzielt man ab einer bestimmten Blende keine bessere Abbildungsleistung mehr.

Im Gegenteil, die Abbildung wird durch die Beugung der Lichtstrahlen unschärfer. Der Strahlengang ist nicht mehr gradlinig, sondern wird gebeugt bzw. abgelenkt.

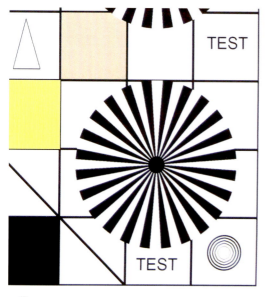

▲ f8.

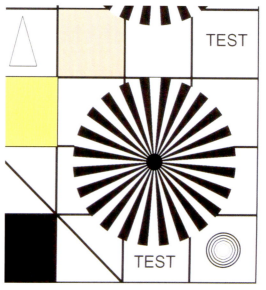

▲ f16.

Mehr Schärfe durch apochromatische Objektive im Telebereich

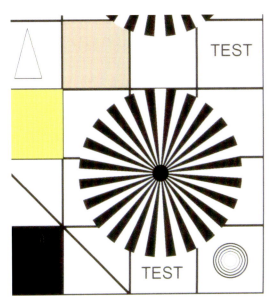

▲ f22.

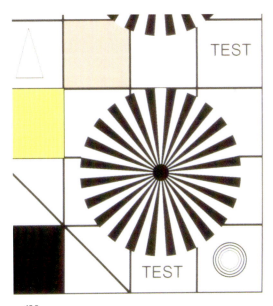

▲ f32.

Die Blendenreihe, aufgenommen mit dem Kit-Objektiv Sony AF 18-55 mm F3,5-5,6 DT SAM, zeigt, dass die Schärfe mit dem Abblenden abnimmt. Versuchen Sie, möglichst nicht weiter als bis Blende 16 abzublenden, wenn maximale Schärfe gewünscht wird.

Wenn Sie also z. B. mit einem Objektiv mit einer kleinsten Blende von f36 fotografieren und die maximale Schärfentiefe erreichen möchten, ist zwar Blende 36 die richtige Wahl, die Abbildungsleistung ist aber nicht optimal. Eine bessere Abbildungsleistung erzielen Sie hier im Bereich von Blende 16.

8.2 Mehr Schärfe durch apochromatische Objektive im Telebereich

Teleobjektive mit der Kennzeichnung APO sind spezielle apochromatisch korrigierte Objektive, sogenannte Apochromaten. Hierzu wird AD-Glas (**A**nomalous **D**ispersion) mit niedrigem Brechungsindex für die Optik verwendet. APO-Linsen besitzen die Eigenschaft, die unterschiedlichen Lichtstrahlen so zu brechen, dass alle drei Grundfarben Rot, Blau und Grün exakt am Sensor zusammentreffen.

Unkorrigierte Linsen lassen Farbsäume und Unschärfe entstehen. Ab ca. 150 mm Brennweite werden APO-Objektive angeboten. Legen Sie auf höchste Bildqualität Wert, sind diese Objektive Pflicht.

▲ APO-Objektive sind besonders korrigierte Objektive, die Farbsäume minimieren und damit die Schärfe optimieren sollen.

Objektive

Sony deklariert seine Objektive nicht als Apochromaten (APO), hat aber zwei davon im Programm: zum einen das AF 70-200 mm F2,8 G SSM und zum anderen das AF 300 mm F2,8 G SSM. Es wird vermutet, dass die Sony-Objektive AF 70-300 mm F4,5-5,6 G SSM und AF 70-400 mm F4-5,6 G SSM ebenfalls entsprechend korrigiert wurden.

In einem gewissen Rahmen lässt sich der Farbfehler auch mit entsprechender Software beheben.

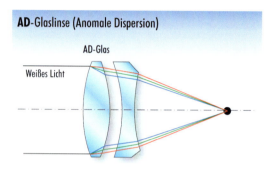

Durch die apochromatische Korrektur werden alle Lichtspektralfarben zum gleichen Brennpunkt gebrochen.

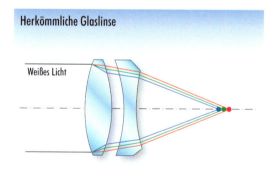

Die roten Lichtanteile werden weniger stark gebrochen als die blauen Anteile. Daher bildet sich kein gemeinsamer Brennpunkt.

Asphärische Korrektur

Da randnahe Lichtstrahlen zur Mitte hin stärker gebrochen werden als achsennahe Lichtstrahlen, können zum Rand hin Unschärfen auftreten. Objektive mit asphärischen Elementen können wesentlich kompakter und zudem verzeichnungsfreier gebaut werden. Ein scharfes Bild wird so über das ganze Bildfeld erreicht.

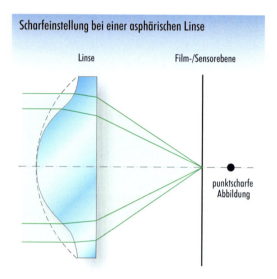

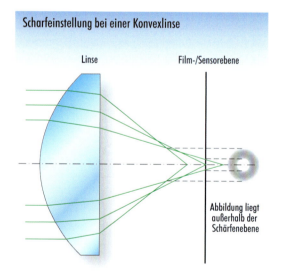

8.3 Randabschattung und Verzeichnung einfach beseitigen

So gut wie jedes Objektiv weist in der Abbildung mehr oder weniger stark ausgeprägte Verzeichnungen, Randabschattungen und Farbfehler auf. Verzeichnungen erkennt man z. B. an Linien, die im Original gerade und in der Abbildung dann in einer Krümmung verlaufen. Man unterscheidet zwischen tonnen- und kissenförmiger Verzeichnung.

Die Randabschattung (Vignettierung) ist ein optisch bedingter Abbildungsfehler, der besonders stark bei Ultraweitwinkelobjektiven auftritt. Die Lichtstrahlen im Randbereich haben einen etwas längeren Weg durch die Linse als die Lichtstrahlen auf der optischen Achse im Mittelpunkt des Objektivs.

Auch führen konstruktive Eigenheiten eines Objektivs zur Randabschattung, etwa das Abschatten der Randstrahlen durch die Blendenöffnung beim Überschreiten des optimalen Bildwinkels bzw. des Bildkreises.

Diese und weitere Fehler kann man sehr leicht mit dem sehr günstigen Tool PTLens von Tom Niemann korrigieren.

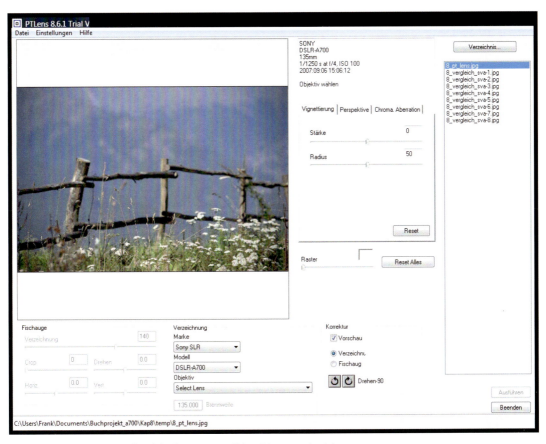

▲ Mit PTLens kann man u. a. Randabschattungen und Verzeichnungen korrigieren.

Objektive

▲ Starke Randabschattung vor der Korrektur durch PTLens.

▲ Nach dem Einsatz von PTLens ist die Randabschattung wesentlich gemindert worden.

PTLens kann von *http://epaperpress.com/ptlens/* entweder als Erweiterung (Plug-in) für Photoshop oder als eigenständiges Programm heruntergeladen werden. Außerdem ist die Objektivdatenbank *PTlens.dat* notwendig. In diese Datenbank werden ständig neue Objektivwerte aufgenommen. Diese Datei sollte man bei Bedarf regelmäßig aktualisieren.

Im ersten Schritt nach dem Programmstart teilt man dem Programm über die Schaltfläche *Optionen* den Pfad zur Objektivdatenbank mit. Das Gleiche gilt für ein externes Bildbetrachtungsprogramm. Das ist sinnvoll, da PTLens keinerlei Funktionen zur Bildbetrachtung zur Verfügung stellt. Das in PTLens enthaltene Vorschaufenster ist nur bedingt zur Kontrolle der Ergebnisse geeignet.

Als Nächstes wählt man das Verzeichnis aus, in dem sich die Bilder befinden, die bearbeitet werden sollen. Nun kann ein Bild zur Durchführung der Korrektur ausgewählt werden. Das Programm zeigt die Werte der verwendeten Kamera und des Objektivs an, wenn die EXIF-Daten in der Datei vorhanden sind.

Sollten die EXIF-Daten nicht mehr vorhanden sein, können Objektiv und Kamera manuell aus der Liste gewählt werden. Im Menüpunkt *Korrektur* sind jetzt die zu verändernden Parameter einzustellen.

Die Korrektur wird dann automatisch durch einen Klick auf *Ausführen* durchgeführt. Dabei legt PTLens eine neue Datei mit der Namenserweiterung *.pt* an und lässt die Originaldatei bestehen.

Randabschattung durch Filter

Auch Filter können bedingt durch ihre Bauweise und die des Objektivs Randabschattungen verursachen. Sind sie zu dick, ragen sie zu weit in das Bildfeld hinein. Die entstehenden Schatten spiegeln sich dann als Randabschattung auf der Abbildung wider. Nach Möglichkeit sollten hier schmale Slimline-Filter eingesetzt werden.

8.4 Geeignete Sony-Objektive für die α450/500/550

Objektiv	Bildwinkel	kleinste Blende	Linsen/ Gruppen	Nah- grenze	Filter D. mm	Länge mm (min)	D. mm	Gewicht
AF 16 F2,8 Fisheye	180°	22	11/8	0,20	eingeb.	66,5	75,0	400
AF 20 F2,8	94°	22	10/9	0,25	72	53,5	78,0	285
AF 28 F2,8	75°	22	5/5	0,30	49	42,5	65,5	185
AF 30 F2,8 DT Makro SAM	50°	22	5/6	0,129	49	45,0	70,0	150
AF 35 F1,4 G	63°	22	10/8	0,30	55	76,0	69,0	510
AF 50 F1,4	47°	22	7/6	0,45	55	43,0	65,5	220
AF 50 F1,8 DT SAM	47°	22	6/5	0,34	49	45,0	70,0	170
AF 50 F2,8 Makro	47°	32	7/6	0,20	55	60,0	71,5	315
AF 85 F1,4ZA	29°	22	8/7	0,85	72	75,0	89,0	640
AF 100 F2,8 Makro	24°	32	8/8	0,35	55	98,5	75,0	505
AF 135 F1,8 ZA	18°	22	11/8	0,72	77	114,5	89,0	1.050
STF 135 F2,8 [T4,5]	18°	31 (T32)	8/6	0,87	72	99,0	80,0	730
AF 300 F2,8 G SSM	8,2°	32	13/12	2,0	114/42	242,5	122,0	2.310

Objektive

Objektiv	Bildwinkel	kleinste Blende	Linsen/ Gruppen	Nah- grenze	Filter D. mm	Länge mm (min)	D. mm	Gewicht
AF 500 F8 Reflex	4,9°	8	7/5	4,0	82	118,0	89,0	665
AF 11-18 F4,5-5,6 DT	104–76°	22–29	15/12	0,25	77	80,5	83,0	350
AF 16-35 F2,8 ZA SSM	83–44°	22	17/13	0,28	77	114,0	83,0	900
AF 16-80 F3,5-4,5 DT ZA	83–20°	22–29	14/10	0,35	62	83,0	72,0	445
AF 16-105 F3,5-5,6 DT	83–15°	22–36	15/11	0,40	62	83,0	72,0	470
AF 18-55 F3,5-5,6 DT SAM	76–29°	22-36	8/7	0,25	55	69,0	69,5	210
AF 18-70 F3,5-5,6 DT	76–23°	22–36	11/9	0,38	55	77,0	66,0	240
AF 18-200 F3,5-5,6 DT	76–8°	22–40	15/13	0,45	62	85,5	73,0	407
AF 18-250 F3,5-6,3 DT	76–6,3°	22–40	16/13	0,45	62	86,0	75,0	440
AF 24-70 F2,8 ZA SSM	84–34°	22	17/13	0,34	77	111,0	83,0	955
AF 24-105 F3,5-4,5	84–23°	22–27	12/11	0,50	62	69,0	71,0	395
AF 28-75 F2,8 SAM	75–32°	32	16/14	0,38	67	94	77,5	565
AF 55-200 F4-5,6 DT	29–8°	32–45	13/9	0,95	55	85,0	71,5	295
AF 55-200 F4-5,6 DT SAM	29–8°	32-45	13/9	0,95	55	85,0	71,5	295
AF 70-200 F2,8 G SSM	34°–12°30'	22	19/15	1,20	77	196,5	78,0	1.340
AF 70-300 F4,5-5,6 G SSM	34°–8°10'	22–29	16/11	1,20	62	135,5	82,5	760
AF 70-400 F4-5,6 G SSM	34°–6°1'	22–32	18/12	1,50	77	196,0	94,5	1.490
AF 75-300 F4,5-5,6	32°–8°10'	32–38	13/10	1,50	55	122,0	71,0	460
Sony 1,4x-Telekonverter			5/4			20,0	64,0	170
Sony 2,0x-Telekonverter			6/5			43,5	64,0	200

Zusätzlich zu den momentan lieferbaren Objektiven von Sony und Zeiss können fast alle älteren Minolta- bzw. Konica Minolta-Objektive mit Autofokus verwendet werden. Ausgenommen ist die Objektivserie für die Vectis-Baureihe, die ab 1996 mit dem APS-System für Kleinbildfilm auf den Markt kam. Zu beachten ist auch, dass die α450/500/550 mit dem Makrozoom 3x-1x den SteadyShot ausschaltet.

Objektive für den Weitwinkelbereich

Weitwinkelobjektive sind immer dann nützlich, wenn es darum geht, möglichst nah am Motiv möglichst viel aufs Bild zu bekommen. Man denke nur an enge Innenräume, weiträumige Landschaftsfotos, Reportagearbeiten und Architekturaufnahmen. Unter anderem deckt das Kit-Objektiv Sony AF 18-55 mm F3,5-5,6 DT SAM diesen Bereich recht gut ab.

Sony AF 11-18 mm F4,5-5,6 DT

Dieses Weitwinkel-Zoomobjektiv, das speziell für Kameras mit APS-C-Sensor entwickelt wurde, gibt an Ihrer α450/500/550 eine Bildwirkung wieder, die einem 16-27-mm-Objektiv im Kleinbildformat entsprechen würde. Hiermit gelangen Sie also in den extremen Weitwinkelbereich, was z. B. auch extreme Perspektiven erlaubt.

Für eine optimale Schärfe bis in die Ecken blenden Sie etwa 1–2 Blenden ab. Konstruktionsbedingt müssen Sie in diesem Brennweitenbereich mit Verzeichnungen rechnen.

▲ Für Landschaftsaufnahmen unverzichtbar: Weitwinkelobjektive. Hier mit 16 mm Brennweite aufgenommen.

Die Naheinstellgrenze von 25 cm erlaubt es Ihnen, dicht an die Motive heranzugehen, was interessante perspektivische Effekte erlaubt.

Sony AF 16 mm F2,8 Fischauge

Dieses Spezialobjektiv bietet einen Bildwinkel von 180°. Wie der Name „Fischauge" schon vermuten lässt, ist mit diesem Objektiv eine Art Rundumsicht darstellbar. Gewollt ist die starke tonnenförmige Verzeichnung.

Nur Linien, die genau durch den Mittelpunkt des Objektivs verlaufen, werden unverzeichnet dargestellt. Der Einsatzbereich dieses Objektivs ist damit begrenzt. Eine Gegenlichtblende ist bereits eingebaut.

Objektive

Objektive für den mittleren Brennweitenbereich

Der mittlere Brennweitenbereich von 50–100 mm eignet sich sehr gut für die Dokumentation oder auch für Porträts.

Mit 50 mm Brennweite nehmen Sie das Geschehen von den Proportionen her so auf, wie auch das menschliche Auge die Szene wahrnimmt.

Sony AF 50 mm F1,4

Dieses Normalobjektiv ergibt an der α450/500/550 die Bildwirkung eines 85-mm-Objektivs bezogen auf das Kleinbildformat. Es ist damit u. a. hervorragend für die Porträtfotografie geeignet. Die Schärfentiefe ist bei offener Blende (f1.4) überaus gering. Hiermit können interessante Effekte erzielt werden.

Sony AF 20 mm F2,8

Sony bietet damit ein sehr lichtstarkes Weitwinkelobjektiv. An der α450/500/550 ergibt sich eine Bildwirkung ähnlich einem 35-mm-Objektiv für das Kleinbildformat. Das Objektiv bildet praktisch verzeichnungsfrei ab. Eine Randabschattung ist selbst bei offener Blende (f2.8) so gut wie nicht vorhanden.

Dieses Objektiv ist ebenfalls bestens für schlechte Lichtbedingungen geeignet. Die Qualität der Abbildungen kann als sehr hoch eingeschätzt werden. Brillanz und Verzeichnung sind ab Blende 2.0 hervorragend. Alternativ bietet sich das Sony AF 50 mm F1,8 SAM an.

▲ Mit 50 mm Brennweite stellen Sie die Szene in natürlichen Proportionen dar. An der α450/500/550 benötigen Sie dafür ein 35-mm-Objektiv, um den Cropfaktor auszugleichen.

Der Telebereich

Bereits mit 85 mm Brennweite wird ein Objektiv an der α450/500/550 zu einem leichten Teleobjektiv. Richtig in den Telebereich gelangen Sie aber erst mit Brennweiten ab 100 mm, was an der α450/500/550 der Bildwirkung eines 150-mm-Objektivs entspricht. Holen Sie so z. B. kleine Vögel oder weit entfernte Gegenstände dichter heran. Je größer die Brennweite, umso stärker ist die Vergrößerung.

Ab etwa 200 mm Brennweite sollten Sie über ein Stativ nachdenken, um Unschärfe durch Verwacklungen wirkungsvoll zu vermeiden. Telebrennweiten eignen sich außerdem dazu, das Motiv vor dem Hintergrund freizustellen. Dafür ist dann gleichzeitig eine große Blendenöffnung notwendig. Mit dem Kit-Objektiv Sony AF 55-200 mm F4-5,6 DT SAM können Sie bereits einen gewissen Teil des Telebereichs recht gut abdecken.

Sony STF 135 mm F2,8 [T4,5]

Das Spezialobjektiv STF 135 mm F2,8 [T4,5] besitzt spezielle Eigenschaften, um den Schärfeverlauf harmonischer darzustellen. Die Hauptmotive heben sich hierbei noch weicher und angenehmer vom unscharfen Hintergrund ab.

Das Objektiv lässt sich aber nur manuell scharf stellen, da eine spezielle Blende (STF-Blende) und ein Absorptionsfilter zum Einsatz kommen. An der α450/500/550 ergibt sich die Bildwirkung eines 200-mm-Objektivs (bezogen auf das Kleinbildformat). Auch mit diesem Objektiv kann man hervorragende optische Leistungen erwarten.

Objektive

beitet. Diese Konstruktion erlaubt den Bau eines starken Teleobjektivs (500 mm Brennweite) als sehr kompakte Einheit. Das Objektiv hat aber auch

Sony AF 500 mm F8 Reflex
Das 500 mm F8 Reflex ist ein preisgünstiges Teleobjektiv, das mithilfe von Spiegel und Linsen ar-

▼ *Um kleine Objekte wie diese Meise nah heranzuholen, benötigen Sie Teleobjektive. In diesem Beispiel waren 500 mm Brennweite notwendig.*

Nachteile. Es besitzt nur eine Blende (f8). Ein Auf- oder Abblenden am Objektiv ist nicht möglich. Man behilft sich hier mit Graufiltern, um die Helligkeit zu reduzieren. Die Schärfentiefe lässt sich so natürlich nicht ändern.

Außerdem liefert das Objektiv zwangsläufig kleine Kreise im Unschärfebereich, die typisch für Spiegelobjektive sind. Diese Nachteile schränken den Einsatzbereich doch sehr ein.

8.5 G- und Zeiss-Objektive für höchste Ansprüche

Sonys G- sowie die Zeiss-Objektive zählen zur absoluten Spitze im Objektivbau. Die optische Leistung und die Verarbeitung zählen zum Besten, was auf dem Objektivmarkt zu bekommen ist. Sie sind auch vom Preissegment her im Profibereich anzusiedeln und vor allem für anspruchsvolle Fotografen gedacht.

Alle G-Objektive verfügen über neun Blendenlamellen, um für eine natürliche Abbildung der Unschärfe im Vorder- und Hintergrund zu sorgen. Teilweise kommen hochwertige asphärische Verbundlinsen zum Einsatz, um die chromatische Aberration zu reduzieren. Die Mehrfachvergütung der Linsenelemente reduziert das Reflexlicht. Das Ergebnis sind eine kontrastreiche Farbwiedergabe und höchste Schärfe über das gesamte Bildfeld.

Alle Teleobjektive der G- und Zeiss-Serien besitzen zudem mindestens eine griffgünstig angeordnete Fokussierstopptaste für den manuellen Eingriff beim Scharfstellen. Möchten Sie zukünftig in den Profibereich wechseln oder Ihr Hobby noch ambitionierter angehen, sollten Sie sich mit beiden Serien, die sich gut ergänzen, vertraut machen.

Sony/Carl Zeiss Vario-Sonnar T* AF 16-35 mm F2,8 ZA SSM

Das aus dem Hause Carl Zeiss stammende extreme Weitwinkelzoom wird an Ihrer α450/500/550 zu einem 24-52,5-mm-Weitwinkelzoom, was die Bildwirkung angeht. Im Brennweitenbereich von 16–24 mm können Sie mit hervorragenden Werten für Schärfe und Brillanz schon bei Offenblende rechnen. Im Bereich um die 35 mm Brennweite nimmt die Leistung hingegen ab. Es ist somit die ideale Ergänzung zum Sony/Carl Zeiss Vario-Sonnar T* AF 24-70 mm F2,8 ZA SSM. Die mechanische Qualität ist überragend.

Sony AF 35 mm F1,4 G

Ein sehr hochwertiges Objektiv der G-Serie ist das AF 35 mm F1,4 G. Die Bildwirkung entspricht an der α450/500/550 der eines 50-mm-Objektivs im Kleinbildbereich. Mit einer Anfangsblende von f1.4 ist es extrem lichtstark und damit besonders gut für Aufnahmen mit wenig Umgebungslicht sowie zum Freistellen mit geringer Schärfentiefe geeignet. Es besitzt eine Schärfespeichertaste. Asphärische Linsen und Floating-Elemente tragen zur hervorragenden Abbildungsleistung dieses Objektivs bei.

Sony/Carl Zeiss Planar T* AF 85 mm F1,4 ZA

Dieses Objektiv ist eines der besten Objektive am Markt. Die optische Leistung und die mechanischen Leistungen dieses Objektivs sind überragend. An der α450/500/550 ergibt sich mit dem Sony/Carl Zeiss Planar T* AF 85 mm F1,4 ZA eine Bildwirkung ähnlich eines 135-mm-Objektivs im Kleinbildbereich. Das Objektiv ist ideal für die Porträt-, Konzert- und Actionfotografie.

Sony AF 70-200 mm F2,8 G SSM

Das AF 70-200 mm F2,8 G SSM ist apochromatisch korrigiert. Die Lichtstrahlen, die das Objektiv durchdringen, werden aufgrund ihrer unterschiedlichen Wellenlängen unterschiedlich in den Linsen gebrochen. Es ergeben sich so verschiedene Brennpunkte der jeweiligen Wellenlängen. Normalerweise werden Objektive nur für zwei Farben

(Wellenlängen) korrigiert. Bei APO-Objektiven wird zusätzlich noch eine dritte Wellenlänge korrigiert. So ergeben sich hohe Kontrastleistungen und die präzise Wiedergabe kleinster Details. Außerdem wurden AD-Glaselemente verbaut, um der Abnahme des Auflösungsvermögens entgegenzuwirken.

Insgesamt handelt es sich um ein überaus hochwertiges Objektiv mit Spitzenwerten bei Optik und Mechanik. An der α450/500/550 ergibt sich die Bildwirkung eines 105-300-mm-Objektivs bezogen auf den Kleinbildbereich.

8.6 Objektive von Fremdanbietern an der α450/500/550

Einige Fremdhersteller produzieren ebenfalls Objektive für das Sony-System (A-Bajonett). Hierzu gehören Sigma und Tamron. Tokina produziert im Moment nicht mehr für das A-Bajonett, daher werden Sie von diesem Hersteller momentan nur Gebrauchtobjektive erhalten.

Allerdings denkt die Firma Tokina über einen Wiedereinstieg ins Alpha-Bajonett nach. Aus diesem Grund kann zukünftig wieder mit Objektiven von Tokina gerechnet werden, was das Sony-System noch ein klein wenig attraktiver macht.

Tamron hat von Sony eine Lizenz zur Objektivfertigung erworben. Damit ist die vollständige Kompatibilität zum Alpha-System gewährleistet. Diese Lizenz gibt es bei Sigma zwar nicht, aber die aktuellen Objektive funktionieren meist problemlos mit den Alpha-Kameras.

Ältere Sigma-Objektive lassen sich, falls es Schwierigkeiten gibt, mithilfe eines Chipupdates an die α450/500/550 anpassen. Hierzu sollten Sie sich direkt an den Hersteller wenden. Die Chipupdates sind in der Regel kostengünstig bzw. sogar kostenlos. Nachfolgend erhalten Sie Informationen über eine kleine Auswahl an Objektiven für den Profi- bzw. Semiprofibereich.

Sigma 12-24 mm F4,5-5,6 EX DG Asp. IF
Bei dem Sigma 12-24 mm F4,5-5,6 handelt es sich um ein extremes Weitwinkelzoomobjektiv. Durch die Brennweitenverlängerung der α450/500/550 (Faktor 1,5) kommt man im Weitwinkelbereich mit den für den Kleinbildbereich völlig ausreichenden Weitwinkelobjektiven schnell an die Grenzen. Das starke Weitwinkelobjektiv AF 20 mm F2,8 z. B. ergibt an der α450/500/550 ein Objektiv mit der Bildwirkung eines 30-mm-Objektivs, was Weitwinkelfans nicht gerade begeistert.

Mit dem Sigma-Objektiv erhält man nun die Bildwirkung eines 18-36-mm-Objektivs. Mit diesem Bereich sind die meisten Weitwinkelsituationen zu meistern. Die Naheinstellgrenze von 28 cm lässt effektvolle Aufnahmen zu.

Objektive

Sigma musste hier einen relativ großen Aufwand betreiben, um die sonst üblichen Abbildungsfehler von Superzooms zu verhindern.

Hierzu wurden vier SLD-Gläser (Gläser mit sehr niedriger Streuung) und drei asphärische Linsenelemente eingebaut. Typisch für ein so starkes Weitwinkelobjektiv ist das Problem der Randabschattung.

Gerade im Bereich von 12 mm sollte das Objektiv auf Blende 8 abgeblendet werden, um Randabschattungen einzuschränken. Im Bereich von 18–24 mm ist dieses Problem weniger stark ausgeprägt. Gleiches trifft auf Brillanz und Schärfe zu. Auch hier bringt ein Abblenden, besonders im 12-mm-Bereich, gute bis sehr gute Werte. Das EX steht bei Sigma für professionell verarbeitete Objektive – auch zu erkennen am Goldring.

Sigma 14 mm F2,8 EX RF Asph

Ein interessantes Spezialobjektiv ist das 14-mm-Objektiv von Sigma. Auch hier gilt im übertragenen Sinn das zuvor Geschriebene zum 12-24-mm-Zoom. Da es sich hier aber um eine Festbrennweite handelt, was eine leichtere Berechnung des Objektivs zulässt, kann mit noch besseren Abbildungswerten gerechnet werden.

An der α450/500/550 ergibt sich die Bildwirkung eines 21-mm-Objektivs bezogen auf das Kleinbildformat. Die Verzeichnung ist für diese Art Objektiv erstaunlich gering (leicht tonnenförmig). Die Randabschattung ist, abgeblendet auf Blende 5.6, sehr gut.

Sigma 180 mm F3,5 EX DG APO Makro

Das universell einsetzbare 180-mm-Makroobjektiv ist nicht nur ein Makrospezialist. Auch hervorragende Teleaufnahmen sind garantiert, wenn man darauf achtet, dass die recht große Streulichtblende möglichst immer mit eingesetzt wird, da die Streulichtempfindlichkeit recht hoch ist. Ansonsten sind in Bezug auf Brillanz und Schärfe kaum bessere Werte erzielbar. Bereits bei Blende 3.5 sind die Ergebnisse sehr gut, ab Blende 5.6 bis Blende 11 dann hervorragend. Ab Blendenwerten von f22 fällt die Leistung allerdings merklich ab. Das Objektiv besitzt eine Fokussierbegrenzung in drei Stufen.

Der manuelle Eingriff ist trotz des eingeschalteten Autofokus an der Kamera möglich. Die Makronaheinstellgrenze beträgt 46 mm. Die Bildwirkung an der α450/500/550 entspricht einem 270-mm-Objektiv im Kleinbildbereich. Der größte Abbildungsmaßstab beträgt 1:1. Sigma bietet als Zubehör zwei Telekonverter an. Der 1,4-fach-Konverter verlängert die Brennweite um den Faktor 1,4, d. h., auch der mögliche Abbildungsmaßstab beträgt mit diesem Konverter 1:1,4.

Der ebenfalls angebotene 2-fach-Konverter lässt sich im Makrobereich kaum noch einsetzen. Bei der sich mit dem 2-fach-Konverter ergebenden größten Blende von f7 (3,5 x 2) lässt sich sehr schwer scharf stellen. Der Schärfentiefebereich wird ebenfalls minimal, womit der Einsatz des 2-fach-Konverters nur im Telebereich sinnvoll ist. Fokussieren ist mit beiden Konvertern nur von Hand möglich.

▲ Das Sigma 180 mm F3,5 EX DG APO Makro sowie das Tamron SP AF 180 mm F3,5 LD (IF) Makro erlauben Aufnahmen bis zum Abbildungsmaßstab von 1:1.

Tamron SP AF 180 mm F3,5 LD (IF) Makro

Dieses Tamron-Objektiv ist ein Makrospezialist, ähnlich dem Sigma AF 180 mm F3,5. Es besticht durch die gute Verarbeitung und den Einsatz hochwertiger Kunststoffe, was dem Gewicht zugutekommt. Somit wiegt es nur 920 g und unterbietet damit das Sigma-Makro um 40 g. Es besitzt Tamrons spezielle Innenfokussiertechnik, erkennbar am Label IF und natürlich daran, dass sich die Länge des Objektivs beim Fokussieren nicht ändert und die Frontlinse sich nicht mitdreht.

Die Naheinstellgrenze liegt bei 47 cm. Ohne Gegenlichtblende ergibt sich ein minimaler Arbeitsabstand von 24,5 cm, der sich mit aufgesetzter Gegenlichtblende auf 15 cm verringert. Der Abbildungsmaßstab liegt dann bei 1:1. In Höhe der Frontlinse ist ein zusätzlicher Drehring angebracht, der den Einsatz von Polfiltern bei aufgesetzter Gegenlichtblende erleichtert. Tamron nennt diese Funktion FEC (**F**ilter **E**ffect **C**ontrol). Leider besitzt das Objektiv keinen Fokusbegrenzer (Limiter), mit dem der Weg zum Scharfstellen für den Makrobereich eingegrenzt werden könnte, um unnötige Fokussierwege im uninteressanten Entfernungsbereich zu vermeiden.

Die Abbildungsleistung ist durchweg als sehr gut einzuschätzen. Schärfe und Brillanz sind bereits bei der Anfangsblende hervorragend bis sehr gut. Ab etwa Blende 16 lässt die Leistung aufgrund der Beugungsunschärfe geringfügig nach. Auch der Hintergrund erscheint sehr angenehm und ruhig, obwohl nur sieben Blendenlamellen vorhanden sind. Diese sind aber so angeordnet, dass die Blende nahezu kreisrund erscheint. Auch interessante Porträts sind mit dem Tamron-Objektiv möglich. Die Schärfentiefe ist bei Offenblende extrem gering. Hier muss man sehr genau darauf achten, dass auch noch andere bildwichtige Details im Schärfebereich liegen. Andernfalls sollte abgeblendet werden.

Tamron SP AF 200-500 mm F5-6,3 Di LD [IF]
Eines der „bezahlbaren" starken Telezoomobjektive kommt von Tamron. An der α450/500/550 erhält man mit diesem Objektiv die Bildwirkung eines 300-750-mm-Teleobjektivs bezogen auf das Kleinbildformat. Das Objektiv besteht zwar zum größten Teil aus Kunststoff, ist aber gut verarbeitet und von der Haptik her fast vergleichbar mit Objektiven aus Metall. Der Fokussier- und der Zoomring laufen mit angenehmem Widerstand und ohne Spiel.

Um am langen Ende nicht zu verwackeln, ist ein stabiles Dreibeinstativ von Vorteil. Wenn genügend Licht vorhanden ist, kann aber auch ein Einbeinstativ ausreichen. Die Belichtungszeit darf hier dank SteadyShot bei bis zu $\frac{1}{200}$ Sek. liegen. An der α450/500/550 zeichnet sich das Objektiv durch eine minimale Randabschattung aus. Abblenden auf Blende 8 bringt eine weitere Verbesserung. Im Bereich von 200–400 mm Brennweite sind die Schärfe und Brillanz als sehr gut einzuschätzen, bei 500 mm als gut. Bei 500 mm Brennweite liegt die Anfangsblende bei f6.3.

▼ Für weit entfernte Motive sind starke Brennweiten notwendig, um sie formatfüllend aufzunehmen. Für diese Aufnahme waren 500 mm Brennweite erforderlich.

Alte Schätze an der α450/500/550

Der eine oder andere hat eventuell noch ältere Objektive für das MC/MD-Bajonett der manuellen Minolta-SLR-Kameras und vielleicht schon mal daran gedacht, ob diese eventuell auch an der α450/500/550 nutzbar sind. Natürlich passt das Bajonett nicht direkt an Ihre Kamera und auch automatisches Scharfstellen werden Sie den Objektiven nicht mehr beibringen können. Allerdings gibt es mehrere Möglichkeiten, diese Objektive zumindest im manuellen Modus verwenden zu können. Die preiswerteste Variante ist der Einsatz eines Adapters von MC/MD auf das Sony-(Minolta-)A-Bajonett. Ferner gibt es spezielle Adapter mit Korrekturlinsen. Beide Adapterlösungen sind allerdings nicht zu empfehlen, da die Abbildungsqualität zu sehr leidet. Für einige MC- bzw. MD-Objektive werden aber spezielle Umbausätze angeboten. Hier wird das Standardbajonett ausgetauscht. Das Auflagemaß wird so entsprechend angepasst und ein Scharfstellen bis Unendlich ist möglich. Der Umbausatz hat den Vorteil, dass das Objektiv nicht verändert werden muss. Sie können also jederzeit den ursprünglichen Zustand wiederherstellen. Der Umbau ist für jeden machbar, der kleine Kreuzschlitzschrauben entfernen und wieder einschrauben kann. Fragen Sie unter der E-Mail-Adresse *info@frank-exner.com* nach den aktuellen Umbausätzen bzw. bereits umgebauten Objektiven.

Trotz dieser recht geringen Lichtstärke funktioniert der Autofokus sehr zuverlässig und schnell. Zudem kann die geringe Lichtstärke durch Nutzung von ISO 400 und eingeschaltetem Steady-Shot kompensiert werden. Das Objektiv arbeitet mit Innenfokussierung und verändert beim Scharfstellen die Länge nicht. Auch dreht sich die Frontlinse nicht mit.

Es verfügt über eine sogenannte **F**ilter **E**ffect **C**ontrol (FEC), womit Polfilter ohne die Abnahme der Streulichtblende gedreht werden können, was den Einsatz dieser Filter erheblich vereinfacht. Ein ganz entscheidender Vorteil ist natürlich das Gewicht. Mit 1.200 g hat man ein wirklich tragbares Teleobjektiv, das den Fotografen auch auf langen Fototouren nicht zu sehr belastet.

8.7 Erweitern des Brennweitenbereichs mit Telekonvertern

Wünschen Sie sich im Telebereich mehr Brennweite, um z. B. Wildtiere formatfüllender aufzunehmen, bieten sich Telekonverter an. Diese werden einfach zwischen die Kamera und das Objektiv gesetzt. Sony hat hierfür zwei Konverter im Angebot: den 1,4-fach- und den 2-fach-Telekonverter. Zu beachten ist, dass beide Konverter nur an folgenden Sony-Objektiven verwendet werden können:

▲ *1,4-fach-Telekonverter von Sony.*

- AF 70-200 mm F2,8 G SSM
- AF 300 mm F2,8 G SSM
- AF 70-400 mm F4-5,6 G SSM (ohne Autofokus)
- STF 135 mm F2,8 [T4,5] (ohne Autofokus)

Objektive

Außerdem können sie mit folgenden Minolta- bzw. Konica Minolta-Objektiven kombiniert werden:

- AF APO 300 mm F2,8 G
- AF APO 300 mm F4 G
- AF APO 400 mm F4,5 G
- AF APO 600 mm F4 G
- AF APO 200 mm F4 Makro G (ohne Autofokus)

Folgende Kombinationen können nur im manuellen Fokusbetrieb arbeiten:

- 2-fach-Telekonverter in Verbindung mit AF APO 300 mm F4 G, AF APO 400 mm F4,5 G oder AF APO 600 mm F4 G.

Die Konverter unterstützen die D- und die SSM-Funktion und übermitteln die Belichtungsdaten an die α450/500/550 korrekt. Der 1,4-fach-Telekonverter verlängert die Brennweite um den Faktor 1,4, d. h., aus einem 300-mm-Objektiv wird ein Objektiv mit 420 mm Brennweite. Analog ergibt sich beim Einsatz des 2-fach-Telekonverters die doppelte Brennweite, sodass man mit einem 300-mm-Objektiv und dem 2-fach-Telekonverter ein 600-mm-Objektiv erhält. Die größte Blende des Objektivs verringert sich entsprechend von z. B. f2.8 auf f4 (beim Einsatz des 1,4-fach-Telekonverters) und von f2.8 auf f5.6 (beim Einsatz des 2-fach-Telekonverters).

▲ *2-fach-Telekonverter von Sony.*

Ein Konverter verringert zwangsläufig die Abbildungsleistung des Objektivs. Zur Qualität der beiden Sony-Konverter kann man sagen, dass der 1,4-fach-Telekonverter die Abbildungsleistung nur minimal und der 2-fach-Telekonverter sie ebenfalls nur in geringem Maße negativ beeinflusst. Das kann der optimalen Berechnung speziell für die o. g. Objektive zugutegehalten werden.

Welche Kombinationen der Telekonverter des Sony- bzw. Minolta-Systems sind möglich?

	Sony 1,4x	Sony 2x	Minolta 1,4x APO	Minolta 2x APO	Minolta 1,4x APO II	Minolta 2x APO II	Minolta 1,4x APO (D)	Minolta 2x APO (D)
Sony 135 F2,8 [T4,5] SFT	🟨1	🟨1	🟨1	🟨1	🟨1	🟨1	🟨1	🟨1
Sony 300 F2,8 G SSM	🟩	🟩	🟨1, 2	🟨1, 2	🟨1, 2	🟨1, 2	🟩	🟩
Sony 70-200 F2,8 G SSM	🟩	🟩	🟨1, 2	🟨1, 2	🟨1, 2	🟨1, 2	🟩	🟩
Sony 70-400 F4-5,6 G SSM	🟨1	🟨1	🟨1, 2	🟨1, 2	🟨1, 2	🟨1, 2	🟨1	🟨1
Minolta 135 F2,8 [4,5] SFT	🟨1	🟨1	🟨1	🟨1	🟨1	🟨1	🟨1	🟨1
Minolta 200 F2,8 HS APO G	🟩	🟩	🟥	🟥	🟩	🟩	🟩	🟩
Minolta 200 F4 APO Macro G	🟨1	🟨1	🟨1	🟨1	🟨1	🟨1	🟨1	🟨1

Erweitern des Brennweitenbereichs mit Telekonvertern

	Sony 1,4x	Sony 2x	Minolta 1,4x APO	Minolta 2x APO	Minolta 1,4x APO II	Minolta 2x APO II	Minolta 1,4x APO (D)	Minolta 2x APO (D)
Minolta 300 F2,8 APO	R	G	G	R	R	G	G	G
Minolta 300 F2,8 HS APO G	G	G	R	R	G	G	G	G
Minolta 300 F2,8 APO G (D) SSM	G	G	Y 1, 2	Y 1, 2	Y 1, 2	Y 1, 2	G	G
Minolta 300 F4 HS APO G	G	Y 1	R 3	Y 1	G	Y 1	G	Y 1
Minolta 400 F4,5 HS APO G	G	Y 1	R 3	Y 1	G	Y 1	G	Y 1
Minolta 600 F4 APO	R	Y 1	G	Y 1	R	Y 1	R	Y 1
Minolta 600 F4 HS APO G	G	Y 1	R	Y 1	G	Y 1	G	Y 1
Minolta 70-200 F2,8 APO G (D) SSM	G	G	Y 1, 2	Y 1, 2	Y 1, 2	Y 1, 2	G	G

■ = Kombination arbeitet ohne Einschränkungen
■ = Kombination arbeitet mit Einschränkungen
■ = Kombination wird nicht empfohlen

1 = ohne Autofokus
2 = ohne ADI
3 = eingeschränkte AF-Genauigkeit, Schärfepunkt wird oft überfahren

▲ 1,4-fach-Telekonverter von Sigma.

Fremdhersteller wie z. B. Kenko bieten ebenfalls Konverter an. Diese sind so konstruiert, dass sie mit den meisten Objektiven kombiniert werden können, da sie im Gegensatz zu den Originalkonvertern nicht in das Objektiv hineinragen. Trotzdem sollten Sie sie nicht an Weitwinkelobjektiven einsetzen. Ebenfalls ungeeignet ist eine Kombination aus Telekonvertern und z. B. Zwischenringen. Auf jeden Fall sollten Sie sich vorher vergewissern, dass es mit dem Konverter und dem Objektiv nicht zu Kollisionen der vorderen Linse des Konverters und der hinteren Linse des Objektivs kommt. Auch Sigma bietet zwei Konverter an, die aber vorrangig für die eigene Objektivserie entwickelt wurden. Die beiden Konverter, der 1,4-fach-Telekonverter EX DG und der 2-fach-Telekonverter EX DG, können mit folgenden Objektiven kombiniert werden:

- Sigma APO 70-200 mm F2,8 EX
- Sigma APO 70-210 mm F2,8 EX
- Sigma APO 50-500 mm F4-6,3 EX*
- Sigma APO 100-300 mm F4 EX
- Sigma APO 180 mm F3,5 EX
- Sigma APO 300 mm F2,8 EX
- Sigma APO 500 mm F4,5 EX
- Sigma APO 800 mm F5,6 EX
- Sigma APO 300 mm F4 Tele Makro
- Sigma APO 400 mm F5,6 Tele Makro
- Sigma APO 1000 mm F8

(* nur im Bereich ab 100 mm mit Konverter nutzbar)

Zum Teil wird die Autofokusfunktion in Kombination mit den Konvertern nicht unterstützt.

Objektive

8.8 Die eigenen Objektive testen

In Fachzeitschriften werden regelmäßig die neusten Geräte, u. a. auch Objektive, getestet. Hier kommen die unterschiedlichsten Testverfahren zum Einsatz, was teilweise zu widersprüchlichen Aussagen in den jeweiligen Zeitschriften führt. Am Ende ist es schwer zu beurteilen, ob ein für „gut" befundenes Objektiv auch wirklich gut ist.

Im Folgenden erhalten Sie eine Anleitung dazu, wie Sie selbst Ihre vorhandenen Objektive hinsichtlich der Abbildungsleistung testen können. Sie können so ermitteln, welches Ihrer Objektive die beste Leistung erbringt, mit welcher Blende die optimale Abbildungsleistung erreicht werden kann und welcher Blendenbereich möglichst nicht verwendet werden sollte, wenn beste Bildqualität gewünscht ist.

Zu einem professionellen Test gehören natürlich ein spezielles Labor und fest vorgegebene Testbedingungen. Standards, nach denen hier im Allgemeinen gearbeitet wird, sind z. B. die ISO-Normen 12233 und 14524. Außerdem zählen viele subjektive Faktoren mit zur Einschätzung eines Objektivs – wie z. B. Bokeh, Leichtgängigkeit und Haptik.

Möchte man selbst seine Objektive bezüglich der Schärfeleistung testen, empfiehlt sich als Testmotiv z. B. der auf der hinteren inneren Coverseite dieses Buches abgedruckte Siemensstern.

Aber auch andere statische detailreiche Motive sind nutzbar. Der nachfolgende Test verwendet als Motiv einen 20-Euro-Schein. Er ist hierfür recht gut geeignet, da er eine genormte Druckqualität besitzt, was zur Reproduzierbarkeit beiträgt. Die Ergebnisse lassen sich so untereinander z. B. auch im Internet austauschen.

Testmotiv

Am sinnvollsten ist es, einen druckfrischen 20-Euro-Schein zu verwenden. Er sollte möglichst frei von Falten sein. Für den Testaufbau kann man ihn z. B. mit Tesafilm auf einem Hardcover-Buchdeckel wie den des vorliegenden Buches fixieren. Keine Sorge, der Tesafilm lässt sich später rückstandsfrei vom Buch bzw. vom Geldschein lösen.

▲ Um den 20-Euro-Schein zu befestigen, eignet sich Tesafilm sehr gut. Um bundesbankrechtliche Vorschriften (Reproduktion von Geldnoten) einzuhalten, sollte maximal ein Drittel des Scheins zu sehen sein.

Als Vergleichsmotiv dient ein 100-Prozent-Ausschnitt des 20-Euro-Scheins, wie nachfolgend abgebildet. Dieser Ausschnitt wird nun mit unterschiedlichen Objektiven und Blendenwerten

Die eigenen Objektive testen

aufgenommen und die Ergebnisse werden untereinander verglichen.

◀ Dieser 100-Prozent-Ausschnitt einer Aufnahme wird zur Testauswertung verwendet.

Die Vorbereitungsphase

Bevor man zum eigentlichen Test kommen kann, sind einige Voraussetzungen zu schaffen. Es sind Platzbedarf, Lichtverhältnisse und Kameraeinstellungen zu bedenken. Etwas Zeit sollten Sie ebenfalls einplanen. Unter ein bis zwei Stunden ist der Test nicht gewissenhaft zu schaffen. Hält man aber alle Punkte ein, sind später gut vergleichbare Testaufnahmen der Lohn Ihrer Arbeit.

Platzbedarf

Im Weitwinkelbereich ist kaum Platzbedarf vor dem Motiv notwendig. Man muss auch teilweise bis zur Naheinstellgrenze des Objektivs an das Motiv heran, um den gewünschten Ausschnitt zu erhalten. Getestet ist der Versuchsaufbau bis 16 mm Brennweite. Ob der gewünschte Ausschnitt mit Werten unter 16 mm durchgeführt werden kann, hängt von der Naheinstellgrenze des Objektivs ab. Müssen Sie mit Ihrem Objektiv dichter heran, als es die Naheinstellgrenze Ihres Objektivs zulässt, ist ein Scharfstellen unmöglich. Handelt es sich um ein Zoomobjektiv, muss die Brennweite entsprechend verändert werden.

Im Telebereich ist mehr Abstand zum Motiv notwendig. Für 180 mm Brennweite sind z. B. 3,40 m Abstand erforderlich.

▲ Voraussetzungen für einen geeigneten Testaufbau sind ein stabiles Stativ und der Selbst-/Fernauslöser. Ein Einstellschlitten wie der Novoflex Castel-L erleichtert das präzise Einstellen des Abstands zum Motiv für den richtigen Ausschnitt.

Objektive

Ausleuchtung

Die Ausleuchtung des Motivs sollte möglichst gleichmäßig erfolgen. Auf jeden Fall muss Gegenlicht vermieden werden, um Einflüsse durch Streulicht zu verhindern.

Stabilität der Testanordnung

Die Kamera muss exakt ausgerichtet werden. Ein stabiles Stativ ist also eine weitere Voraussetzung für den Testaufbau. Nicht unbedingt notwendig, aber ein großes Hilfsmittel ist ein Einstellschlitten, wie er auch in der Makrofotografie gern genutzt wird. Teilweise sind es nur wenige Millimeter, die fehlen, und es ist sehr mühsam, jedes Mal das Stativ umzusetzen. Nützlich ist weiterhin der Selbst-/Fernauslöser, um eine Verschiebung der Kameraposition beim Auslösen zu vermeiden. Hier geht es immerhin auch um Millimeterbruchteile.

Die Kameraeinstellung

Die α450/500/550 sollte so eingestellt werden, dass Sie mühelos die einzelnen Blendenstufen anwählen können. Außerdem ist es wichtig, für spätere Vergleiche immer die gleichen Setup-Einstellungen vorzunehmen. Wollen Sie die Aufnahmen mit Aufnahmen anderer Fotografen vergleichen, ist es ebenfalls wichtig, dass dieselben Einstellungen verwendet wurden.

1

Wählen Sie am Moduswahlrad den Blendenprioritätsmodus (A) an, um selbst die Blende wählen zu können.

2

Stellen Sie mit der ISO-Taste ISO 200 ein. Das Bildrauschen ist hier am geringsten und beeinflusst so den Test nicht.

3

Wählen Sie über die Fn-Taste den Kreativmodus *Standard* aus.

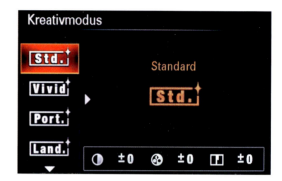

Dieser ist relativ neutral eingestellt und eignet sich damit gut für den Schärfetest. Die Parameter für Kontrast, Sättigung und Schärfe sollten auf 0 stehen.

4

Stellen Sie im Menü 1 die Bildqualität *Fein* ein. Im RAW-Format wäre der Test ebenfalls durchführbar. Ein Vergleich mit anderen Fotografen wäre aber aufgrund unterschiedlicher Einstellungen in den einzelnen RAW-Konvertern nur bedingt möglich.

5

Wählen Sie den Bildfolgemodus *2-s-Selbstausl.* aus bzw. nutzen Sie zum Auslösen einen Fernauslöser. Hierdurch vermeiden Sie Verwacklungen und Kameraverschiebungen.

6

Mit dem Fokusmodusschalter stellen Sie den AF-Modus ein. Außerdem wählen Sie mit der Fn-Taste unter dem Menüpunkt *AF-Modus* die Option *Einzelbild-AF*.

Die eigenen Objektive testen

Denn für statische Aufnahmen eignet sich am besten der Einzelbildautofokus.

7

Wählen Sie mit der Fn-Taste die Option *Weißabgleich* und stellen Sie hier den automatischen Weißabgleich (*AWB*) ein. Benutzen Sie Kunstlicht, wählen Sie die Glühlampe.

8

Als Belichtungsmessmethode empfiehlt sich die Spotmessung. Damit liegt der sehr kleine Ausschnitt des 20-Euro-Scheins optimal im Messbereich. Zur Auswahl der Messmethode gelangen Sie ebenfalls über die Fn-Taste.

9

Mithilfe der Fn-Taste wählen Sie im AF-Feld-Menü *Spot*. So stellen Sie sicher, dass die Kamera nicht auf ein Detail im Umfeld fokussiert.

10

Zum Schluss deaktivieren Sie über die Fn-Taste den Dynamikbereich-Optimierer, indem Sie ihn auf *D-R OFF* schalten. Das dient ebenfalls der Vergleichbarkeit der Aufnahmen. Die Kamera greift nun nicht mehr in die Bereiche Helligkeit und Kontrast ein.

▲ *Haben Sie alles wie zuvor beschrieben eingestellt, sollte das Display Ihrer α450/500/550 nun so aussehen (ggf. bis auf Akku-Ladung, Speicherkarte, Bildanzahl und Blendenzahl).*

Ausrichtung der α450/500/550

Wird die α450/500/550 nicht exakt horizontal bzw. vertikal ausgerichtet, kann es bei lichtstarken Objektiven und großen Blenden zur Unschärfe des Motivs kommen. Nutzen Sie, wenn vorhanden, die Nivellierlibelle des Stativs für die Ausrichtung. Im Handel sind Nivellierlibellen zum Aufstecken auf den Blitzschuh erhältlich. Auch diese sind hierfür gut geeignet.

Die Entfernung zum Motiv ist ebenfalls wichtig. Ein definierter Ausschnitt ist die Voraussetzung für den späteren Vergleich der unterschiedlichen Aufnahmen. Dabei variiert der Abstand je nach Objektiv.

Bei Tests von Zoomobjektiven ist eine stufenlose Brennweitenwahl möglich. Sinnvollerweise be-

Objektive

schränkt man sich hier aber auf die Auswahl von 3–4 Brennweiten je nach Brennweitenbereich. Bei einem Superzoom, wie z. B. dem AF 18-250 mm F3,5-6,3 DT, sind auch weitere Brennweiten sinnvoll. Zumindest sollte bei einem Zoomobjektiv die Anfangs-, Mittel- und Endbrennweite getestet werden.

Die Mittelbrennweite errechnen Sie leicht mit folgender Formel:

$$\text{Anfangsbrennweite} + \frac{\text{Endbrennweite} - \text{Anfangsbrennweite}}{2}$$

Zum Beispiel: Sony/Carl Zeiss Vario-Sonnar AF 16-80 mm F3,5-4,5 DT ZA. Hierfür ergibt sich eine Mittelbrennweite von 16 mm + (80 mm − 16 mm) / 2 = 50 mm.

1

Richten Sie nun die Kamera wie zuvor beschrieben aus.

2

Verändern Sie die Kameraentfernung zum Motiv so, dass der gewünschte Ausschnitt erreicht wird. Bei 16 mm Brennweite sind etwa 35 cm und bei 80 mm etwa 130 cm Entfernung (vom Sensor bis zur Bildebene) notwendig.

3

Nun sollten Sie nochmals die vertikale und horizontale Ausrichtung überprüfen und ggf. korrigieren. Fixieren Sie die Kamera anschließend möglichst gut, da weitere Bedienschritte an der Kamera notwendig werden und ein Verschieben verhindert werden muss.

4

Nutzen Sie das Spotmessfeld im Sucher, um einen gleichbleibenden Ausschnitt zu erhalten.

▲ Achten Sie auf die obere und die seitlichen Begrenzungen, wie es im Bild dargestellt wird. Testen Sie ein Zoomobjektiv, verändern Sie nicht die Brennweite, um den Ausschnitt zu erhalten, sondern den Abstand zwischen Kamera und Motiv!

Scharfstellen unmöglich?

Sollte das Scharfstellen nicht möglich sein, liegt es meist an einer zu geringen Naheinstellgrenze des zu untersuchenden Objektivs. Möchten Sie ein Zoomobjektiv testen, können Sie die Brennweite durch Zoomen verlängern und den Abstand zum Motiv entsprechend anpassen.

Schärfereihe erstellen

Die Vorbereitungen sind nun beendet und Sie können die Testaufnahmen mit dem Autofokus durchführen.

Um dem Scharfstellsystem der α450/500/550 auf die Finger zu schauen, sollten Sie eine etwas aufwendigere Vorgehensweise bevorzugen und eine Reihe von Aufnahmen erstellen.

1

Stellen Sie zunächst wie gewohnt im Autofokusmodus durch halbes Herunterdrücken des Auslösers scharf und lösen Sie aus.

Die eigenen Objektive testen

2

Schalten Sie die Kamera mittels Fokussiermodusschalter in den MF-Modus. Drehen Sie am Objektiv den Schärfeeinstellring (nicht die Brennweite verändern!) in die ganz linke Position. Wechseln Sie wieder in den Autofokusmodus, lassen Sie den Autofokus scharf stellen und lösen Sie aus.

3

Das Ganze wiederholen Sie noch einmal, allerdings mit der Ausnahme, dass der Schärfeeinstellring nach ganz rechts gedreht wird.

▲ Die Einstellung mit der besten Schärfe wird mittels manueller Fokussierung festgestellt. Der Fokussiermodusschalter steht dabei auf MF. Der SteadyShot bleibt während des gesamten Tests abgeschaltet.

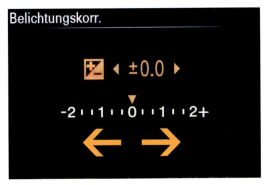

▲ Sind Sie mit der Helligkeit der Testaufnahme nicht zufrieden, können Sie eine Korrektur nach Drücken der Taste für die Belichtung mithilfe des vorderen Einstellrads vornehmen.

Sie haben nun drei Testaufnahmen vorliegen. Begutachten Sie alle drei Aufnahmen am Computermonitor. Treten Unterschiede auf, verwenden Sie die schärfste als Referenzaufnahme für den weiteren Test. Mit manuellem Fokussieren wird nun versucht, diese Schärfe nochmals zu übertreffen. Gehen Sie dabei wie folgt vor:

1

Schalten Sie den Fokussiermodusschalter auf die Stellung MF. Fokussieren Sie manuell, bis ein scharfes Bild entsteht.

2

Nachdem Sie nun die Bilddatei ebenfalls auf den Computer geladen haben, führen Sie einen Vergleich mit den zuvor aufgenommenen Bildern durch und ermitteln das schärfste Bild.

3

Wiederholen Sie diesen Vorgang, bis das manuell aufgenommene Foto zumindest dem schärfsten Foto der Autofokusserie entspricht.

Blendenstufenreihe erstellen

Nutzen Sie nun diese Einstellung der schärfsten Aufnahme für den weiteren Test. Der Fokussiermodusschalter steht weiter auf MF. Sie können damit beginnen, eine Blendenstufenreihe zu erstellen. Empfehlenswert ist es, mindestens fünf Aufnahmen mit je einer Blendenstufe aufzunehmen.

1

Da Sie sich im Blendenprioritätsmodus (A) befinden, können Sie mit dem vorderen Einstellrad den kleinsten Blendenwert durch Linksdrehen einstellen und auslösen.

Objektive

2

Um zur nächsten ganzen Blendenstufe zu gelangen, drehen Sie das Einstellrad drei Rasterpositionen nach rechts. Aus Blende 5.6 wird z. B. Blende 8, aus Blende 8 wird Blende 11 etc. Lösen Sie bei jeder Blendenstufe einmal aus.

3

Insgesamt liegen Ihnen nun mindestens fünf Aufnahmen mit einem Abstand von einer Blende vor.

Mit dem Sony/Carl Zeiss Vario-Sonnar AF 16-80 mm F3,5-4,5 DT ZA würde Ihre Reihe z. B. wie folgt aussehen:

- Brennweite 16 mm: 35/50/71/10/14
- Brennweite 50 mm: 45/63/9/13/18
- Brennweite 80 mm: 45/63/9/13/18

Testen Sie das Sony AF 18-55 mm F3,5-5,6 DT SAM, wäre es folgende Testreihe:

- Brennweite 18 mm: 35/50/71/10/14
- Brennweite 35 mm: 45/63/9/13/18
- Brennweite 55 mm: 56/8/11/16/22

Auswertung der Testaufnahmen

Die Testaufnahmen können dann ausgewertet werden. Um sie miteinander vergleichen zu können, können Sie sich ein Bewertungssystem überlegen, z. B. die Zahlen 1 (für weniger scharf) bis 5 (für sehr scharf). Um die Daten dokumentieren zu können, können Sie z. B. eine Excel-Tabelle verwenden. Mit einem Diagramm lassen sich die Zahlen auch optisch anschaulicher darstellen. Unter *www.frank-exner.com* steht ein Vorschlag für eine derartige Tabelle kostenlos für Sie zur Nutzung bereit.

▲ Vergleichen Sie die Aufnahmen in der Vergleichsansicht bei 100 %, um Unterschiede in der Schärfe beurteilen zu können. Eine Referenzaufnahme mit hervorragender Schärfe, aufgenommen mit einem Makroobjektiv, ist unter www.frank-exner.com zu finden. Nutzen Sie diese für Ihren Vergleich.

Wann lohnt der Einsatz von Grau-, UV- und Polfiltern?

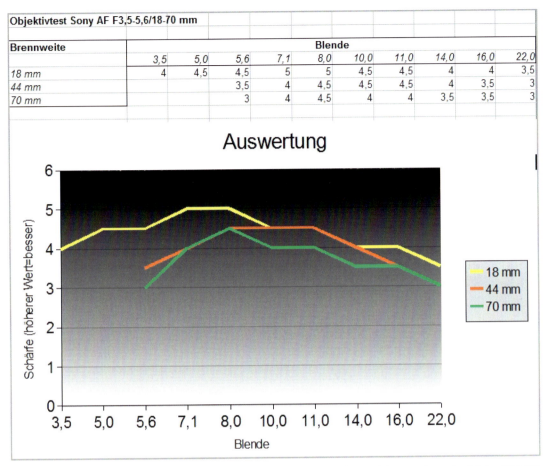

▲ Für die Auswertung der Daten bietet sich eine Excel-Tabelle an. Die Daten lassen sich so auch anschaulich in einem Diagramm darstellen.

Weitere Objektiveigenschaften beachten

Der vorhergehende Test überprüft die Qualität Ihrer Objektive in der Bildmitte. Objektive haben dort ihre optimale Leistung, die im Normalfall zum Rand hin mehr oder weniger abfällt. Um dies und viele weitere Kriterien wie Randabschattung (Vignettierung), Verzeichnung, Streulichtempfindlichkeit etc. testen zu können, wäre ein erheblich umfangreicherer Testaufbau notwendig. Eine Einschätzung der Gesamtobjektivqualität ist somit mit diesem Test nicht möglich.

8.9 Wann lohnt der Einsatz von Grau-, UV- und Polfiltern?

Verschiedene Hersteller bieten ein recht großes Sortiment an Filtern für den Einsatz an Objektiven an. Auch Sony hat, in Kooperation mit Carl Zeiss, eine Filterpalette im Programm.

Schutzfilter verwenden oder nicht?

Gern möchte man seine teuer erworbenen Objektive vor Beschädigungen schützen. Besonders die Frontlinse ist recht gefährdet. Ein Filter könnte die Gefahr reduzieren, die Frontlinse zu zerkratzen. Andererseits mindert jede weitere Optik vor der Frontlinse die Qualität der Aufnahme zwangsläufig.

Mit Streulicht und Reflexen muss gerade auch bei günstigen Exemplaren gerechnet werden. Gern werden UV-Filter oder Skylight-Filter eingesetzt. Sony bietet hier spezielle Carl-Zeiss-T*-vergütete Schutzfilter von hoher Qualität an.

▲ Schutzfilter mit Carl-Zeiss-T*-Beschichtung für optimale Bildergebnisse.

Ein Test mit einem im mittleren Preissegment befindlichen UV-Filter an einem 180-mm-Makroobjektiv ergab hinsichtlich der Bildqualität kaum sichtbare Einschränkungen. Die Bildschärfe konnte bei mehreren getesteten Blendenwerten auch mit Filter als sehr gut eingeschätzt werden.

Minimale Änderungen ergaben sich beim Kontrast, der etwas herabgesetzt wurde. In der Praxis können zudem Streulichteinflüsse und Reflexe das Bildergebnis negativ beeinflussen. Möchte man also die volle Objektivqualität nutzen, sollte man auf Schutzfilter verzichten oder zumindest hoch vergütete Exemplare verwenden. Der permanente Einsatz der Streulichtblende kann ebenfalls zum Schutz der Frontlinse beitragen.

Spiegelungen verhindern mit dem Polfilter

Effekte, wie sie der Polfilter bewirkt, sind nur mit diesem zu erreichen. Per Bildbearbeitung ist es kaum bzw. gar nicht möglich, diese Effekte nachzustellen. Der Polfilter gilt deshalb als unverzichtbar, wenn es um Filterzubehör geht.

▲ Über einen Dosierring am Polfilter lässt sich die Wirkung gezielt verändern.

Ein Polfilter hilft, Spiegelungen an nicht bzw. schwach elektrisch leitenden Oberflächen zu reduzieren oder ganz zu verhindern. Die Farbsättigung kann ebenfalls erhöht werden. Ein gewisser Lichtverlust durch den Filter muss hierbei in Kauf genommen werden.

Für die $\alpha 450/500/550$ wird ein zirkularer Polfilter benötigt. Verwenden Sie nur hochwertige Polfilter (z. B. von der Firma B+W) und bevorzugen Sie die schmale Slim-Bauform, um Randabschattungen zu vermeiden. Auch Sony liefert sehr hochwertige zirkulare Polfilter, z. B. die VF-CPAM-Reihe in unterschiedlichen Größen.

Licht dämpfen mit dem Graufilter

Auch für den Graufilter gibt es softwareseitig wenig Alternativen. Mit ihm wird das einfallende Licht

Wann lohnt der Einsatz von Grau-, UV- und Polfiltern?

reduziert. Man erhält so längere Belichtungszeiten, wodurch bestimmte Effekte, wie z. B. die Darstellung des Fließens von Wasser, erst möglich werden. Die Grauverlaufsfilter helfen auch dabei, zu starke Kontraste im Motiv zu reduzieren.

Wenn z. B. ein Landschaftsbild mit hellem Himmel und dunkler Landschaft fotografiert wird, sind die Kontraste oft zu stark und entweder der Himmel ist überbelichtet oder die Landschaft zu stark unterbelichtet.

Verlaufsfilter besitzen eine über den Filter verlaufende Graustärke und können so Bereiche stärker abdunkeln, während auf der anderen Seite mehr Licht durchgelassen wird. In begrenztem Umfang kann man hier auch softwaretechnisch arbeiten. Für zu starke Kontraste bleibt aber nur der Einsatz von Graufiltern übrig. Sony bietet hier die VF-NDAM-Serie mit hochwertigen Graufiltern als 8-fach-Filter an, was drei Blendenstufen entspricht. Hierdurch erreicht man die 8-fache Belichtungszeit.

▲ Carl-Zeiss-Graufilter aus der VF-NDAM-Serie.

9. Die α450/500/550 in Aktion

In diesem Kapitel werden anhand typischer Fotoszenarien, etwa der Landschaftsfotografie, und spezieller Einsatzgebiete wie der Astrofotografie die erweiterten Möglichkeiten der Kamera aufgezeigt. Welche Objektive und welches Zubehör Sie verwenden sollten, wird neben zahlreichen Tipps preisgegeben.

Anspruchsvolle Fotosituationen

9.1 Hallen- und Konzertaufnahmen meistern

Auf Konzerten sieht man meist nicht wenige Leute fotografieren. Die schönen Stunden sollen per Bild verewigt werden. Dabei stellen Hallen- und Konzertaufnahmen hohe Anforderungen an Fotograf und Technik.

Wie schafft man es, mit wenig und kompliziertem Licht, schnellen Bewegungen der Akteure und vielen Unwägbarkeiten wie großer Lautstärke, Saunatemperaturen und wild gewordenen Fans klarzukommen? Hohe ISO-Werte und lichtstarke Objektive – unterstützt durch den SteadyShot der α450/500/550 – sind in jedem Fall gefordert.

Weißabgleich treffsicher wählen

Selten hat man bei Konzert- und Hallenaufnahmen gleichbleibende Lichtverhältnisse und kann sich darauf einstellen. Eine Einstellung auf bestimmte Farbtemperaturen hat meistens keinen Sinn. Entweder man fotografiert ohnehin im RAW-Modus und kann so den Weißabgleich später noch einstellen oder man wählt den automatischen Weiß-

▼ Die Lichtverhältnisse sind bei Konzertaufnahmen meist weniger gut. Mit Bewegungsunschärfe, dunklen Flächen etc. muss deshalb in vielen Fällen gerechnet werden. Letztendlich spiegelt sich so aber auch die Stimmung vor Ort wider.

▲ Diese stimmungsvolle Aufnahme gelang Rainer Ruber (www.konzertpix.de). Er setzte den Metz-Blitz 54 MZ-4i im TTL-HSS-Modus ein. Als Objektiv kam das AF 16-80 mm F3,5-4,5 DT ZA (bei Blende 3.5) zum Einsatz.

abgleich (AWB) vor. Bei Konzert- und Hallenaufnahmen kommt es auch nicht auf einen akkuraten Weißabgleich an. Werden Gesichter von Scheinwerfern angestrahlt, wird man auch nicht die normale Hautfarbe erreichen. Der außenstehende Betrachter wird sich also nicht an einem „unecht" aussehenden Gesicht stoßen. Im Gegenteil. Es trägt zur Übertragung der Stimmung vor Ort bei.

Die Wahl des ISO-Wertes

Für die α450/500/550 empfiehlt sich bei Konzert- und Hallenaufnahmen mit wenig Licht ein ISO-Wert im Bereich von ISO 800 bis ISO 3200. Ist Körnung als Gestaltungsmittel im Bild gewünscht, sollten Sie ISO 6400 oder sogar ISO 12800 wählen.

Ab ISO 3200 erhalten Sie an der α450/500/550 bereits ▶ „Korn" in der Aufnahme. Sie können so der Aufnahme einen gewissen Charakter verleihen.

Anspruchsvolle Fotosituationen

Möchten Sie nicht nur sehr scharfe und statische, sondern auch dynamische Aufnahmen, kann der ISO-Wert herabgesetzt werden. Verschlusszeiten bis zu ¹/₂₀ Sek. bei Objektiven bis 85 mm lassen Bewegungen verwischen und geben die Dynamik in der Szene gut wieder.

RAW-Format gegen Überstrahlung durch Spotlichter

Durch den Einsatz der Spotmessung oder auch der mittenbetonten Messung kommt es eventuell außerhalb des Messbereichs, also in den Bildecken, zu Überstrahlungen durch Spotlichter. Um später bei der Bildbearbeitung genügend Reserven für die Korrektur zu haben, sollte das RAW-Format gewählt werden. Der wesentlich höhere Dynamikumfang des RAW-Formats gegenüber dem JPEG-Format spielt hier wieder seine Vorteile aus. Möchten Sie Ihre Aufnahmen direkt nach dem Konzert präsentieren, wählen Sie am besten die Option *RAW & JPEG*. So können Sie sofort auf die JPEG-Dateien zugreifen und haben später die Möglichkeit, die RAW-Dateien nach Ihren Wünschen im RAW-Konverter zu entwickeln.

Einsatz lichtstarker Objektive

Wie bei Konzert- und Hallenaufnahmen üblich, hat man mit wenig Licht zu kämpfen. Hier sind besonders lichtstarke Objektive immer von Vorteil. Der abzudeckende Brennweitenbereich liegt zwischen 70 und 200 mm. Profis, die die Atmosphäre des Konzerts verdichtet auf das Foto bannen wollen, sieht man auch schon mal mit einem 300-mm-F2,8-Objektiv vor Ort.

▲ Dieses Bild entstand mit ISO 800, 270 mm Brennweite, ¹/₉₀ Sek., f2,8, RAW. „Jede Automatik hätte bei diesen Verhältnissen auf vielleicht ¹/₃₀ Sek. gesetzt, wahrscheinlich aber noch länger – und das Bild sowohl hoffnungslos verwackelt als auch die roten Bereiche überbelichtet", schreibt Rainer Ruber zu seinem Konzertbild. Ein manueller Eingriff an der Kamera war in diesem Fall auch notwendig, um die Stimmung zu erhalten.

Um ein Einbeinstativ kommt man dann schon aufgrund des Gewichts von fast 2,5 kg nur für das Objektiv nicht herum. Ist das Budget nicht ganz so üppig, kann man in diesem Bereich bereits mit

▲ Das AF 70-200 mm F2,8 G SSM – beliebt bei den Profis, vom Brennweitenbereich und der Lichtstärke her ideal.

Hallen- und Konzertaufnahmen meistern

einem recht günstigen 50-mm-Normalobjektiv zu sehr guten Ergebnissen kommen, vorausgesetzt, man steht weit vorn an der Bühne. Das AF 50 mm F1,4 sollte zudem um mindestens eine Blende abgeblendet werden, da ansonsten die Ergebnisse ziemlich weich ausfallen. Ab Blende 2.8 ist es dann aber sehr scharf. Als immer noch sehr lichtstarke Alternative empfiehlt sich das AF 50 mm F1,8 DT SAM, das speziell für den APS-C-Sensor der α450/500/550 entwickelt wurde.

Aber auch die Kit-Objektive sind durchaus geeignet, wenn man den ISO-Wert entsprechend anhebt.

Unterstützung durch den Bildstabilisator

Die α450/500/550 verfügt glücklicherweise über den gehäuseinternen Bildstabilisator Steady-Shot. Somit steht diese Funktion auch bei allen angeschlossenen Objektiven bereit. Der Steady-Shot sollte im Bereich der Konzertfotografie eingeschaltet sein. Sich bewegende Personen kann er natürlich nicht stabilisieren. Die Gefahr aber, dass man Aufnahmen verwackelt, ist wesentlich geringer als ohne Stabilisator.

Optimales Messverfahren wählen

Die Erfahrung zeigt, dass die effektivste Messmethode für Konzertaufnahmen meist die Spotmessung ist. Auch die mittenbetonte Messung kann zu guten Ergebnissen führen. Vor allem möchte man ja den Künstler optimal belichtet auf die Fotos bannen. Auch die Scheinwerfer strahlen normalerweise den Künstler an, sodass er sich vom Umfeld abhebt. Würde man hier die Mehrfeldmessung wählen, würde die Automatik die Gesamtszene berechnen und den Künstler womöglich überbelichten.

Sicher ist der Fotograf stark gefordert, denn er muss den Künstler oder das zu fotografierende Detail ständig im doch recht kleinen Messfeld nachführen. Die Chance auf perfekt belichtete Aufnahmen steigt so aber erheblich an.

Möchten Sie mit Weitwinkelobjektiven die gesamte Band oder Bühne aufnehmen, ist hingegen die Mehrfeldmessung die bessere Wahl.

▲ Oben wurde als Messmethode die Mehrfeldmessung eingestellt. Dadurch, dass das gesamte Bildfeld in die Belichtungsmessung einfließt, geht die Lichtstimmung verloren. Unten wurde mit der Spotmessung gearbeitet, was die Lichtsituation vor Ort besser wiedergibt (Foto: Rainer Ruber, www.konzertpix.de).

Ist der Aufhellblitz sinnvoll?

Grundsätzlich sollte der interne Blitz bei Konzerten möglichst nicht eingesetzt werden. Zum einen kann dieser Blitz eventuell die ganze Veranstaltung oder den Künstler stören und zum anderen kann damit die gesamte vorhandene Lichtstimmung verloren gehen.

Anspruchsvolle Fotosituationen

▲ Anspruchsvolle Lichtverhältnisse meistern Sie am besten mit hohen ISO-Werten (hier ISO 800). Wollen Sie Bewegungsunschärfe bei den Personen vermeiden, sollte die Belichtungszeit unter 1/50 Sek. liegen.

Einstellungsvorschlag für die α450/500/550 für die Konzertfotografie

Für die Konzertfotografie ist der Blendenprioritätsmodus die richtige Wahl. Lassen Sie zunächst die Blende möglichst weit geöffnet, um kurze Belichtungszeiten zu erhalten. Später kann mit Blende und Belichtungszeit experimentiert werden, um die gewünschten Effekte zu erreichen. Die weiteren Einstellungen sind wie folgt zu empfehlen: ISO 800 bis ISO 3200, RAW-Format, Spotmessung, Bildfolgemodus Serienbild. Lassen Sie den Finger ruhig etwas länger auf dem Auslöser. Die Kamera nimmt dann etwa 4–5 Bilder pro Sekunde auf. Im RAW-Format können so bis zu 14 bzw. sechs Bilder hintereinander in den Zwischenspeicher der α450/500/550 geladen werden. Später haben Sie so eine große Anzahl von Aufnahmen, und die Chance

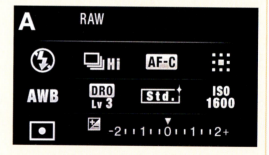

steigt, dass schöne Posen des Künstlers und technisch perfekte Aufnahmen dabei sind. Testen Sie hierzu auch den Bildfolgezeitprioritätsmodus. Hier schafft die Kamera etwa sieben Bilder pro Sekunde. Sinnvoll ist dieser Modus, wenn sich die Motivposition kaum ändert, da hier der Autofokus nicht nachgeführt wird.

Tonwerte und Farben nachträglich optimieren

Mit hoher Sicherheit wird es notwendig werden, die Tonwerte und Farben leicht anzupassen. Dies ist bedingt durch die komplizierte Lichtsituation in Hallen und Konzertsälen.

Optimal ist es, wenn man ohnehin im RAW-Format arbeitet, da eine Entwicklung der Fotos später im RAW-Konverter problemlos und verlustfrei möglich ist. Umfangreiche Informationen hierzu sind in den Kapiteln 7.1 sowie 10.1 verfügbar.

Wurde etwa aus Speicherplatzgründen das JPEG-Format angewendet, können natürlich ebenfalls Optimierungen durchgeführt werden. In Adobe Photoshop Elements z. B. bedient man sich beim Histogramm (*Überarbeiten/Beleuchtung anpassen/Tonwertkorrektur*) den in der Abbildung gekennzeichneten Schiebereglern. Hierzu verschiebt man in diesem Fall den rechten weißen Regler nach links bis zum Ende des Histogrammbergs. Mit dem mittleren Regler kann man die Kontrastwerte des Bildes aufbessern.

Es ist auch durchaus möglich, dass die Sättigung der Farben korrigiert werden muss. Bei Konzertaufnahmen kommt es häufig zu Übersättigungen der Farben durch die eingesetzte Beleuchtungstechnik. Ist dieser Effekt nicht gewünscht, kann er im RAW-Konverter oder, wenn im JPEG-Format fotografiert wurde, z. B. in Photoshop Elements verändert werden. Im Menüpunkt *Überarbeiten/Farbe anpassen/Farbton/Sättigung anpassen* kann die Sättigung durch Ziehen des Reglers nach links optimiert werden. Eine Farbtonanpassung ist hier ebenfalls möglich.

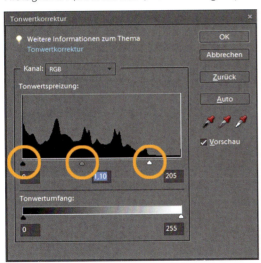

▲ *Tonwertkorrektur in Photoshop Elements.*

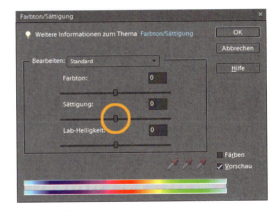

▲ *Farbton/Sättigung für optimale Farben.*

9.2 Gekonnte Astrofotografie

Sie kennen vielleicht das Gefühl: Im Urlaub in einem kaum besiedelten Gebiet, wenn man nachts zum Himmel schaut, ist man überwältigt von der Sternenpracht. Gern würde man vielleicht noch weiter ins Weltall schauen und diese Schönheit festhalten können. Das könnte für Sie der Einstieg in die Astrofotografie sein.

Aufgrund ihrer sehr guten Rauscheigenschaften eignet sich die α450/500/550 gut für die Astro-

Anspruchsvolle Fotosituationen

fotografie. Man braucht kein Astroprofi zu sein, um beeindruckende Aufnahmen mit einer recht einfachen und günstigen Ausrüstung zu bekommen. Bilder, wie man sie vom Hubble-Teleskop kennt, sind hierbei natürlich nicht zu erreichen. Dafür wäre der finanzielle und zeitliche Aufwand enorm.

Neben der Technik ist langjährige Erfahrung eine weitere Voraussetzung. Man muss zur richtigen Zeit am richtigen Ort sein, wissen, welche Technik für das gewählte Objekt die richtige ist, und nicht zuletzt wissen, wie die Rohdaten später am PC verarbeitet werden müssen.

Aber bereits mit den Kit-Objektiven der α450/500/550, einem stabilen Stativ und etwas Bildbearbeitung sind eindrucksvolle Strichspur- oder Sternbildaufnahmen möglich.

Optimale Einstellungen an der α450/500/550

Da sich die Elektronik einer Digitalkamera bei längeren Belichtungszeiten erwärmt und diese eigentlich für die Tageslichtfotografie ausgelegt ist, sind die richtigen Einstellungen an der α450/500/550 wichtig. So kann auch die α450/500/550 zu einer recht guten Astrokamera werden.

▲ ISO 1600 ergibt an der α450/500/550 ein noch akzeptables Bildrauschen. Höhere Werte sind durchaus noch möglich. Sie sollten hier aber vorab Tests durchführen, ob Sie mit der Bildqualität zufrieden sind.

Ein entscheidender Punkt ist die richtige ISO-Empfindlichkeit. Hohe ISO-Werte erlauben längere Belichtungszeiten, andererseits ergeben hohe ISO-Werte auch ein stärkeres Rauschen. Gleichzeitig wird der Dynamikumfang reduziert.

Als Kompromiss hat sich bei der α450/500/550 ein ISO-Wert von 1600 und 3200, je nach der Situation, ergeben. Bei besonders lichtschwachen Objekten kommt man um die Wahl von bis zu ISO 6400 nicht herum. Das Rauschminderungssystem der α450/500/550 erlaubt auch in diesem Bereich noch ausreichend gute Aufnahmen. Für Strichpunktaufnahmen ist andererseits ISO 200 bzw. ISO 400 die richtige Wahl.

Ab einer Belichtungszeit von einer Sekunde bedient sich die α450/500/550 eines Tricks zur Rauschreduzierung. Dabei wird nach jeder Aufnahme nochmals eine Aufnahme gleicher Belichtungszeit bei geschlossenem Verschluss durchgeführt. Dieses sogenannte Dunkelbild enthält nun ähnliche Rauschwerte wie die vorhergehende Aufnahme. Anhand dieser Daten rechnet nun die α450/500/550 das Rauschen aus der eigentlichen Aufnahme heraus.

Ein Nachteil dieser gut funktionierenden Option ist die Zeit, die dabei verloren geht. Bei wenigen Sekunden lässt sich dies vielleicht noch verschmerzen. Im Minutenbereich kann so aber die Arbeit recht stark behindert werden. Möchten Sie durchgängige Strichpunktaufnahmen anfertigen, ist es zudem gar nicht möglich, diese Funktion zu nut-

▲ Ist es wichtig, wie z. B. bei Strichpunktaufnahmen, dass zwischen den Aufnahmen keine Pausen liegen dürfen, schalten Sie die Langzeitrauschminderung ab. Jede Aufnahme würde ansonsten die doppelte Zeit benötigen.

zen. Hierfür muss die Rauschreduzierung deaktiviert werden.

Um trotzdem rauschreduzierte Aufnahmen zu erhalten, kann man diese Dunkelbilder auch getrennt aufnehmen. Wichtig dabei ist, dass das Objektiv abgedeckt wird und dass die gleichen Aufnahmebedingungen herrschen.

Die Belichtungszeit und die Temperatur müssen denen der vorhergehenden Aufnahmen entsprechen. Von diesen Dunkelbildern sollten mindestens zwei Aufnahmen erstellt werden. Später kann dann per Bildbearbeitung mit den Aufnahmen ein ähnlicher rauschmindernder Effekt erreicht werden. Die Dunkelbilder werden dabei gemittelt und von den Aufnahmen der Serie abgezogen.

Der ansonsten sehr wertvolle Monitor der α450/500/550 sollte möglichst abgeschaltet werden. Jegliches zusätzliche Licht ist bei Astroaufnahmen normalerweise störend.

▲ Um später genügend Korrekturspielraum in der Bildbearbeitung zu haben, sollten Sie im RAW-Modus arbeiten.

Ohne Stativ bzw. Montierung ist ein sinnvolles Arbeiten in der Astrofotografie meist nicht möglich. Da der Bildstabilisator der α450/500/550 nicht für den Stativeinsatz konzipiert wurde, sollten Sie ihn abschalten.

▲ Schalten Sie den SteadyShot bei Arbeiten mit einem Stativ bzw. einer Astromontierung aus.

Perfekte Strichspuraufnahmen

Strichspuraufnahmen visualisieren die Erdrotation. Viele extrem lang belichtete Einzelaufnahmen werden hierbei zusammengerechnet. Die Sternspuren, die dabei entstehen, bilden bei exakter Ausrichtung Kreise um den scheinbar stillstehenden Polarstern (Himmelspol). Ein Objekt im Vordergrund trägt meist zur Attraktivität der Aufnahme bei. Für Strichspuraufnahmen wird die α450/500/550 mit einem weitwinkligen Objektiv fest auf ein Stativ montiert.

▲ Trotz der automatischen Anpassung der LCD-Monitorhelligkeit sollten Sie den Monitor abschalten. Das Gleiche gilt für die Bildkontrolle. Es könnte sonst zu unangenehmen Blendungen kommen.

Vergessen Sie nicht, das Rohdatenformat RAW einzustellen. Aus den Rohdaten der α450/500/550, die im 12-Bit-Format vorliegen, lassen sich weitaus mehr Informationen gewinnen, als es mit den komprimierten 8-Bit-JPEG-Daten möglich ist.

Anspruchsvolle Fotosituationen

Sinnvoll arbeiten mit dem programmierbaren Timer

Kaiser Fototechnik bietet den digitalen Sucher Zigview an. Dieser hat neben vielen anderen nützlichen Funktionen auch eine Intervallsteuerung. Belichtungszeiten zwischen einer Sekunde und 24 Stunden und eine Anzahl von fast unbegrenzt vielen Aufnahmen sind möglich. Für die α450/500/550 ist die passende Variante des Zigview S2B zu wählen. Alternativ gibt es günstige Timer von Fremdanbietern oder zum Selbstbau.

▲ Mit diesem Intervallfernauslöser können Sie individuell die Anzahl der Intervalle sowie die Intervalllänge einstellen.

Sinnvoll ist eine Timersteuerung, die automatisch für die Verschlusssteuerung der meist 3-5-Minuten-Intervalle sorgt. Die α450/500/550 kann bis zu 30 Sekunden selbst steuern. Darüber hinaus muss als Belichtungszeit Bulb eingestellt werden. Der Verschluss bleibt hier so lange geöffnet, bis der Auslöser losgelassen wird. Mittels Timersteuerung kann komfortabel die Belichtungszeit und die Anzahl der Intervalle eingestellt werden.

Für die Aufnahme von Sternenstrichspuren sollte eine maximale Empfindlichkeit von ISO 400 gewählt werden. Besser sind niedrigere ISO-Empfindlichkeiten. Versuchen Sie, ein Optimum zwischen den notwendigen 3-5-Minuten-Belichtungszeiten und den ISO-Einstellungen zu finden. Probebelichtungen und die anschließende Beurteilung auf dem Display oder Notebook bieten sich hierfür an. Das Histogramm kann ebenfalls herangezogen werden, um Über- bzw. Unterbelichtungen auszuschließen und den Dynamikbereich optimal zu nutzen. Auch auf eine eventuell zu starke Dominanz der Himmelshintergrundhelligkeit sollte geachtet werden. Das Objektiv sollte möglichst weitwinklig sein. Bereits mit dem Kit-Objektiv AF 18-55 mm F3,5-5,6 DT SAM sind derartige Aufnahmen möglich. Blenden Sie bei diesem Objektiv 1–2 Blenden ab, um eine optimale Qualität zu erhalten. Alternativ kann auch z. B. das Zeiss Vario-Sonnar T* AF 16-80 mm F3,5-4,5 DT ZA oder, wenn noch mehr Weitwinkel gewünscht wird, das Sony AF 11-18 mm F4,5-5,6 DT eingesetzt werden. Das Zeiss-Objektiv ist bereits bei Offenblende sehr gut und braucht deshalb für eine optimale Bildqualität weniger abgeblendet zu werden.

Haben Sie alles berücksichtigt, kann es an das Aufnehmen gehen. Die Einzelaufnahmen werden später am PC in Photoshop überlagert. Einfacher geht es mit spezieller Software wie z. B. Startrails, das unter *http://www.startrails.de* als Freeware heruntergeladen werden kann. Das Programm verarbeitet 200 Einzelaufnahmen und mehr. Auch die Dunkelbilder können zur Rauschreduktion in die Berechnung mit einfließen.

Okularabdeckung verwenden

Es ist durchaus möglich, dass Streulicht durch den Kamerasucher auf den Sensor gelangt. Aus diesem Grund sollte die Okularabdeckung verwendet werden. Diese befindet sich am Kameragurt und kann einfach anstelle der Gummiaugenmuschel über den Suchereinblick geschoben werden.

▲ Sobald Sie den Sucher nicht mit dem Auge verdecken, sollten Sie, um Streulicht, das durch den Sucher auf den Sensor gelangen könnte, zu verhindern, die mitgelieferte Okularabdeckung verwenden. Sie können darauf natürlich verzichten, sobald Sie mit der α500/550 im Live-View-Modus arbeiten, da hier der Sucher automatisch verdeckt ist.

Gute Optiken sind das A und O

Bevor man weiter in die Tiefen des Weltalls eindringen kann, sind ein paar Gedanken zu den entsprechenden Optiken wichtig. Denn nun sind Brennweiten gefragt, die weit jenseits von Weitwinkelobjektiven liegen. Lichtstärke und mechanische Verarbeitung sind neben der optischen Qualität ebenfalls wichtig. Der Autofokus hat, wenn überhaupt, nur Bedeutung bei Aufnahmen des Mondes. In allen anderen Fällen kommt man um eine manuelle Scharfstellung nicht herum. Vorsicht ist bei einigen günstigen Objektiven geboten. Diese lassen sich recht schwer per Hand scharf stellen und besitzen meist keine Entfernungsmarkierung. Das Scharfstellen ist so kaum präzise möglich.

Auf Farbfehler prüfen

Farbfehler (chromatische Aberration) einer Optik sollten bei Tageslicht geprüft werden. Hierzu überprüft man Aufnahmen weiter entfernter Motive. An starken Kanten dürfen keine Farbsäume, meist blau, auftreten. Sind doch Farbsäume vorhanden, handelt es sich um eine nicht genügend korrigierte Optik.

Da Licht unterschiedlicher Wellenlänge (also unterschiedlicher Farbe) unterschiedliche Brechzahlen besitzt, entstehen unterschiedliche Brennpunkte beim Durchgang durch eine Optik. Farbsäume und Unschärfe sind die Folge, die besonders in der Astrofotografie stark auffallen und schlecht per Bildbearbeitung korrigiert werden können.

Einfache, unkorrigierte Optiken werden als Chromaten bezeichnet. Alle Farben treffen auf einen unterschiedlichen Brennpunkt. Diese Optiken sind nur für Spezialanwendungen geeignet. Achromaten korrigieren durch weitere Linsen die rote und die blaue Farbe, sodass der Brennpunkt übereinstimmt. Hochwertige Optiken sind für den gesamten sichtbaren Wellenlängenbereich korrigiert und werden als Apochromaten bezeichnet.

Möchte man die durch Farblängsfehler entstehenden Säume um die Sterne herum vermeiden, sollten APO-Objektive zum Einsatz kommen. Diese sind entsprechend korrigiert (siehe Infokasten).

Interessant in diesem Bereich sind sicher das Sony AF 300 mm F2,8 G SSM mit 1,4-fach- oder 2-fach-Konverter sowie die Minolta-Objektive AF 400 mm F4,5 APO G und AF 600 mm F4 APO G. Wobei man hier schnell in den Bereich von einigen Tausend Euro gelangt, selbst bei den Minolta-Objektiven, die nur noch auf dem Gebrauchtmarkt zu erhalten sind.

Neben diesen Objektiven gibt es spezielle Optiken, die für den Astrobereich konzipiert wurden – die Teleskope. Teleskope verfügen weder über eine einstellbare Blende noch über eine Möglichkeit, die Linsen per Kameramotor zu verschieben, um den Fokus einzustellen. Preislich macht sich dies natürlich bemerkbar. So sind Teleskope weitaus günstiger als Fotooptiken gleicher Brennweite und Lichtstärke.

Man unterscheidet bei den Teleskopen zwischen Refraktoren und Reflektoren. Fotoobjektive gehören zu den Refraktoren, d. h., hier sind Linsen zur Erzeugung des Bildes im Einsatz. Reflektoren benutzen statt der Linsen einen konkaven Spiegel am hinteren Rohrende. Das Licht wird gebündelt und zu einem Hilfsspiegel reflektiert, der es zu einem Okular hin umlenkt.

Normalerweise bieten Reflektoren eine größere Brennweite als Refraktoren der gleichen Preiskategorie, da Spiegel leichter und günstiger zu fertigen sind als Linsen. Bilder von Refraktoren sind hierfür meist schärfer und kontrastreicher.

Prinzipiell kann man sagen, dass das Auflösungsvermögen eines Teleskops entscheidend durch die Öffnung bestimmt wird. Je größer die Öffnung, umso höher ist das Auflösungsvermögen und umso mehr Details werden sichtbar sein.

Ein Teleskop ohne gute Montierung (Astrostativ) ist relativ nutzlos. Eine stabile Montierung ist Grundvoraussetzung, um das Teleskop genau ausrichten zu können, es zu stabilisieren und ruckelfrei bewegen zu können.

Eine gute Montierung liegt preislich nicht selten im gleichen Bereich wie das zu verwendende Teleskop. Man unterscheidet zwischen azimutaler und äquatorialer Montierung. Mit der äquatorialen Montierung kann ein Stern mit nur einer Drehbewegung verfolgt werden. Diese Montierung wird mit einer Achse auf den nördlichen oder südlichen Himmelspol ausgerichtet. Mit einem Motor, der das Teleskop 15° pro Stunde dreht, kann die Erdbewegung kompensiert werden.

Anschluss der Sony α450/500/550 an ein Teleskop

Für die Astrofotografie geeignete, entsprechend korrigierte und lichtstarke Objektive ab 200 mm sind für viele Amateure meist nicht erschwinglich. Kostet doch z. B. das Sony AF 300 mm F2,8 G SSM mehrere Tausend Euro.

Günstiger gelangt man in diesen Bereich mit Teleskopen. Aber auch hier muss auf die Qualität der Optik und Mechanik geachtet werden. Zu empfehlen sind Geräte mit ED-Optiken, die APO-Chromaten oder reine Spiegelteleskope. Die Finger lassen sollten Sie von den günstigen FH-Achromaten, da hier der Farbfehler stark als Blausaum sichtbar wird.

▲ Der T2-Adapter für das A-Bajonett (links) und der 2-Zoll-Steckadapter (rechts) sind meist notwendig, um die α450/500/550 an ein Teleskop zu adaptieren.

Teleskope besitzen meist einen Anschluss mit 1,25 oder 2 Zoll und können nicht direkt an die Kamera angeschlossen werden. Hierfür ist ein Adapter notwendig. Häufig wird hierzu ein T2-Adapter für den Übergang vom Sony-Bajonett auf das 2-Zoll-Gewinde eingesetzt.

Gekonnte Astrofotografie

Es gibt Teleskope, an die die α450/500/550 direkt angeschlossen werden kann, da sie über einen T2-Gewindeanschluss verfügen. In den meisten Fällen ist aber ein zusätzlicher 2-Zoll-Steckanschluss notwendig. Hierfür ist im Astrofachhandel ein T2-auf-2-Zoll-Steckanschluss-Adapter zu beziehen.

> **Ein 1,25-Zoll-Anschluss ist für die α450/500/550 nicht zu empfehlen**
>
> Für die α450/500/550 kommt nur ein Teleskop infrage, das über einen 2-Zoll-Anschluss verfügt. Günstige Objektive mit 1,25-Zoll-Anschluss lassen nicht genügend Licht bis zum Sensor durch und es kommt zu starken Randabschattungen. Theoretisch ist es möglich, die α450/500/550 auch auf 1,25 Zoll zu adaptieren, aber es ist nicht wirklich zu empfehlen. In seltenen Fällen kann es vorkommen, dass man für ein älteres Teleskop einen Spezialadapter benötigt.

Unter Umständen kann es vorkommen, dass bei bestimmten Teleskopen Verlängerungshülsen eingesetzt werden müssen, um scharfe Aufnahmen zu erreichen.

Mondaufnahmen

Ein sehr beliebtes und oft fotografiertes Objekt ist der Mond. Bereits mit einer Brennweite von 300 mm sind Aufnahmen mit vielen Details möglich. Für formatfüllende Aufnahmen mit der α450/500/550 werden hingegen 900–1.200 mm Brennweite benötigt. Stehen längere Brennweiten zur Verfügung, können bereits Ausschnitte des Mondes angefertigt werden. Um den Detailreichtum zu erhöhen, kann dann auch eine Mosaikaufnahme, zusammengesetzt aus mehreren Einzelaufnahmen, per Software zusammengerechnet werden.

Benutzen Sie ein Teleskop, muss im Gegensatz zum lichtstarken Autofokusobjektiv von Hand scharf gestellt werden. Der gute Monitor der

▼ Der Mond, fotografiert mit 600 mm Brennweite.

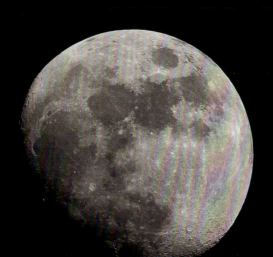

Anspruchsvolle Fotosituationen

α450/500/550 unterstützt hier den Fotografen. Mit Probeaufnahmen und Hereinzoomen in die Aufnahme kann recht gut eingeschätzt werden, ob der Mond scharf abgebildet wird. Auch der Modus MF Check LV ist für die Schärfebeurteilung vor der Aufnahme gut geeignet.

Bei Mondaufnahmen sollte eine niedrige ISO-Empfindlichkeit (ISO 200 oder ISO 400) an der α450/500/550 eingestellt sein, um möglichst wenig Rauschen in den Bildern zu haben. Da die α450/500/550 mit Nicht-System-Geräten wie Teleskopen nur im manuellen Modus auslöst, ist die Belichtungszeit manuell einzustellen. Es bietet sich an, eine Belichtungskorrektur von ca. –0,3 bis –1 EV einzustellen, um Überbelichtungen zu vermeiden.

Die Blende kann an Teleskopen natürlich nicht verstellt werden. Da der Mond doch recht viel Licht abstrahlt, sind meist Belichtungszeiten von unter einer Sekunde ausreichend. Eventuell eingesetzte Montierungen müssen in diesem Fall nicht extrem genau eingestellt werden. Hingegen ist auf die Luftunruhe, als Seeing bezeichnet, zu achten. Durch atmosphärische Störungen kann es hier in den Aufnahmen zu Unschärfe kommen. Aus diesem Grund sind möglichst mehrere Aufnahmen anzufertigen.

▲ Es bietet sich eine leichte Belichtungskorrektur an. Hierzu drehen Sie das Einstellrad ein bis zwei Rasterstellungen nach links, nachdem die Taste für die Belichtungskorrektur gedrückt wurde.

Später besteht dann die Möglichkeit, diese Aufnahmen mit entsprechender Software wie RegiStax oder Giotto zu mitteln, sodass diese Störungen herausgerechnet werden können. Andererseits kann es durch Seeing zu Fokusänderungen kommen. Ein Übereinanderlegen (Stacken) der Bilder ist dann nicht sinnvoll.

Besser ist es in diesem Fall, die beste Aufnahme auszusuchen und per Bildbearbeitung zu optimieren. Dabei kann man sich meist auf eine geringe Tonwertkorrektur bzw. die Anpassung der Gradationskurve und eine Schärfung mittels Unscharf maskieren beschränken. Waren höhere ISO-Werte erforderlich, kann auch noch eine Rauschreduzierung notwendig werden.

◀ Matthias Kühle-Weidemeier nutzte für diese gelungene detailreiche Mondaufnahme das Sony AF 70-400 mm F4-5,6 G mit Kenko MC DG 1,5 Telekonverter (1,4x) + Minolta APO-Telekonverter (2,0x). Hieraus resultieren 1.120 mm Brennweite. Er fokussierte manuell mithilfe eines Winkelsuchers 2,5x. Als Stativ kam ein Feisol 3442 mit Kugelkopf Novoflex Ball 40 zum Einsatz.

9.3 Natur- und Landschaftsfotografie: richtige Einstellungen und Tipps

Natur- und Landschaftsaufnahmen sind ebenfalls beliebte Fotogebiete, die Sie bereits mit einfachen Mitteln erforschen können.

Der effektvolle Umgang mit der Perspektive mit Weitwinkel

Schon das Kit-Objektiv AF 18-55 mm F3,5-5,6 DT SAM erlaubt in Weitwinkelstellung effektvolle Aufnahmen von Landschaften, in denen sowohl der Vordergrund als auch der Hintergrund scharf dargestellt sind. Die Distanz zum Objekt im Vordergrund sollte möglichst gering sein, um die Relationen zwischen nah und fern gut darzustellen. Die Blende sollte hier bis zur Verwacklungsgrenze geschlossen sein, um eine möglichst große Schärfentiefe zu erzielen. Mit dem Einsatz eines Stativs kann noch weiter abgeblendet werden. Der SteadyShot sollte dann abgeschaltet werden.

Zudem kann man das Bild in Ruhe arrangieren. Gemessen vom Bildsensor können Sie mit dem Objektiv ca. bis 25 cm an das Objekt im Vordergrund heran. Hier ist die Naheinstellgrenze erreicht und ein Scharfstellen darunter nicht mehr möglich.

Im extremen Weitwinkelbereich können winzige Änderungen der Kameraposition zu erheblichen Änderungen im Bildergebnis führen.

▼ *Aufnahme mit Weitwinkel bei 16 mm Brennweite.*

Anspruchsvolle Fotosituationen

Perspektive straffen mit Teleobjektiven

Will man einzelne Objekte von der weiteren Szene lösen bzw. herausstellen, bieten sich Teleobjektive an. Mit dem Kit-Objektiv AF 55-200 mm F4-5,6 DT SAM gelangen Sie in Telestellung (also ab 100 mm herum) bereits in brauchbare Bereiche.

Die Vergrößerung ist hier bereits zweifach. Mit längeren Brennweiten gelingt es noch besser, Objekte freizustellen. Die Blende sollte möglichst geöffnet sein, um dem Vorder- und Hintergrund die Schärfe zu nehmen. Hierdurch wird das Herausstellen des Hauptobjekts unterstützt. Des Weiteren eignen sich Teleobjektive dazu, die Perspektive zu straffen. Die räumliche Darstellung wird verdichtet. Zum Beispiel Bergketten oder Blumenlandschaften können so vorteilhaft verdichtet werden. Die Wirkung der Szene nimmt zu.

Die Empfehlung lautet auch hier, ein Stativ einzusetzen. Ab einer Brennweite von ca. 200 mm wird ein stabiles Stativ meist ohnehin Pflicht, um Verwacklungen zu vermeiden.

▼ Diese vertrocknete Früchtentraube wurde mit 150 mm Brennweite vor dem Hintergrund freigestellt. Für gute Ergebnisse ist es auch wichtig, dass Sie mit einer möglichst großen Blende arbeiten.

▲ Hier wurden eine 400-mm-Brennweite und Blende 5.0 verwendet, um das Feld gestrafft und damit interessanter aufzunehmen.

Panorama: das besondere Bildformat

Das Bildformat des Panoramas ist nicht besonders definiert. Im Allgemeinen bezeichnet man aber ein Bild als Panorama, wenn die Seitenverhältnisse bei mindestens 1:2 liegen. Panoramen eignen sich im Besonderen für Landschaftsaufnahmen, da sie unserem visuellen Eindruck des Wahrgenommenen entsprechen. Wir erleben eine Landschaftsszene nicht in einem Blick oder Bild, sondern drehen unseren Kopf, um die Gesamtheit zu erkennen.

Die α450/500/550 besitzt im Sucher vier Markierungsstriche (bei gewähltem Seitenverhältnis 16:9 im Menü 1) für das Breitbandformat (HDTV) 16:9. Im Live-View-Modus wird die Displayausgabe oben und unten entsprechend beschnitten. Sie können sich hieran bei den Aufnahmen orientieren, um später Bilder auf 16:9-Displays wiederzugeben.

Das Bild wird hierbei im normalen Format aufgenommen und später bei der Ausgabe beschnitten. Im RAW-Format hingegen wird das Bild natürlich ohne Beschnitt gespeichert. Die α450/500/550 verfügt über eine Schnittstelle zur Verbindung der Kamera mit dem HDMI-Ausgabegerät.

▲ Das Format von Panoramen erzeugt meist eine starke Wirkung, da es unserem natürlichen Sehen sehr nah ist.

Panoramen mit stärkeren Seitenverhältnissen sind nur durch Beschnitt oder das Aneinanderreihen mehrerer Bilder (Stitchen) möglich. Auch wenn die α450/500/550 mit ihrer hohen Auflösung ein gutes Potenzial bietet, um das Format zu beschneiden, wird man im Normalfall das Stitchen bevorzugen. Eine optimale Wirkung erzielen Panoramen ohnehin erst im großformatigen Ausdruck, und hier zählt eine möglichst hohe Auflösung für qualitativ hochwertige Panoramaabzüge. Eine besondere Wirkung erzielen Panoramen, wenn sie ein Seitenverhältnis besitzen (1:4), das von unserem Gesichtsfeld nicht sofort erfasst wird. Dies kommt unserem natürlichen Sehen in der Realität entgegen.

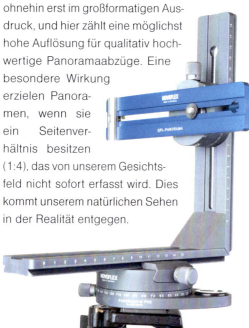

▲ Besonders geeignet für die Aufnahme von Panoramen ist das Novoflex-System VR.

Panoramabild mittels Panorama-Studio

1

Zunächst sind einige Einstellungen an der α450/500/550 vorzunehmen. Um eine gleichbleibende Belichtung sowie die gleiche Schärfentiefe über das gesamte Panorama zu erhalten, benutzen Sie am besten das Programm M. Hier bleibt die einmal vorgenommene Kombination aus Blende und Belichtungszeit erhalten. Den Autofokus schalten Sie ab und stellen die Schärfe von Hand ein.

2

Auch wenn bei Freihandaufnahmen bisweilen gute Panoramen entstanden sind, sollten Sie jedoch ein Stativ bevorzugen. Kamera und Stativ sind gut auszurichten. Das Schwenken der Kamera muss um das optische Zentrum, um den Nodalpunkt, geschehen. Ist das nicht der Fall, kommt es zum Versatz zwischen Vorder- und Hintergrund.

3

Beginnen Sie nun mit den Aufnahmen im Uhrzeigersinn. Wichtig ist hierbei, dass sich die einzelnen nebeneinanderliegenden Bilder mit ca. 20–30 % überlappen. Sind die Aufnahmen gelungen, fügen Sie sie mit einem Panoramaprogramm zusammen.

Nodalpunkt

Der Nodalpunkt wird auch als optisches Zentrum bezeichnet. Dies ist der Knotenpunkt des Objektivs, um den die Kamera gedreht werden muss. Bewegt man die Kamera nicht um diesen Punkt, kommt es zu sogenannten Parallaxefehlern. Diese erschweren das spätere Zusammensetzen der Bilder zu einem Panoramabild. Um ein exaktes Ausrichten der Kamera zu gewährleisten, werden spezielle Panoramastativköpfe angeboten. Mit ihnen ist es möglich, die Kamera nach vorn bzw. hinten, nach rechts bzw. links und in der Höhe zu verschieben.

So bestimmen Sie den Nodalpunkt:

1. Suchen Sie sich hierzu im Freien eine vertikale Linie im Nahbereich und eine weiter entfernte. Diese beiden Linien werden später zur Deckung gebracht.

2. Nun richten Sie Ihr Stativ horizontal mittels Wasserwaage oder einer Libelle aus.

3. Nach der Befestigung der Kamera am Panoramakopf wählen Sie die gewünschte Brennweite vor (bei Zoomobjektiven).

4. Die Drehachse der α450/500/550 muss nun exakt der Drehachse des Panoramakopfes entsprechen. Nehmen Sie die entsprechende Einstellung am Panoramakopf vor.

5. Schauen Sie nun durch den Sucher der α450/500/550 und visieren Sie beide vertikalen Linien aus Schritt 1 an. Diese Linien sollten außerhalb der Bildmitte z. B. rechts im Sucher dicht nebeneinanderliegen. Drehen Sie nun die Kamera weiter nach rechts, sodass die beiden Linien auf der linken Seite im Sucher erscheinen. Der Abstand beider Linien muss rechts und links identisch sein. Wenn Sie Glück haben, stimmt die Einstellung jetzt. Im Normalfall muss aber am Panoramastativkopf nachjustiert werden.

6. Für weitere Panoramabilder mit der gleichen Konfiguration ist es sinnvoll, die Werte festzuhalten. So erspart man sich die vorhergehenden Schritte und kann sofort mit der Fotografie beginnen.

Anspruchsvolle Fotosituationen

4

Über den Menüpunkt *Importieren* werden die einzelnen Bilder ausgewählt und ins Programm geladen. Nach dem Import werden die Bilder zunächst direkt aneinandergereiht dargestellt.

6

Nun kann es an das Zusammenführen (Stitchen) der Bilder gehen. Hierzu klicken Sie auf den Button *Stitch – Berechnung starten*.

5

Für die optimale Bildqualität benötigt das Programm noch einige Einstellungswerte. Über den Button *Vorgaben* gelangt man zu Angaben wie Brennweite, horizontaler Bildwinkel etc. Diese Werte sollten möglichst genau eingetragen werden.

Über den Menüpunkt *Eigenschaften/Panoramaeigenschaften* kann man nach der Bearbeitung Bildwinkel und Seitenverhältnisse ablesen.

Je nach Rechnerleistung und Bildmenge kann dieser Vorgang etwas Zeit in Anspruch nehmen.

7

Liegt das berechnete Panoramabild vor, können Sie sich an das weitere Bearbeiten des Bildes machen.

Das Programm bietet hierfür die entsprechenden Optionen wie das Zuschneiden und manuelle Korrekturen.

▲ Fertig berechnetes Panorama, das nun noch zugeschnitten und eventuell weiter optimiert werden kann.

9.4 Den Makrokosmos ergründen

Die Makrofotografie gehört zu den aufregendsten und beliebtesten Gebieten der Fotografie – erhält man hier doch mit relativ wenig Aufwand Einsichten in Größenordnungen, die ansonsten in ihrer Schönheit von uns kaum wahrgenommen werden. Selbst die im Set mit der α450/500/550 mitgelieferten Objektive Sony AF 18-55 mm F3,5-5,6 DT SAM und Sony AF 55-200 mm F4-5,6 DT SAM besitzen leichte Makrofähigkeiten, mit denen man seine ersten Schritte im Makrobereich wagen kann.

Mit diesen Objektiven ist ein Abbildungsmaßstab bis ca. 1:4 (Sony AF 18-55 mm F3,5-5,6 DT SAM bis ca. 1:3) möglich, d. h., das Motiv würde auf dem Bildsensor mit einem Viertel der Größe wie in der Realität dargestellt werden. Speziell für den Makrobereich berechnete Objektive können meist einen Abbildungsmaßstab von 1:2 bzw. 1:1 darstellen.

Hat man erst einmal einige Versuche in der kleinen Welt unternommen, ist man vielleicht schon mit Bienen und Heuschrecken per Du oder kennt die Blütenvielfalt des eigenen Gartens plötzlich wie kein anderer, kommt schnell der Wunsch nach noch besserem Zubehör auf. Plötzlich sind Begriffe wie Nahlinsen, Vorsätze, Zwischenringe oder Makroobjektive interessant. Denn man möchte noch dichter an das Objekt der Begierde heran und eine noch größere Abbildung erhalten.

▼ Die Makrofotografie zählt zu den beliebtesten Fotogebieten.

Makroobjektive

Mit normalen Objektiven gelangt man schnell an die Grenzen, wenn man sich einem Objekt nähert. Die Naheinstellgrenze dieser Objektive ist einfach zu groß, um in den Nah- bzw. Makrobereich vordringen zu können. Als Naheinstellgrenze wird dabei die kürzestmögliche Entfernung bezeichnet, ab der man scharf stellen kann.

▲ Sonys aktuelle Makroobjektivreihe besteht aus dem AF 30 mm F2,8 DT Makro SAM, dem AF 50 mm F2,8 Makro und dem AF 100 mm F2,8 Makro.

Makroobjektive sind hingegen so konstruiert, dass man bedeutend näher herankommt und damit die Objekte wesentlich größer abgebildet werden können. Dies verlangt nach einer aufwendigeren Konstruktion, die sich im Preis niederschlägt. Makroobjektive können aber auch universell außerhalb des Nah- und Makrobereichs eingesetzt werden und erzielen auch dann hervorragende Bildergebnisse. Ab einem Abbildungsmaßstab von 1:4 wird ein Objektiv als makrofähig eingestuft.

Sony hat derzeit neben den Set-Objektiven mit einem Abbildungsmaßstab von etwa 1:4 die Makroobjektive AF 30 mm F2,8 DT Makro SAM, AF 50 mm F2,8 Makro und AF 100 mm F2,8 Makro im Angebot. Diese besitzen einen maximalen Abbildungsmaßstab von 1:1.

Um diesen Maßstab zu erreichen, muss man mit dem 50-mm-Objektiv 20 cm und mit dem 100-mm-Objektiv 35 cm an das Motiv heran. Mit dem 30-mm-Objektiv sind es gar 13 cm.

Das 50-mm-Objektiv eignet sich mehr für Blüten und Ähnliches oder zur Reproduktion von Gegenständen. Denn von den 20 cm, die man benötigt, um den Abbildungsmaßstab von 1:1 zu erhalten, muss noch die Objektivlänge und die Länge der Streulichtblende abgezogen werden.

Wenn das wie beim 50-mm-Objektiv nochmals ca. 10 cm sind, bleibt nicht mehr viel Raum für die Fluchtdistanz. In einigen Fällen kann es aber auch nützlich sein, wenn man dicht an das Motiv herankommen kann. Zum Beispiel wenn das Platzangebot eingeschränkt ist und ein größeres Objektiv

Der Abbildungsmaßstab

Der Abbildungsmaßstab ist das Verhältnis zwischen dem zu fotografierenden Objekt und der Größe, wie es auf dem Bildsensor erscheint. Bei einem Abbildungsmaßstab von 1:1 wird das Objekt auf dem Bildsensor so dargestellt wie in der Realität. Eine 1 cm lange Ameise wird also auch auf dem Bildsensor auch eine Länge von 1 cm besitzen, auf einem Bildabzug von üblichen 15 x 10 cm immerhin schon 6,3 cm. Fotografiert man die Ameise mit einem Makroobjektiv mit dem maximalen Abbildungsmaßstab von 1:2, wäre sie auf dem Bildabzug halb so groß, also 3,15 cm.

Den Makrokosmos ergründen

stören würde, bietet sich das 50-mm-Objektiv geradezu an. Auch Sigma, Tokina und Tamron bieten interessante Makroobjektive an (siehe die Tabelle im Abschnitt „Marktübersicht über Makroobjektive für die α450/500/550" weiter unten).

▲ Abbildungsmaßstab 1:2.

▲ Abbildungsmaßstäbe im Vergleich. Hier beträgt der Abbildungsmaßstab 1:4, den Sie auch mit den Kit-Objektiven erzielen können.

▲ Abbildungsmaßstab 1:1.

Der Abbildungsmaßstab des Objektivs bleibt natürlich trotz Formatfaktor von 1,5 erhalten.

▼ Aufnahme mit Vollformatgröße und zum Vergleich mit der APS-C-Formatgröße der α450/500/550 und der Sony DSC-HX1 mit 1/2,4-Zoll-Sensor jeweils im Abbildungsmaßstab von etwa 1:2.

Der Kampf mit der Schärfentiefe

Je größer der Abbildungsmaßstab, desto geringer ist leider die Schärfentiefe. Und da man im Makrobereich mit großen Abbildungsmaßstäben arbeitet, fällt die Schärfentiefe entsprechend gering aus. Um sich eine Vorstellung davon machen zu können, wie stark sich dies auswirkt, nachfolgend ein Beispiel: Bei Blende 8 und maximalem Abbildungsmaßstab von 1:4 beträgt die Schärfentiefe z. B. des Sony-Set-Objektivs AF 55-200 mm F4-5,6 DT SAM ca. 7 mm, was schon ziemlich gering ist. Nimmt man nun das Sony AF 100 mm F2,8 Makro zur Hand und stellt es so dicht wie möglich am Objekt scharf, erhält man einen Abbildungsmaßstab von 1:1 und eine Schärfentiefe von nur noch 0,7 mm.

Da in den meisten Situationen mehr Schärfentiefe gewünscht ist, bleibt nur die Möglichkeit, noch weiter abzublenden. Mit der α450/500/550 und einem 180-mm-Makroobjektiv lassen sich noch bis ca. ¹⁄₄₅ Sek. Belichtungszeit dank SteadyShot scharfe Aufnahmen erreichen. Da aber der Bildstabilisator nur in horizontaler und vertikaler Richtung ausgleichen kann, ist ein stabiles Dreibeinstativ in diesem Bereich immer von Vorteil.

Telekonverter

Im Makrobereich bieten sich Telekonverter an, um den Abbildungsmaßstab nochmals zu erhöhen. Diese werden zwischen der α450/500/550 und dem eigentlichen Makroobjektiv angesetzt. Die beiden von Sony angebotenen Konverter, der 1,4x- und der 2x-Konverter, können im Makrobereich nur am im Moment nicht mehr produzierten AF-200-mm-F4-APO-Makroobjektiv von Konica Minolta bzw. Minolta genutzt werden. Die Verwendung des Autofokus ist nicht möglich. Was aber auch nicht sehr schlimm ist, denn in diesem Bereich muss ohnehin manuell scharf gestellt werden. Die Wege, um scharf zu stellen, sind dabei so gering, dass Fingerspitzengefühl gefragt ist. Mit dem 1,4x-Konverter sind Abbildungsmaßstäbe von 1,4:1 und mit dem 2x-Konverter von 2:1 möglich.

Telekonverter der Fremdhersteller

Kenko bietet in der DG-Reihe ebenfalls Telekonverter für das A-Bajonett der α450/500/550 an. Die DG-Reihe ist für den Einsatz an Digitalkameras optimiert worden und mehrschichtvergütet. Das Sortiment umfasst den 1,4x-Konverter DG Pro300, der die Brennweite um den Faktor 1,4 verlängert, den 2x-Konverter mit einer Verlängerung um 2 und den 3x-Konverter, der eine Verdreifachung der Brennweite ergibt. Der Lichtverlust beträgt entsprechend beim 1,4x-Konverter eine Blende, beim 2x-Konverter zwei Blenden und beim 3x-Konverter drei Blenden. Als Abbildungsmaßstäbe sind erreichbar: 1,4:1, 2:1 und 3:1. Der 3x-Konverter ist generell nur im manuellen Fokussiermodus verwendbar.

▲ Mit Telekonvertern können Sie den Abbildungsmaßstab vergrößern. Im Makrobereich bedeutet dies, dass Sie noch stärkere Vergrößerungen Ihrer Motive erhalten.

Zu beachten ist, dass sich beim Einsatz der Kenko-Konverter Abweichungen bei der Datenübermittlung ergeben. So zeigt der 1,4x-Konverter die Arbeitsblende des Objektivs an, der 2x-Konverter die richtige resultierende Blende und der 3x-Konverter

Den Makrokosmos ergründen

die resultierende Blende des 2x-Konverters. Die Brennweite wird mit dem 1,4x- und 2x-Konverter richtig übertragen, der 3x-Konverter gibt die Werte des 2x-Konverters wieder. Die exakte Belichtung ist aber in allen drei Fällen gewährleistet.

Theoretisch kann man mehrere Kenko-Telekonverter hintereinander platzieren. Kenko rät aber davon ab. Außerdem sollte man die Konverter nicht mit Zwischenringen kombinieren.

▲ Telekonverter von Sigma. Achten Sie hier auf die HSM- bzw. die Version ohne HSM.

Sigma bietet ebenfalls zwei Telekonverter für die α450/500/550 an: den 1,4x-Konverter EX DG und den 2x-Konverter EX DG. Die beiden Telekonverter gehören zur Profischiene von Sigma, erkennbar an der EX-Kennzeichnung, und besitzen auch eine Mehrfachvergütung, optimiert für den Digitaleinsatz. Diese sollten Sie aber – wie von Sigma empfohlen – nur an geeigneten Objektiven der EX-Serie verwenden.

Achtung Sigma-Konverter-Inkompatibilität

Sigmas neuere Konverter-Generation arbeitet nur noch mit HSM-Objektiven von Sigma zusammen. Diese Konverter sind mit dem Zeichen HSM gekennzeichnet und besitzen keine Welle zur Übertragung des Spindel-Autofokus mehr. Somit arbeiten Sie nur noch in der Betriebsart Autofokus mit Objektiven zusammen, die einen eigenen Antrieb besitzen. Ihre α450/500/550 unterstützt aber prinzipiell den HSM-Betrieb von Sigma.

Nahlinsen

Nahlinsen dienen ebenfalls dem Vergrößern des Abbildungsmaßstabs. Im Gegensatz zu Konvertern schraubt man diese aber auf das Filtergewinde des jeweiligen Objektivs. Bei Konvertern bleibt zudem die Naheinstellgrenze gleich. Bei der Nahlinse gilt: näher ran für größere Abbildungen. Je stärker die Nahlinse, umso näher kann man an das Motiv heran. Um maximale Bildergebnisse zu erzielen, muss mit Nahlinsen abgeblendet werden. Ein wesentlicher Vorteil von Nahlinsen besteht darin, dass sie keinen Lichtverlust verursachen. Mit der α450/500/550 arbeitet der Autofokus einwandfrei, ebenso die Belichtungsmessung.

▼ Zum Vergleich: oben eine Makroaufnahme mit dem Set-Objektiv Sony AF 18-55 mm F3,5-5,6 DT SAM und unten zusätzlich mit Nahlinse NL 3.

Anspruchsvolle Fotosituationen

Als Nachteil ist zu werten, dass man für jeden Filterdurchmesser eine gesonderte Linse benötigt. Für beide Set-Objektive der α450/500/550 benötigt man z. B. aber nur eine Filtergröße, nämlich 55 mm. Das Maß der Stärke einer solchen Linse wird in Dioptrien angegeben und definiert die Brechkraft. Der Hersteller B&W (Jos. Schneider Optische Werke GmbH, www.schneiderkreuznach.com) liefert hierzu Nahlinsen im Bereich von +1 bis +5, NL 1 bis NL 5.

▲ B&W-Nahlinse NL 3 zum Aufschrauben auf das Filtergewinde des Objektivs. Achten Sie beim Kauf auf den zu Ihrem Objektiv passenden Durchmesser. Hier ist ein Filter mit 55 mm Durchmesser abgebildet, der z. B. auf beide Set-Objektive (Sony AF 18-55 mm F3,5-5,6 DT SAM und Sony AF 55-200 mm F4-5,6 DT SAM) passt.

Die Nahlinse NL 1 ist dabei vor allem für Tele- und Zoomobjektive bis 200 mm geeignet. NL 2 kann an Normalobjektiven bis 50 cm Naheinstellgrenze eingesetzt werden. NL 3 und 4 vermindern erneut die Naheinstellgrenze, wobei NL 4 auch für Weitwinkelobjektive geeignet ist. NL 5 erweitert diesen Bereich nochmals. Ab NL 3 ist die Schärfentiefe bereits minimal. Bei NL 5 ist ein besonders starkes Abblenden unerlässlich.

Besitzt man das Set-Objektiv Sony AF 18-55 mm F3,5-5,6 DT SAM, lohnen sich Versuche mit dem Nahfilter NL 3. Die Naheinstellgrenze reduziert sich um etwa 2 cm.

Dioptrienzahl ermitteln

Mit der Angabe der Dioptrien wird die Brechkraft einer Nahlinse gekennzeichnet. Dabei handelt es sich um den Kehrwert (in Metern) der Brennweite.

$$1\text{ m} / \text{Objektivbrennweite} = \text{Brechkraft in Dioptrien}$$

Eine Nahlinse mit der Dioptrienzahl von +1 hat demnach eine Brennweite von 1.000 mm (1 m / 1), eine mit +2 hat eine Brennweite von 500 mm (1 m / 2) etc. Wenn man mit einer Nahlinse von +2 arbeitet, muss man also (bei eingestellter Schärfe auf Unendlich) auf 500 mm an das Objekt heran, um scharf abzubilden. Ist die Einstellungsentfernung geringer, kann man entsprechend dichter heran.

Marktübersicht über Makroobjektive für die α450/500/550

	Max. Abbildungsmaßstab	Naheinstellgrenze (cm)	Maße (mm)	Gewicht (g)	Filtergröße (mm)
Sony AF 30 mm F2,8 DT Makro SAM	1:1	13	70 x 45	150	49
Sony AF 50 mm F2,8 Makro	1:1	20	71,5 x 60	295	55
Sony AF 100 mm F2,8 Makro	1:1	35	75 x 98,5	505	55
Sigma AF 50 mm F2,8 EX DG	1:1	18,5	71,4 x 64	315	55

Den Makrokosmos ergründen

	Max. Abbildungsmaßstab	Naheinstellgrenze (cm)	Maße (mm)	Gewicht (g)	Filtergröße (mm)
Sigma AF 70 mm F2,8 EX DG	1:1	25	76 x 95	527	62
Sigma AF 105 mm F2,8 EX DG	1:1	31,3	74 x 95	450	58
Sigma AF 150 mm F2,8 EX DG	1:1	38	79,6 x 137	859	72
Sigma AF 180 mm F3,5 EX DG	1:1	46	80 x 179,5	960	72
Tamron SP AF 90 mm F2,8 Di	1:1	29	71,5 x 97	405	55
Tamron SP AF 180 mm F3,5 Di	1:1	47	84,8 x 165,7	920	72

Zwischenringe

Nahlinsen sind recht günstig, die erreichbaren Bildergebnisse befriedigen aber unter Umständen nicht ganz. Zwischenringe stellen einen preislichen Kompromiss zu Makroobjektiven und der erreichbaren Bildqualität dar. Auch mit ihnen lässt sich der Abbildungsmaßstab vergrößern. Zwischenringe werden wie die Telekonverter zwischen die Kamera und das Objektiv gesetzt. Selbst besitzen sie kein optisches System, sind also „hohl". Die optische Leistung des jeweiligen Objektivs wird somit im Gegensatz zur Nahlinse nicht gemindert. Auch kann man sie an allen Objektiven nutzen – ein weiterer Vorteil.

Zwischenringe werden in unterschiedlichen Längen hergestellt, was einen flexiblen Einsatz gestattet. Dabei unterscheidet man zwischen Ringen, die alle Daten des Objektivs an die Kamera weitergeben, und manuellen Systemen. Bei manuellen Zwischenringen muss man u. a. die Blende manuell einstellen, deshalb sind sie eigentlich nicht zu empfehlen.

▲ Die α550 mit angeschraubtem Zwischenringsatz.

Der Einsatz an Zoomobjektiven ist ebenfalls nur beschränkt zu empfehlen. Die Bildergebnisse sind in vielen Fällen nicht befriedigend.

Zu beachten ist weiterhin, dass man mit Auszugsverlängerungen wie den Zwischenringen nicht mehr auf Unendlich scharf stellen kann, was sie wirklich nur für den Nah- und Makrobereich einsetzbar macht.

▲ Achten Sie beim Kauf von Zwischenringen darauf, dass acht Kontakte vorhanden sind. Sind es nur fünf oder etwa keine Kontakte, werden diese Zwischenringe nicht alle Funktionen Ihrer α450/500/550 unterstützen.

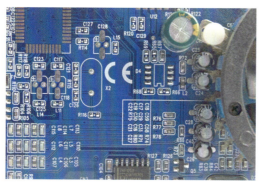

▲ Maximale Vergrößerung mit dem Kit-Objektiv AF 18-55 mm F3,5-5,6 SAM.

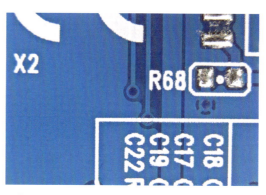

▲ Kombination mit 20- und 36-mm-Zwischenring.

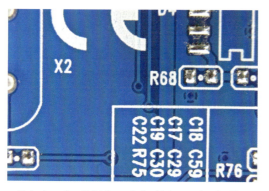

▲ Zwischen das Objektiv und die Alpha wurde ein 12-mm-Zwischenring von Kenko geschraubt. Das Motiv und somit der Abbildungsmaßstab wird vergrößert.

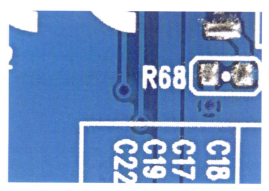

▲ Größtmöglicher Abbildungsmaßstab durch die Kombination aller drei Zwischenringe des Satzes. Alle Bilder wurden bei Blende 16 aufgenommen.

▲ 12-, 20- und 36-mm-Zwischenringsatz von Kenko. Achten Sie auf die DG-Variante, die für digitale Kameras entwickelt wurde.

Kenko bietet z. B. einen Zwischenringsatz für das A-Bajonett der α450/500/550 an. Dieser Satz enthält einen 12-mm-, einen 20-mm- und einen 36-mm-Zwischenring. Man sollte auf den Zusatz DG achten. Damit gekennzeichnete Zwischenringsätze sind für digitale Systeme optimiert. Die Ringe kann man problemlos untereinander kombinieren. Setzt man alle drei Ringe zusammen vor das Kit-Objektiv, erhält man immerhin einen Abbildungsmaßstab von ca. 1,2:1 bei einer Brennweite von 55 mm. Alle notwendigen Daten werden dabei von den Zwischenringen an die Kamera übertragen.

Den Makrokosmos ergründen

Ein problemloser Einsatz ohne langwierige manuelle Einstellungen ist garantiert.

> **Abbildungsmaßstab mit Zwischenringen**
>
> Möchte man den minimalen und maximalen Abbildungsmaßstab mit Zwischenringen errechnen, benutzt man folgende Formeln:
>
> Max. Abbildungsmaßstab = Abbildungsmaßstab Objektiv + Zwischenringstärke / Brennweite
>
> Min. Abbildungsmaßstab = Zwischenringstärke / Brennweite

Balgengeräte nutzen

Balgengeräte verlängern ähnlich den Zwischenringen den Auszug und werden somit ebenfalls zur Abbildungsmaßstabvergrößerung eingesetzt. Der Vorteil gegenüber Zwischenringen ist die stufenlose Einstellung des Auszugs.

▲ Automatik-Balgengerät von Novoflex.

Novoflex bietet ein Automatik-Balgengerät an, das direkt an Kamera und Objektiv angeschlossen werden kann. Der minimale Auszug beträgt hier etwa 45 mm, der maximale 125 mm. An der α450/500/550 wird die automatische Blendensteuerung nicht übertragen. Die Belichtungsverlängerung wird aber durch die Innenmessung (TTL) gewährleistet. Weil der Autofokus hier keine Funktion ausübt, sollte man den MF-Modus einstellen.

> **Auch ältere Geräte sind an Ihrer α450/500/550 einsetzbar**
>
> Sie können ältere Geräte mit MD/MC-Bajonett-Anschluss verwenden. Hierzu ist ein Objektivadapter MD/MC auf Sony-A-Bajonett notwendig. Sie können die günstige Variante ohne Linsensystem verwenden, da hier nicht die Problematik des Unendlichkeitsfokus besteht und man ohnehin nur im Nahbereich arbeitet. Am vorderen Teil des Balgengerätes können Sie dann ein gebraucht meist recht günstig zu erwerbendes MD- bzw. MC-Objektiv von Minolta anschrauben. Verwenden Sie dann zum Fotografieren den manuellen Modus M, sonst wird die α450/500/550 nicht auslösen.

Da Balgengeräte doch recht unhandlich sind, ist ihr Einsatz meist auf statische Motive zu beschränken.

Retroadapter für extreme Makros

Retro- oder auch Umkehradapter bieten eine weitere Möglichkeit, weiter in die Tiefen des Mikrokosmos einzutauchen.

Nehmen Sie sich z. B. das zur α450/500/550 im Set mitgelieferte Objektiv Sony AF 18-55 mm F3,5-5,6 DT SAM, stellen Sie eine Brennweite von 18 mm ein und schauen Sie durch die Frontlinse hindurch, werden Sie eine hohe Verstärkung ähnlich einer Lupe feststellen können. Dazu sollte der Abstand zum Motiv ungefähr 4 cm betragen. Um sich diesen Effekt zunutze machen zu können, muss das Objektiv falsch herum an die α450/500/550 geschraubt werden. Hier kommt der Umkehradapter ins Spiel.

Anspruchsvolle Fotosituationen

◄ Umkehradapter passend zum A-Bajonett der α450/500/550. Auf der einen Seite das A-Bajonett und auf der anderen ein Schraubgewinde.

▲ Zunächst stellen Sie die größte Blende (Bild oben), in diesem Fall f3.5, ein, um ein möglichst helles Sucherbild zu erhalten. Die eigentliche Aufnahme kann dann mit der gewünschten Blende (Bild unten, hier als Beispiel f22) durchgeführt werden.

Zunächst ist dabei ein Problem zu lösen: Die Autofokusobjektive verfügen über eine Springblende, die nur bei der Auslösung auf die gewählte Blende von der Kamera eingestellt wird. Danach springt sie wieder zurück und gibt die gesamte Blendenöffnung frei. Damit ist ein helles Sucherbild gewährleistet. Im abgebauten Zustand ist die Blende dagegen geschlossen. Theoretisch könnte man auch ein solches Objektiv in Umkehrstellung benutzen. Dabei müssten aber alle Aufnahmen mit komplett geschlossener Blende durchgeführt werden, oder es müsste eine Möglichkeit gefunden werden, die gewünschte Blende zu arretieren.

Leichter ist es, den recht großen manuellen Objektivpark für das A-Bajonett zu nutzen. Im Folgenden kam das MD Zoom 28-70 mm F3,5-4,8 zum Ein-

▲ ❶ Umkehradapter, ❷ Objektiv, ❸ MD-MA-Adapter, ❹ Protection-Ring, Schutzfilter, ❺ komplette Kombination. Prinzipiell können Sie bereits mit dem Umkehradapter und dem manuellen Objektiv damit beginnen, in den Supermakrobereich vorzudringen. Um das Objektiv zu schützen, sollten Sie aber die Optionen 3–5 ebenfalls nutzen.

Den Makrokosmos ergründen

satz. Diese Objektive verfügen über die Möglichkeit, die Blende von Hand einzustellen. Dadurch ergibt sich ein weiterer, sonst unüblicher Arbeitsschritt: Die Blende muss zunächst geöffnet werden, um ein helles Sucherbild zu erhalten. Haben Sie den entsprechenden Bildausschnitt gewählt und scharf gestellt, können Sie die Arbeitsblende wählen. Diese sollte bei dem starken Abbildungsmaßstab möglichst groß sein.

Der Umkehradapter besitzt auf der einen Seite das Kamerabajonett und auf der anderen Seite ein Filtergewinde, das dem Filtergewinde des zu benutzenden Objektivs entsprechen muss. Für Objektive mit unterschiedlichen Filterdurchmessern ist somit jeweils ein separater Umkehrring notwendig. Der mögliche Abbildungsmaßstab ist vom verwendeten Objektiv abhängig. Je stärker man dabei in den Weitwinkelbereich gelangt, umso größer ist der Lupeneffekt und damit der Abbildungsmaßstab. Die Blendenwerte werden natürlich nicht zur Kamera übertragen und können somit nicht auf dem Display abgelesen werden. Außerdem funktioniert der Autofokus nicht, wobei es in diesem Bereich ohnehin sinnvoller ist, manuell scharf zu stellen. Da die Belichtungsmessung durch das Ob-

▲ Vergleichsaufnahme oben im Abbildungsmaßstab 1:1. Unten Supermakro mit dem MD Zoom 28-70 F3,5-4,5 in Umkehrstellung. Der Abbildungsmaßstab beträgt hier etwa 2:1.

Anspruchsvolle Fotosituationen

jektiv erfolgt, ist eine korrekte Belichtung gewährleistet.

Wichtig ist, dass Sie der α450/500/550 mitteilen, dass sie auch „ohne" Objektiv auslösen darf. Denn da keine Kontakte für die Verbindung Kamera-Objektiv genutzt werden können, verhält sich die α450/500/550 so, als wäre kein Objektiv angesetzt. Um trotzdem diese Möglichkeit nutzen zu können, schalten Sie die α450/500/550 in den manuellen Modus.

◄ Um die α450/500/550 mit dem Umkehradapter nutzen zu können, wählen Sie den manuellen Modus. In den anderen Modi können Sie die α450/500/550 nicht auslösen.

Die Abbildungsleistung ist in Umkehrstellung erstaunlich gut. Dies hängt damit zusammen, dass nur der innere Bildkreis des Objektivs genutzt wird.

▲ Um die Belichtung im Programm M korrekt einzustellen, achten Sie darauf, dass die Markierung über der Null steht. Da eine Blendensteuerung nicht möglich ist, bleibt Ihnen das Verstellen der Verschlusszeit über das Einstellrad. Natürlich können Sie aber auch entsprechende Korrekturwerte einstellen, falls Ihnen die Belichtung nicht zusagt bzw. korrigiert werden muss.

Sinnvolles Makrozubehör

Auf jeden Fall zu empfehlen sind im Makrobereich ein Stativ, ein Einstellschlitten und ein Fernauslöser.

Es sollte schon ein stabiles Dreibeinstativ sein, wenn man nicht gerade Libellen, Bienen o. Ä. verfolgt. Hier tut es auch hilfsweise ein Einbeinstativ, weil man damit wesentlich flexibler und schneller ist. Für präzise Makroarbeiten sind ein Dreibeinstativ und ein belastbarer Stativkopf unerlässlich. Manfrotto, Giotto, Slik, Gitzo und Berlebach z. B. bieten eine gute Auswahl an hochwertigen Stativen an.

Die Mittelsäule sollte nach Möglichkeit demontiert und kopfüber montiert werden können, um auch den Bereich am Boden gut zu erreichen.

▲ Für bodennahes Arbeiten bietet sich ein Stativ wie dieses von Manfrotto an. Die Mittelsäule kann hier kopfüber montiert werden.

Am Stativkopf kann der Einstellschlitten montiert werden. Dieser besitzt die Aufgabe, möglichst feinfühlig den bildwichtigen Schärfepunkt einzustellen. Aufgrund der geringen Schärfentiefe von nur Millimetern wäre das Umsetzen des Stativs der ungünstigere Weg.

▲ Nutzen Sie ein Einbeinstativ, um wie hier gezielt auf bestimmte Motivbereiche korrekt scharf zu stellen. Damit bleiben Sie auch relativ flexibel, was bei sich schnell bewegenden Motiven von Vorteil ist.

Schärfentiefe durch Verschmelzung mehrerer Schärfeebenen

Die Schärfentiefe stellt im Makrobereich meist ein größeres Problem dar. Trotz starker Abblendung erstreckt sich der Bereich der Schärfe, je größer der Abbildungsmaßstab wird, nur auf wenige Millimeter.

Haben Sie die Möglichkeit, vom gleichen Motiv mehrere Aufnahmen zu machen, bieten sich hier Softwaretools wie CombineZ5 oder Helicon Focus an. An dieser Stelle werden die notwendigen Arbeitsschritte am Beispiel von Helicon Focus näher betrachtet.

◀ Novoflex-Einstellschlitten Castel-L. Feinste Kameraverschiebungen sind mit diesem Einstellschlitten möglich.

Anspruchsvolle Fotosituationen

▴ *Trotz kleiner Blende ist das Motiv nicht durchgängig scharf. Abhilfe schafft ein spezielles Softwareprogramm (Originalgröße 2,5 cm).*

> **Förderliche Blende**
>
> Mit förderlicher Blende bezeichnet man die Blende, bis zu der man ohne Einbußen in der Abbildungsleistung des Objektivs abblenden kann.
>
> Ab einer bestimmten Blende machen sich Beugungsunschärfen aufgrund der geringen Blendenöffnung bemerkbar. Gerade im Makrobereich ist es wichtig, auf die förderliche Blende zu achten, da der Abbildungsmaßstab ein wichtiges Kriterium darstellt. Dabei gilt: je größer der Abbildungsmaßstab, desto geringer die förderliche Blende.

1

Zunächst stellen Sie die α450/500/550 auf manuelle Fokussierung und den Blendenprioritätsmodus ein. Als Blende wählen Sie die förderliche Blende, also die Blende, bei der noch keine Unschärfe durch Beugung auftritt.

Diese ist objektivabhängig. Es wird empfohlen, eine Blende im Bereich zwischen f8 und f11 zu wählen. Wichtig ist ebenfalls eine gleichbleibende Motivbeleuchtung. Ein stabiles Stativ ist ohnehin Pflicht.

2

Lesen Sie die angezeigte Belichtungszeit ab. Schalten Sie die α450/500/550 mit dem Moduswahlrad auf M für manuelle Belichtung.

Stellen Sie nun wieder die zuvor gewählte Blende und die abgelesene Belichtungszeit ein.

Dies stellt sicher, dass Sie nicht mit unterschiedlichen Belichtungszeiten arbeiten, die eine ungleichmäßige Belichtung im Endergebnis der Verschmelzung durch Helicon Focus ergeben könnten.

3

Jetzt stellen Sie den Schärfepunkt so ein, dass der Anfang des Motivs scharf abgebildet wird, und machen hiervon eine Aufnahme.

Danach werden weitere Aufnahmen in kleinen, regelmäßigen Schritten so angefertigt, dass man das gesamte Motiv erfasst. Nutzen Sie hierfür am besten den MF-Check-LV-Modus bei 7- bzw. 14-facher Vergrößerung.

4

Anschließend werden die Bilder auf den Computer übertragen, im Programm Helicon Focus über den Menüpunkt *Dateien* ausgewählt und geladen.

5

Sind alle Einzelbilder geladen worden, wählen Sie *Starten* bzw. drücken die Taste `F3`.

Nun startet der Vorgang zum Kombinieren der Bilder, der je nach Computerleistung und Anzahl der Bilder mehrere Minuten dauern kann.

6

In den nächsten Schritten *Retusche* und *Text/Lineal* sind weitere Korrekturen bzw. das Einfügen von Text und einer Skala möglich.

Den Makrokosmos ergründen

7

Zum Abschluss bleiben noch das Speichern des fertigen Bildes und eine eventuelle Weiterverarbeitung in Helicon Filter. Diese Option steht über das Register *Speichern* zur Verfügung.

▲ Helicon Focus bei der Bearbeitung der Einzelaufnahmen, die zu einer Gesamtaufnahme zusammengerechnet werden.

▲ Dank Helicon Focus ist das Motiv nun scharf von vorn bis hinten, was mit einer Einzelaufnahme nicht möglich gewesen wäre.

Optimale Kameraeinstellungen für den Makrobereich

Auch im Makrobereich empfiehlt sich der Blendenprioritätsmodus, um die Blende entsprechend der gewünschten Schärfentiefe wählen zu können. Vorab können Sie die Schärfentiefe mangels Abblendtaste nicht prüfen.

Was Sie durch den Sucher bzw. auf dem Display sehen, ist das Ergebnis der Offenblendenmessung der α450/500/550. Das heißt, die gewählte Blende wird erst nach dem Auslösen durch die Kamera eingestellt. Fertigen Sie also entsprechende Probeaufnahmen an.

◀ Der Blendenprioritätsmodus (A) ist erste Wahl auch im Makrobereich. Per Einstellrad kann die gewünschte Blende gewählt werden.

Benutzen Sie ein Dreibeinstativ, sollten Sie den SteadyShot der α450/500/550 abschalten, da er hier keine Wirkung erzielt.

Der Selbst-/Fernauslöser bietet sich an, um Verwacklungen durch das Drücken des Auslösers zu vermeiden. Die Spiegelvorauslösung, die bei längeren Brennweiten hilfreich wäre, ist leider an der α450/500/550 nicht verfügbar.

Vorsicht bei Langzeitbelichtungen

Sind Langzeitbelichtungen ab einer Sekunde notwendig, sollten Sie darauf achten, dass der Serienbildmodus nicht eingeschaltet ist. Die Rauschunterdrückung arbeitet in diesem Modus nicht und man erhielte unkorrigierte Bilder. Das Gleiche gilt für Serienbildreihen. Die Rauschunterdrückung sorgt dafür, dass nach der eigentlichen Aufnahme ein Dunkelbild mit der gleichen Belichtungszeit angefertigt wird. Mit diesen Informationen rechnet die α450/500/550 das Rauschen heraus, das sonst durch die lange Belichtungszeit entstehen würde.

Anspruchsvolle Fotosituationen

▲ Einstellungsvorschlag für die Makrofotografie mit Dreibeinstativ. Die einzelnen Einstellungen wie Blende, Belichtungsmessmethode etc. passen Sie den Gegebenheiten entsprechend an.

Ausleuchten im Makrobereich

Das Sony-Ringlicht HVL-RLAM und der Sony-Zwillingsblitz HVL-MT24AM (in Kapitel 4 näher beschrieben) sind speziell für den Makrobereich entwickelt worden. Sigma bietet für die α450/500/550 ebenfalls einen Makroringblitz an, den EM-140 DG.

Diese Geräte werden über Adapterringe am Filtergewinde befestigt. Die Steuereinheit sitzt auf dem Blitz- bzw. Zubehörschuh der α450/500/550. Besitzt man ein Objektiv mit drehender Frontlinse beim Fokussieren, ist man dazu gezwungen, zuerst scharf zu stellen und danach die Blitzeinheit auszurichten.

▲ Der Makroringblitz 15 MS-1 digital von Metz unterstützt das entfesselte Blitzen mit Ihrer α450/500/550.

Etwas flexibler lässt sich der mecablitz 15 MS-1 digital von Metz an Ihrer α450/500/550 einsetzen. Diesen können Sie direkt mit dem eingebauten Blitzgerät Ihrer α450/500/550 kabellos steuern oder einen externen Programmblitz verwenden. Mit der mitgelieferten IR-Klammer können Sie den Kamerablitz auch abdecken, falls die zusätzliche Ausleuchtung nicht gewünscht ist.

Für eine feinfühlige Lichtverteilung sorgen schwenkbare Reflektoren (0°–20°), sechs verschiedene Teillichtleistungsstufen und eine Bouncerscheibe, die nach Bedarf angebracht werden kann. Metz hat den Blitz mit einer USB-Schnittstelle versehen, worüber ein Firmwareupdate eingespielt werden kann. Dies stellt sicher, dass der Blitz auch an zukünftige Weiterentwicklungen angepasst werden kann.

▲ Für die Objektive AF 30 mm F2,8 Makro DT und AF 50 F1,8 DT SAM wurde ein spezieller Adapter zum Ansetzen der Ringleuchte HVL-RLAM entwickelt.

Auch das interne Blitzgerät der α450/500/550 ist recht „makrotauglich". Im Zusammenspiel mit dem Kit-Objektiv Sony AF 18-55 mm F3,5-5,6 DT SAM kann es ab etwa 28 mm Brennweite ohne Abschattungen eingesetzt werden. Mit dem Sony/Carl Zeiss Vario-Sonnar AF 16-80 mm F3,5-4,5 DT ZA sind Brennweiten ab 24 mm möglich, wenn ohne die Streulichtblende gearbeitet wird.

▲ Mit dem Sony-Ringlicht HVL-RLAM haben Sie mehrere Möglichkeiten, das Objekt auszuleuchten und wie hier Strukturen herauszuarbeiten. Aufgrund der Lichtstärke ist das Ringlicht vorrangig für sehr nahe Objekte geeignet. Für die Objektivfiltergrößen 49 und 55 mm wird ein Adapter mitgeliefert. Hier können Sie den Ringblitz aufsetzen. Achten Sie auf das richtige Einlegen der Akkus bzw. Batterien. Die Bestückungsreihenfolge wurde unüblich gewählt. Legen Sie die Akkus bzw. Batterien falsch ein, wird das Gerät nicht arbeiten und es ist fast unmöglich, die Gehäuseklappe zu schließen.

Anspruchsvolle Fotosituationen

Auch mit Objektiven, die den Abbildungsmaßstab 1:2 bzw. 1:1 darstellen können, führt das interne Blitzgerät kaum zu Abschattungen, wenn die Streulichtblende nicht montiert wird. Eleganter ist aber das drahtlose Blitzen mit den externen Programmblitzgeräten. Folgende Programmblitze sind zum drahtlosen Blitzen an der α450/500/550 geeignet:

- Sony HVL-36AM
- Sony HVL-42AM

Als Ergänzung zur α450/500/550 empfiehlt sich der extrem kompakte Programmblitz Sony HVL-20AM. Dieser ist sehr handlich und für das Blitzen im Makrobereich gut geeignet. Benötigen Sie hingegen Belichtungszeiten unter der Blitzsynchronisationszeit von $1/160$ Sek., sollten Sie zu einem stärkeren Programmblitz greifen. Mit dem Kit-Objektiv Sony AF 18-55 mm F3,5-5,6 DT SAM kommt es im Nahbereich erst bei etwa 18 mm Brennweite zu leichten Abschattungen.

▼ Diese Aufnahme entstand freihändig mit entfesseltem Sony HVL-58AM und 100-mm-Makroobjektiv.

- Sony HVL-56AM
- Sony HVL-58AM
- Metz mecablitz 28 CS-2
- Metz mecablitz 44 MZ-2
- Metz mecablitz 45 CL-4
- Metz mecablitz 48-AF1
- Metz mecablitz 54 MZ-3
- Metz mecablitz 54 MZ-4
- Metz mecablitz 54 MZ-4i
- Metz mecablitz 58 AF-1
- Metz mecablitz 70 MZ-4
- Metz mecablitz 70 MZ-5
- Metz mecablitz 76 MZ-5
- Metz mecablitz 15 MS-1 (Ringblitz)
- Sigma EF-500 DG ST
- Sigma EF-530 DG ST

Praxistipps im Makrobereich

- Verwenden Sie nach Möglichkeit ein Stativ mit Stativkopf und Einstellschlitten.
- Beim Einsatz eines Stativs schalten Sie den SteadyShot aus.
- Den Fern- bzw. den 2-Sekunden-Selbstauslöser sollten Sie benutzen, um Verwacklungen durch Drücken des Auslösers zu vermeiden.
- Um maximale Schärfe und Brillanz zu erhalten, sollten Sie nur bis zur förderlichen Blende abblenden.
- Bei eingestelltem RAW-Format stehen einem alle Möglichkeiten zur Nachbearbeitung offen.
- Für Belichtungszeiten ab einer Sekunde schalten Sie die automatische Rauschunterdrückung ein, wenn Sie im Einzelbildmodus arbeiten.

9.5 Professioneller Studioeinsatz und Tipps zu Porträts

Aufnahmen von Menschen gehören sicher zu den häufigsten Fotomotiven. Wir halten so Erinnerungen fest, an denen wir uns Jahre später noch erfreuen. Man merkt aber schnell, dass es sich um ein doch recht schwieriges Themengebiet handelt. Nicht allzu viele Aufnahmen schaffen es und gelangen gerahmt an die Wand oder in die Vitrine.

Schwierig ist es vor allem, in einem Foto das Typische von Personen festzuhalten. Auch der Bildaufbau ist wichtig, um ein Bild ansprechend zu gestalten.

Warum gefällt uns eigentlich ein Bild? Studiert man Bildbände oder ist in Ausstellungen von Künstlern unterwegs, stellt man immer wieder fest, dass bestimmte Aufnahmen den Betrachter fesseln. Hier kann man ansetzen und überlegen, wie die Aufnahmen entstanden sind und warum sie diese Bildwirkung ausstrahlen. Vielleicht stellt man nach einer gewissen Zeit fest, dass sich hinter vielem gewisse Gesetzmäßigkeiten verbergen. Andererseits wird man sehen, dass auch Bilder dazuzählen, die keiner dieser Regeln entsprechen und trotzdem in unseren Augen als „gute" Bilder erscheinen. Die folgenden Tipps stellen aus diesem Grund nur eine Empfehlung dar.

Wirkung durch Nähe

Seien Sie mutig und gehen Sie möglichst nah ans Motiv heran. Hier werden wohl die meisten Fehler gemacht. Übersichtsaufnahmen von Porträtierten lassen sie meist wirkungslos erscheinen. Haben Sie also keine Scheu.

Bei fremden Menschen ist es wichtig, sich angemessen zu nähern. Hat man hier das richtige Fingerspitzengefühl, lassen sie sich meist recht gern fotografieren. Wichtig ist dabei, dass sich der Porträtierte wohlfühlt und das auch ausstrahlt.

▲ Bei dieser Aufnahme wirken der diagonale Aufbau und das von der Bildmitte nach rechts verschobene Gesicht (Foto: Lars Müller, www.larsmueller.com).

▼ Der Porträtierte befindet sich außerhalb der Bildmitte, was für die Bildwirkung von Bedeutung ist. Außerdem wurde die Blende so weit wie möglich geöffnet, um ein Freistellen vor dem Hintergrund zu erreichen.

Bildmitte meiden

Nicht selten sieht man Aufnahmen, in denen das Motiv genau in der Bildmitte mit Platz ringsherum platziert wurde. In den allermeisten Fällen wirken diese Bilder langweilig.

Es genügt schon, die Kamera leicht zu schwenken. Lassen Sie dabei etwas mehr Platz in Blick- bzw. Bewegungsrichtung.

Drittel-Regel bringt Spannung

Die Aufteilung der Autofokussensoren wurde von den Sony-Ingenieuren geschickt gewählt. So ist es für den Fotografen einfach, die wichtigen Punkte für die Drittel-Regel zu finden.

Wenn Sie das Sucherbild in drei horizontale und drei vertikale Flächen einteilen, erhalten Sie an den Schnittstellen die entsprechenden Punkte. Hier sollten die Blickpunkte angeordnet sein. Welchen Schnittpunkt Sie dabei wählen, hängt von der Szene ab, die dargestellt werden soll.

▲ Wählen Sie im Menü AF-Feld Lokal aus. Das entsprechende Messfeld können Sie dann am Steuerschalter bestimmen.

Die richtige Ausrüstung

Klassische Brennweiten für Porträts sind 50 mm, 85 mm, 135 mm und 200 mm. Ideal für Brustbildporträts sind 85–135 mm. Sony bietet hierfür die Objektive AF 50 mm F1,4, AF 50 mm F1,8 DT SAM und Planar T* AF 85 mm F1,4 ZA an. Diese sind sehr lichtstark, womit das Freistellen vor dem Hintergrund problemlos möglich ist. Aber auch das Sony/Carl Zeiss Sonnar T* AF 135 mm F1,8 ZA und das Sony STF 135 mm F2,8 [T4,5] bieten sich für Porträts an. Letzteres ist zwar zum manuellen Fokussieren vorgesehen, bietet dafür aber ein herausragendes Bokeh. Zu bedenken ist bei diesen sehr lichtstarken Objektiven, dass je größer die Blende ist, die Schärfentiefe abnimmt. Wenn also neben dem Auge auch die Nase scharf sein soll, muss die Blende entsprechend gewählt werden, um ausreichend Schärfentiefe zu erhalten.

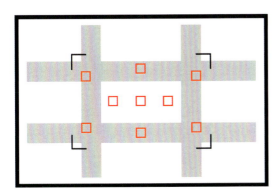

▲ Die Drittel-Regel kann im Sucher bzw. auf dem Display der α450/500/550 sehr gut eingeschätzt werden. Der grau hinterlegte Bereich kommt der Drittel-Regel nahe.

Die Drittel-Regel stellt eine Vereinfachung des Goldenen Schnitts dar, der bereits seit der Antike bekannt ist und für Harmonie im Bild steht.

Ein Stativ ist immer dann nützlich, wenn längere Brennweiten eingesetzt werden und der Fotograf dadurch nicht zu stark in seiner Bewegungsfreiheit eingeschränkt wird.

Lars Müller nutzte hier eine Brennweite von 115 mm und legte die Schärfe auf die Augen. Trotz Offenblende (f2.8) reichte die Schärfentiefe aus, um vor allem Augen, Nase und den Mund scharf abzubilden. Nutzen Sie bei Ihrer α450/500/550 den Blendenprioritätsmodus und wählen Sie eine entsprechend große Blende aus.

Professioneller Studioeinsatz und Tipps zu Porträts

Reflektoren und Blitzgeräte kommen bei nicht idealen Lichtverhältnissen zum Einsatz. Drahtloses Blitzen mit mehreren Blitzgeräten ist mit der α450/500/550 ohne Weiteres möglich, was die Arbeit stark erleichtert.

Möchte man professioneller arbeiten, kommt man um die Anschaffung einer Studiobeleuchtung nicht herum.

Da die α450/500/550 über keinen eigenen Anschluss für Studioblitzanlagen verfügt, benötigen Sie hierfür einen entsprechenden Adapter. Hier ist die α450/500/550 mit einem aufgesetzten Fremdadapter dargestellt. Der Sony-eigene Adapter ist im Handel unter der Bezeichnung FA-ST1AM erhältlich. Er ist zusätzlich mit einer Schutzschaltung ausgestattet und bewahrt Ihre Kamera vor eventuellen Spannungsspitzen der Studioblitzanlage.

▼ Die Einbeziehung des Vorder- und Hintergrunds kann zur Bildwirkung beitragen. Machen Sie mit Ihrer α450/500/550 ruhig mehrere Testaufnahmen mit unterschiedlichen Blenden, um einen idealen Schärfeverlauf zu erhalten (Foto: Lars Müller, www.larsmueller.com).

Um genügend Reserven für die spätere Bildbearbeitung zu haben, sollte das RAW-Format erste Wahl sein. Ein späterer Weißabgleich ist so ebenfalls nachträglich im RAW-Konverter möglich.

▲ Bei Einsatz eines Studioblitzes wählen Sie das Programm M und stellen Blende und Belichtungszeit nach vorher ermittelten Werten ein. Ein Blitzbelichtungsmesser ist für die Ermittlung der Werte sinnvoll. Dieser kann aber auch durch entsprechende Testaufnahmen ersetzt werden.

Die α450/500/550 benötigt den Adapter FA-ST1AM, da sie über keinen eigenen Synchronanschluss verfügt. Studioblitzanlagen können direkt an diesen Adapter angeschlossen werden. Über Funkblitzauslöser, z. B. Dörr RF-125, lässt sich auch die Studioblitzanlage per Funk durch die α450/500/550 auslösen.

Selbst mit mehreren Baustrahlern ab 300 Watt ist es möglich, ein kleines Studio aufzubauen. Hierbei ist aber zu beachten, dass diese mit Halogenstäben arbeiten, die sehr heiß werden.

Um das Licht angenehm weicher zu machen, können Styropor- oder Plexiglasplatten zum Einsatz kommen. Achten Sie in diesem Fall auf den korrekten Weißabgleich. Stellen Sie im Menüpunkt Weißabgleich die Option Glühlampe ein und überprüfen Sie die Ergebnisse.

Groß rauskommen im Ministudio

Für kleinere Gegenstände reicht meist auch ein Ministudio oder ein Aufnahmetisch aus. Man denke z. B. nur an perfekt ins Bild gesetzte Artikel für Onlineauktionshäuser.

Das eingesetzte Objektiv sollte aber Makrofähigkeiten besitzen. Bei einem Abbildungsmaßstab von 1:4 können Sie anfangen und erzielen bei nicht allzu kleinen Gegenständen gute Ergebnisse. Ein Stativ ist in jedem Fall ratsam, da die Blende möglichst weit geschlossen werden sollte, um genügend Schärfentiefe zu erhalten. Trotz Steady-Shot wären Verwacklungen unvermeidbar.

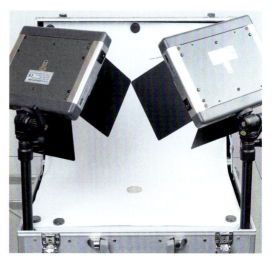

▲ Für die Produktfotografie gut geeignet: ein Ministudio. Mit den Reflektoren können Sie das Licht gezielt führen.

Mit zwei Neonlampen, die meist eine Farbtemperatur von 5.000 Kelvin besitzen, kann für eine ausgeglichene oder akzentbetonte Ausleuchtung gesorgt werden.

Die Lampen lassen sich in fast alle Richtungen schwenken, und mit Abschirmklappen kann das Licht fein dosiert werden.

Professioneller Studioeinsatz und Tipps zu Porträts

▲ Stellen Sie die Farbtemperatur entsprechend der auf den Studiolampen angegebenen Farbtemperatur ein. Sie können natürlich zunächst auch mit dem automatischen Weißabgleich Versuche durchführen. Dieser arbeitet in den meisten Fällen sehr treffsicher.

▲ Einstellungsvorschlag für die Arbeit im Ministudio.

Falls Sie Aufnahmen nicht im RAW-Format anfertigen, stellen Sie nach gedrückter Fn-Taste im Menü die Farbtemperatur fest auf 5.000 Kelvin ein. Auch wenn der automatische Weißabgleich der α450/500/550 sehr gut funktioniert, kann es doch zu leichten Abweichungen kommen.

▲ Kleinste Gegenstände lassen sich sehr gut in einem Ministudio aufnehmen. Ein Makroobjektiv sorgt für einen entsprechend großen Abbildungsmaßstab.

10. Der Workflow mit Sonys Kamerasoftware und Alternativen

Die digitale Fotografie ist ohne die entsprechende Arbeit am PC kaum denkbar, sei es zur Bildarchivierung oder -bearbeitung. Mit Ihrer Kamera haben Sie als Zugabe hierfür von Sony ein leicht verständliches Softwarepaket mit auf den Weg bekommen. Der optimale Workflow wird in diesem Kapitel aufgezeigt. Auch Alternativen zu Sonys Software werden Ihnen nähergebracht und entsprechende Empfehlungen gegeben.

Software

10.1 Was bietet Sonys Kamerasoftware?

Sony liefert mit der α450/500/550 drei Programme zur Archivierung und Bearbeitung der Fotos per Computer aus:

- Picture Motion Browser, eine Anwendung zur leichten Bildübertragung auf den Computer mit einer Bildverwaltung in Kalenderform.
- Image Data Converter SR, einen RAW-Konverter zur Bearbeitung der RAW-Daten der α450/500/550.
- Image Data Lightbox SR zum Anzeigen und Vergleichen sowie zur Bewertung von Bildern.

▲ Installationsfenster nach dem Einlegen der mitgelieferten CD.

▲ Der Startbildschirm erscheint, sobald die Kamera per USB-Schnittstelle mit dem Computer verbunden wird oder im Menü Datei/Bilder importieren gewählt wurde.

Mit dieser Grundausstattung an Software haben Sie für den täglichen Gebrauch eine gute Basis für die Verwaltung und Bearbeitung der mit der α450/500/550 aufgenommenen Bilddateien. Eine Möglichkeit zur Fernsteuerung der α450/500/550 ist allerdings nicht vorgesehen.

Das Hauptanwendungsgebiet des Picture Motion Browser liegt im Import der Bilddateien von der α450/500/550 bzw. der Speicherkarte auf den Computer sowie in der Verwaltung und Archivierung.

Ein paar einfache Bildbearbeitungsschritte, eine E-Mail-Funktion und die Möglichkeit, eine Diashow durchzuführen, wurden ebenfalls integriert.

Perfekte Organisation

Bei der im digitalen Zeitalter auftretenden Bilderschwemme ist es notwendig, seine Aufnahmen gut zu archivieren, um nicht den Überblick zu verlieren. Jeder Fotograf hat hier natürlich seine eigene Arbeitsweise, auch davon abhängig, ob es sich um ein Hobby oder um einen professionellen Anspruch handelt.

Für den Hobby- sowie für anspruchsvollere Fotografen bietet der Picture Motion Browser übersichtliche Funktionen zur sinnvollen Verwaltung der Bilder.

Der Picture Motion Browser legt auf Wunsch einen Index bereits vorhandener Bilder der Speichermedien des Computers an. Ebenso ist eine Registrierung zu überwachender Ordner über den Menüpunkt Einstellungen/Beobachtungsordner möglich. Die gewählten Ordner werden dann auf neue Bilddateien hin überwacht. Wer-

Was bietet Sonys Kamerasoftware?

den neue Dateien gefunden, sortiert der Picture Motion Browser sie entsprechend in die Kalenderansicht ein.

▲ Dialogfenster zur Wahl von Beobachtungsordnern.

Bilder archivieren

Hat man keine Änderungen in den Einstellungen vorgenommen, werden die Bilddateien in einen Unterordner des Windows-Systemordners *Eigene Bilder* kopiert. Der neue Ordner erhält als Namen den aktuellen Tag und wird entsprechend in der Kalenderansicht geführt. Standardmäßig ist in den Importeinstellungen das Kästchen für das Löschen nach erfolgter Übertragung der Bilder auf den Computer deaktiviert. Somit bleiben alle Bilddateien auf der Speicherkarte erhalten. Möchten Sie dies verhindern, um den Speicherplatz für neue Aufnahmen freizugeben, sollte die Checkbox angeklickt werden.

▼ In der Kalenderansicht des Picture Motion Browser findet man die Bilder nach dem Kalendertag angeordnet. Klickt man auf den entsprechenden Tag, werden die Bilder nach der Uhrzeit sortiert angezeigt.

▲ Eine Einstellungsmöglichkeit, die das manuelle Löschen der bereits auf den Computer übertragenen Bilder erspart, findet sich in diesem Dialogfenster.

Leider bietet das Programm keine Möglichkeit, die Dateinamen umzubenennen. Hier muss man sich also mit Namen wie *DSC05378.jpg* begnügen bzw. ein externes Programm benutzen. Für die Einbindung eines solchen Programms steht der Menüpunkt *Manipulieren/Mit externem Programm öffnen/Externes Programm auswählen* zur Verfügung. Hier wurde auch schon automatisch der Image Data Converter SR zur Bearbeitung der RAW-Dateien eingetragen.

Bilder sortieren

Der Picture Motion Browser bietet die Möglichkeit, sich neben der Anzeige der Bilder im Kalendermodus zusätzlich eine Struktur im Ordnermodus anzeigen zu lassen. Da die Bilder im Kalendermodus ohnehin nach Datum und Uhrzeit zu finden sind, ist es sinnvoll, beim Import der Bilddateien einen thematischen Ordnernamen zu vergeben. Hiernach kann dann später über die Funktion *Anzeigen/Ordner sortieren/Ordnername* gesucht werden.

EXIF-Daten vorteilhaft nutzen

Das **Ex**changeable **I**mage **F**ile Format (EXIF) ist ein Standard zum Abspeichern zusätzlicher Informationen direkt in der Bilddatei. Vor der

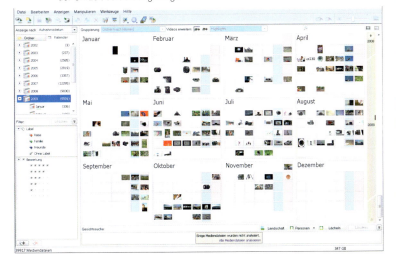

Software

eigentlichen Bilddatei im Dateikopf werden Informationen – sogenannte Metadaten – zu Kamera, Objektiv, Belichtungszeit, ISO-Wert etc. eingetragen. Unterstützt werden dabei die Bildformate JPEG und TIFF. Die α450/500/550 legt diese Daten automatisch an und benutzt die neuste EXIF-Version 2.21.

Die Einträge, die die α450/500/550 dabei anlegt, können mit allen gängigen Bildbearbeitungsprogrammen ausgelesen werden. Allerdings sollte man darauf achten, dass nach dem Speichervorgang die EXIF-Daten erhalten bleiben. Dies handhaben die einzelnen Programme leider verschieden. Wo es früher noch notwendig war, umfangreiche Aufzeichnungen zu seinen analogen Filmen anzufertigen, machen es die EXIF-Einträge dem Fotografen sehr einfach, immer wieder alle notwendigen Daten zur einzelnen Aufnahme parat zu haben. Es ist so viel leichter, Rückschlüsse auf z. B. missglückte Fotos zu ziehen und Erfahrungen aufgrund der Kamera- und Objektiveinstellungen zu sammeln.

EXIF-Daten auswerten

Ein wesentlicher Vorteil der Digitalfotografie ist, dass in den Bilddateien die zugehörigen Aufnahmedaten mitgespeichert werden. So sind Informationen zur Belichtungszeit und Blende, zum ver-

> **EXIF**
> EXIF ist die Abkürzung für **Ex**changeable **I**mage **F**ile **F**ormat. Im Dateikopf der JPEG- bzw. TIFF-Datei werden die entsprechenden Daten mitgespeichert. Eine separate Datei ist also nicht notwendig. Viele Bildbearbeitungsprogramme benutzen ebenfalls diese Informationen, um automatische Veränderungen auf dieser Grundlage durchführen zu können, z. B. zur Beseitigung von Randabschattungen.

wendeten Objektiv, Angaben zur Belichtung etc. festgehalten worden und können über Datei/Informationen zu Mediendateien abgerufen werden.

▲ Übersichtliche Darstellung der Datei- und EXIF-Informationen einer Bilddatei im Picture Motion Browser.

Ein weiterer vor allem im professionellen Bereich eingesetzter Standard zur Speicherung zusätzlicher Bildinformationen ist der IPTC-Standard (**I**nternational **P**ress **T**elecommunications **C**ouncil). Hier können nachträglich durch den Fotografen Informationen wie Bildbeschreibung, Urheber, Schlagwörter etc. hinterlegt werden. Dieser Standard wird nicht vom Picture Motion Browser unterstützt. Hier muss man bei Bedarf auf ein zusätzli-

Was bietet Sonys Kamerasoftware?

ches Programm wie z. B. Pixafe (eine Demoversion kann unter *http://www.pixafe.com/* heruntergeladen werden), Adobe Photoshop Lightroom oder Adobe Photoshop CS4 zurückgreifen.

EXIF-Daten ändern

Eine Änderung der EXIF-Daten ist in den meisten Fällen nicht sinnvoll und wird daher von vielen Programmen nicht unterstützt. Sollte doch einmal die Notwendigkeit bestehen, einige Daten zu ändern, kann man sich dazu z. B. das kostenlose Programm Exif-Viewer unter *http://www.amarra.de* herunterladen.

Das Programm bietet darüber hinaus auch den Export der Daten an die Tabellenkalkulation Excel zur Archivierung und Auswertung an.

Der Picture Motion Browser bietet hinsichtlich der EXIF-Daten nur die Möglichkeit zur Anzeige an. Das Suchen und Ändern von Informationen ist nicht möglich.

Sonys RAW-Entwickler

Mit dem Image Data Converter SR ist es recht einfach, die aufgenommenen RAW-Dateien der α450/500/550 „zu entwickeln", also entsprechend den Wünschen des Fotografen zu bearbeiten und zum Schluss in ein allgemein übliches Dateiformat wie JPEG oder TIFF umzuwandeln.

1

Als Erstes wählen Sie die entsprechende Bilddatei im Rohdatenformat der α450/500/550 (*.arw*) aus und laden sie in den Image Data Converter SR.

2

Mit dem Bild öffnen sich die Anpassungspaletten automatisch. Diese können insgesamt per Tab-Taste abgeschaltet werden.

◄ *Die Bildbearbeitungsoptionen für die RAW-Entwicklung finden Sie in den Paletten. Mit der Tab-Taste lassen sich diese komplett ausblenden. Das kann von Vorteil sein, wenn Sie sich schnell einen Überblick über Ihr Foto verschaffen wollen und mehr Anzeigefläche benötigen.*

Die vorgenommenen Änderungen können für die Bearbeitung weiterer Bilder gespeichert werden. Das ist vor allem dann sinnvoll, wenn mehrere ähnliche Bilder aufgenommen wurden und man nicht jedes Mal von Neuem die Bearbeitung durchführen möchte. Hierzu wählen Sie im Menü *Bearbeiten* die Option *Bildverarbeitungseinstellungen/Kopieren*. Über *Einfügen* können die Einstellungen auf andere Aufnahmen übertragen werden.

3

Entspricht das Foto den Vorstellungen des Fotografen, kann im Menü *Datei/Speichern* die Umwandlung in das TIF- bzw. JPEG-Format vorgenommen werden.

Bildbewertung mit Sonys Lichtkasten

Mit der Image Data Lightbox SR liefert Sony ein Anzeigeprogramm mit Funktionen zum Vergleichen und zum Aufbau eines Bewertungssystems mit.

Software

Das Bewertungssystem ist in fünf Stufen aufgebaut. Sie können, nachdem Sie die Bilder bewertet haben, Bilder einzelner Bewertungsstufen suchen lassen und diese miteinander vergleichen. Die Lightbox indiziert die Dateien in den gewählten Bildordnern und baut dabei eine Datenbank auf. Dies kann bei größeren Bildbeständen mehrere Stunden dauern. Den dabei aufgenommenen Bilderbestand sollten Sie danach in einer Sammlungsdatei über *Datei/Sammlung speichern* sichern, um eine erneute Suche zu vermeiden. Innerhalb einer Sammlung ist es möglich, RAW-Bildern der Version RAW 2.1, wie sie die α450/500/550 liefert, unterschiedliche Bearbeitungsversionen zuzuordnen und in einer RAW-Datei abzuspeichern. Das Programm verfügt über eine Schnittstelle zum RAW-Konverter Image Data Converter SR.

Sonys Programme im Workflow sinnvoll einsetzen

Sonys beigelegte Programme sind so konzipiert worden, dass ein einheitlicher Arbeitsablauf möglich wird. Beispielsweise können Bilder, die in der Data Lightbox SR betrachtet und bewertet wurden, im Image Data Converter SR über den Menüpunkt *Funktionen* geöffnet werden. Auch ist es möglich, Bilder direkt im Image Data Converter SR aus der Data Lightbox SR zu laden. Nutzen Sie hierfür den Menüpunkt *Datei/Aus Sammlung öffnen*.

Der Picture Motion Browser stellt ebenfalls Schnittstellen für die beiden Programme Image Data Converter SR und Data Lightbox SR im Menüpunkt *Manipulieren/Mit externem Programm öffnen* zur Verfügung. Der Arbeitsablauf könnte dabei so aussehen, dass die Dateien von der Kamera im Picture Motion Browser archiviert, im Data Converter SR entwickelt und in JPEG- oder TIFF-Dateien umgewandelt und in der Lightbox verglichen und bewertet werden. Programme wie Adobe Photoshop Lightroom erledigen diese Punkte unkomplizierter innerhalb eines Programms. Wobei man allerdings bedenken muss, dass Lightroom ein kostenpflichtiges Programm ist und Sonys Programme eine kostenlose Beigabe darstellen.

10.2 Softwarealternativen: RAW-Konverter und mehr

Auf dem Softwaremarkt finden Sie eine Reihe von RAW-Konvertern. Einige haben wir geprüft und stellen sie im Folgenden vor.

Adobe Photoshop Lightroom

Adobe bietet mit Photoshop Lightroom einen eleganten und leistungsfähigen RAW-Konverter an. Von Lightroom werden alle Bildformate der α450/500/550 problemlos erkannt und können weiterverarbeitet werden. Lightroom fordert Ihren Computer relativ stark. Besonders das Rendern der Zoomansicht benötigt einiges an Zeit. Unter 1 GByte Arbeitsspeicher sollten Sie möglichst nicht mit Lightroom arbeiten. Zu viele Arbeitspausen müssten hingenommen werden, bis der Computer für weitere Eingaben bereit ist.

Pluspunkte
- Optisch ansprechende Oberfläche.
- Gute Verwaltungsfunktionen großer Bildbestände.
- Detaillierte Entwicklungsmöglichkeiten.

▲ Lightroom bietet Ihnen die wichtigsten Funktionen zur Bildverwaltung und -entwicklung. Optisch ist es ebenfalls gelungen und lässt sich intuitiv bedienen.

- Verarbeitet alle Bildformate der α450/500/550.
- Unterstützt den Workflow mit Photoshop CS4 und Photoshop Elements.
- Sehr gute Vergleichsmöglichkeit „Vorher/Nachher".
- Gute Zusatzoptionen zum Drucken und zur Erstellung von Internetgalerien.
- Erweiterbar per Plug-ins.
- Lokale Änderungen möglich.

Minuspunkte

- Hohe Systemanforderungen, 1 GByte Arbeitsspeicher wird mindestens benötigt.
- Keine Verarbeitung mehrerer unterschiedlich belichteter Bilder zu einem optimierten Gesamtbild (HDR) möglich.
- Nur eingeschränkte Objektivfehlerkorrektur.

Adobe Camera Raw

Adobe liefert neben Lightroom auch einen kostenlosen RAW-Konverter aus. Zwei Varianten werden angeboten: zum einen ein eigenständig arbeitendes Tool, mit dem vorrangig die RAW-Dateien ins DNG-Format überführt werden können, zum anderen ein Plug-in für Photoshop CS4 und Photoshop Elements. Dieses Plug-in stellt beiden Programmen eine Schnittstelle zu den RAW-Dateien der α450/500/550 bereit. Der Funktionsumfang ist gegenüber Lightroom recht spartanisch, wobei aber die Grundfunktionen zur Verfügung stehen.

Pluspunkte

- Hohe Geschwindigkeit.
- Kostenloses Ergänzungswerkzeug.

Software

Minuspunkte

- Einfache Ausstattung bei den Bearbeitungsmöglichkeiten.
- Die Exportfunktion beschränkt sich auf die Konvertierung ins DNG-Format.
- Keine lokalen Änderungen möglich, um z. B. nur bestimmte Stellen im Bild zu bearbeiten.
- Keine Verarbeitung mehrerer unterschiedlich belichteter Bilder zu einem optimierten Gesamtbild (HDR) möglich.
- Hohe Systemanforderungen, 1 GByte Arbeitsspeicher wird mindestens benötigt.

Bibble Pro

Zu den umfangreichen RAW-Konvertern gehört Bibble Pro. Er verfügt zudem über Funktionen zur Korrektur von Objektivfehlern. Einige Konica Minolta-, Sigma- und Tamron-Objektive für das A-Bajonett werden bereits unterstützt. Sonys Objektive werden von der Software im Moment noch etwas stiefmütterlich behandelt. Lediglich das Sony AF 18-70 mm F3,5-5,6 ist in der Objektivdatenbank vorhanden.

Pluspunkte

- Hohe Arbeitsgeschwindigkeit.
- Lokale Bearbeitung möglich.
- Noise Ninja ist bereits integriert, womit eine sehr gute Rauschminderung möglich wird.
- Gutes Highlight Recovery zum Korrigieren überbelichteter Bereiche.
- Durch direktes Einlesen der Verzeichnisse wird kein Import nötig.

Minuspunkte

- Recht unübersichtliche und nicht zeitgemäße Benutzeroberfläche.
- Adobes DNG-Format wird nicht unterstützt.
- Im Moment kaum Unterstützung für Sony-Objektive bei der Objektivkorrektur.

DxO Optics Pro 5

DxO Optics Pro ist ebenfalls ein umfangreiches Programm zur RAW-Konvertierung, das sich auf die Korrektur optischer Fehler spezialisiert hat. Die Liste mit Sony-Objektiven für die Fehlerkorrektur wird ständig erweitert und ist schon recht umfangreich im Vergleich zu den anderen Konvertern.

▲ Moderne und übersichtliche Benutzeroberfläche: DxO Optics Pro.

Pluspunkte

- Moderne Benutzeroberfläche.
- Sehr gute Objektivfehlerkorrektur.
- Export von DNG-Dateien möglich.
- Ausreichende Arbeitsgeschwindigkeit.
- Intelligente Staub- bzw. Fleckenentfernung.
- Recht gute Unterstützung von Sony-Objektiven.

Minuspunkte

- Verlangt hohe Systemvoraussetzungen.
- Benötigte Zeit für den Programmstart könnte kürzer sein.

Bildschutz-Tool

Unter *http://www.bildschutz.de/* kann man ein kostenloses Tool zum Einfügen sichtbarer und unsichtbarer Wasserzeichen herunterladen. Als Wasserzeichen kann beliebiger Text oder auch eine Grafik eingefügt werden. Als Grafikformate können JPEG, BMP, GIF, PNG, TIFF, WMF und EMF zum Einsatz kommen. Untereinander können diese Formate auch konvertiert werden.

▲ *Tool zum Schutz Ihrer Bilder.*

Die Transparenz der eingefügten Texte bzw. Grafiken kann stufenlos eingestellt werden. Auch können Metadaten aus der Bilddatei geholt und eingefügt werden. Eine Stapelverarbeitung überträgt das Wasserzeichen auf mehrere Bilddateien.

10.3 Auf Firmwareupdate prüfen

Bis zum Redaktionsschluss dieses Buches wurde von Sony noch kein Update auf eine neue Firmwareversion angeboten. Auch wurden noch keine Fehler der Software bekannt. Trotzdem kann es sein, dass sich Sony zu einem Update entschließt. Die Hinweise von Sony zum Update sind dann unbedingt einzuhalten, um die Funktion der α450/500/550 nach dem Update sicherzustellen. Wird ein Firmwareupdate von Sony angeboten, sollte man es auch durchführen. Bekannt gewordene Fehler werden dadurch behoben oder auch zusätzliche Funktionen eingefügt.

Wie erfahre ich, welche Firmware auf meiner Kamera installiert wurde?

Die bisherige Vorgehensweise bei den Alpha-Kameras zum Auslesen der Firmwareversion wurde geändert. Sie müssen also nicht mehr die Menü- und dann die DISP-Taste drücken. Sony hat es dem Benutzer einfach gemacht und einen entsprechenden Menüpunkt eingeführt (Einstellungsmenü 3). Im Internet erfahren Sie unter *http://support.sony-europe.com*, ob für Ihre α450/500/550 ein Update angeboten wird.

▲ *Im Einstellungsmenü 3 erfahren Sie, welche Firmware Ihre α450/500/550 besitzt.*

Software

10.4 Mit Geo-Imaging Ihren Bildern Standorte zuweisen

Immer beliebter wird im Hobby- und Profibereich die Zusammenführung von Bilddateien und dem Standort der Aufnahme. Man kann sich so zu jedem Foto mithilfe von Google Maps nach der Fototour den exakten Standort, an dem das Foto aufgenommen wurde, anzeigen lassen und seine Tour zurückverfolgen.

◄ *GPS-Modul CS1 zur satellitengestützten Ortung von Aufnahmedaten.*

Sony bietet hierfür u. a. das Modul GPS-CS1 an. Es genügt, das Gerät einzuschalten, sobald die Tour beginnt oder das erste Foto im Kasten ist. Nach dem Einschalten beginnt die Satellitensuche, und sobald ausreichend Satelliten zur Standortbestimmung gefunden wurden, erscheint die Bereitschaftsanzeige. Das 60 g schwere Modul nimmt nun in regelmäßigen Abständen (alle 15 Sekunden) die Standortkoordinaten und den Zeitpunkt auf.

Mit dem internen Speicher von 31 MByte ist für ca. 14 Stunden Aufnahmekapazität gesorgt. In etwa so lange reicht auch die Batterie des Gerätes.

Nach Hause zurückgekehrt, überträgt man die Bilddateien und die Datendatei des Moduls auf den Rechner. Die mitgelieferte Software GPS Image Tracker vervollständigt die EXIF-Daten der jeweiligen Bilder mit den Koordinaten des Aufnahmezeitpunkts. Im Picture Motion Browser kann man dann in den Kartenmodus wechseln und sich in Google Maps den Aufnahmestandort anzeigen lassen.

RAW-Dateien müssen zunächst in JPEG-Dateien umgewandelt werden, bevor Sie die Koordinaten anfügen können.

Für die α450/500/550 benötigen Sie eine Version ab 1.0.03 des GPS Image Tracker, um eine korrekte Zuordnung der JPEG-Bilder zu erhalten. Diese können Sie unter *http://support.d-imaging. sony.co.jp/www/accy/gps/gps-cs1k/ git_de.html* herunterladen.

> **Modul GPS-CS1 und GPS-CS3KA**
> Die Module sind unabhängig vom jeweiligen Kameratyp einsetzbar. Wechseln Sie also in Zukunft die Kamera, steht Ihnen weiterhin der Funktionsumfang zur Verfügung.

Recht neu ist ein weiteres GPS-Modul von Sony: das GPS-CS3KA.

◄ *Sonys GPS-Modul GPS-CS3KA.*

Mit Geo-Imaging Ihren Bildern Standorte zuweisen

Das Gerät zeichnet die Tracks ebenfalls alle 15 Sekunden auf, bietet aber einen größeren freien internen Speicherplatz von 128 MByte. Ein großer Vorteil des Gerätes liegt darin, den Bildern die Positionsdaten relativ unkompliziert und auch ohne PC zuzuordnen. Hierfür steht ein Speicherkartenfach zur Verfügung. Es müssen also nur die Speicherkarten mit den Bilddateien (nur JPEG-Format) eingelegt werden, und das Gerät erledigt den Rest für Sie. Genutzt werden können der Memory Stick PRO Duo und SD-Speicherkarten. Für den Memory Stick PRO Duo ist jedoch ein Memory-Stick-Duo-Adapter notwendig, der nicht mitgeliefert wird.

Die Akku-Reichweite ist ähnlich der des Vorgängermodells GPS-CS1 und liegt bei etwa 15 Stunden. Das Modul verfügt nun über ein Display und eine Benutzeroberfläche zur Bedienung des Gerätes sowie zur Darstellung der wichtigsten Parameter. So können Sie sich z. B. auch Ihre aktuellen Standortkoordinaten anzeigen lassen. Wichtig ist bei den GPS-Geräten, dass sie schon eine Weile vor dem Fotografieren aktiviert werden, da die Satellitensuche und Standortberechnung einiges an Zeit beanspruchen können. Während der Fototour lassen Sie das Gerät also ruhig eingeschaltet. Es kann sonst vorkommen, dass Ihnen später Positionsdaten zu Ihren Bildern fehlen.

Die beiliegende Software zur Übertragung der Positionsdaten am PC unterstützt sowohl die JPEG- als auch RAW-Dateien der α450/500/550. Die Positionsdaten können aber natürlich nur den JPEG-Dateien zugewiesen werden.

Zwei weitere interessante Programme, die das Geocoding beherrschen, sind Panorado Flyer und Panorado Viewer. Beide können unter *http://www.panorado.com* heruntergeladen werden. Der Panorado Flyer wurde speziell für das Geocoding entwickelt. Er bietet drei Möglichkeiten zur Erfassung der Aufnahmekoordinaten:

- Per Hand über ein Dialogfenster.
- Per installiertem Google-Earth-Client. Hier kann der Standort weltweit auf einer Karte gesucht und dann in den Panorado Flyer übernommen werden.
- Direkt von der Kamera, wobei die wenigsten Kameras im Moment diese Funktion unterstützen. Die α450/500/550 bietet im Zusammenhang mit dem GPS-CS1-Modul diese Funktionalität an.

Der Panorado Viewer bietet noch einen erweiterten Funktionsumfang und unterstützt sehr umfangreiche Bilder ebenso wie Panoramaaufnahmen. EXIF- und IPTC-Daten können bearbeitet werden, und Fotos können u. a. auch nach dem Aufnahmestandpunkt gefunden werden.

Positionsdaten in Lightroom verarbeiten

Nicht wenige Fotografen nutzen Photoshop Lightroom zur RAW-Entwicklung und zur Bildarchivierung. Aus diesem Grund soll auch hier auf die Möglichkeiten von Lightroom eingegangen werden. Von Haus aus unterstützt Lightroom Geotagging momentan noch nicht. Zusatzmodule machen aber auch dies mit dem Programm möglich. Nachfolgend soll der Weg für Lightroom und die α450/500/550 aufgezeigt werden.

Hierfür wird beispielhaft das Plug-in von Jeffrey Friedl vorgestellt. Dieses Zusatzmodul wird regelmäßig weiterentwickelt und kann daher empfohlen werden. Laden Sie es zunächst von der Website *http://regex.info/blog/lightroom-goodies/gps/* auf Ihren Computer.

Um es nutzen zu können, kopieren Sie die entpackte ZIP-Datei in den von Lightroom dafür vorgesehenen Ordner. Dieser Ordner ist je nach Betriebssystem an einem anderen Ort:

Software

- Windows XP: |APPDATA|Adobe|Lightroom|Modules|
- Windows Vista: |User*|AppData|Roaming| Adobe|Lightroom|Modules|
  (*Ihr Benutzername)
- Mac OS X: |Library|Application Support|Adobe| Lightroom|Modules|

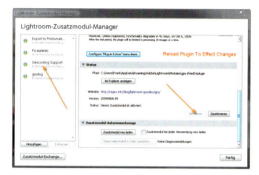

▲ Im Zusatzmodul-Manager ist nach dem Kopieren der Plug-in-Dateien noch eine Aktivierung notwendig.

Nachdem Sie Lightroom neu gestartet haben, sollte das Modul Geocoding Support im Zusatzmodul-Manager erscheinen (*Datei/Zusatzmodul-Manager*). Wählen Sie hier *Geocoding Support* und dann *Aktivieren*.

Der grüne Kreis neben dem Namen des Moduls zeigt Ihnen an, dass das Modul funktionsbereit ist.

Manuelles Zuweisen der Positionsdaten

Auch ohne einen sogenannten GPS-Tracker, der die Daten automatisch aufnimmt, können Sie Ihren Bildern Koordinaten hinzufügen.

1

Zunächst muss der Standort ausfindig gemacht werden, an dem das Bild fotografiert wurde. Wenn Sie mit dem Internet verbunden sind, öffnen Sie im Browser *http://maps.google.de* und suchen den gewünschten Standort.

2

Haben Sie den Standort gefunden, muss er noch an Lightroom übertragen werden. Dazu wählen Sie im Browser oben rechts *Link*. Nun wird der Link zu diesem Standort angezeigt. Markieren und kopieren Sie diesen zunächst in die Zwischenablage ([Strg]+[C]).

3

Wechseln Sie nun wieder zu Lightroom ins *Bibliothek*-Modul. Hier wählen Sie alle Bilder aus, denen Sie diesen Standort zuweisen wollen. Dann wählen Sie *Datei/Zusatzmoduloptionen* und hier *Geoencode*, um das Plug-in zu starten.

4

Wählen Sie das Register *Geoencode Static Location*. In das Feld *Set the location* fügen Sie nun mit [Strg]+[V] den Link aus der Zwischenablage ein.

5

Klicken Sie noch auf die Schaltfläche *Geoencode Images* im unteren Bereich, um den Vorgang abzuschließen.

Mit Geo-Imaging Ihren Bildern Standorte zuweisen

Positionsdaten von GPS-Trackern übernehmen

Besitzen Sie ein Aufnahmegerät für Positionsdaten, einen sogenannten GPS-Tracker, ist es möglich, Ihren Bildern automatisch die entsprechenden Positionsdaten zuzuweisen. Sie können so in einem Zug Ihre gesamte Fototour zwischen den Bildern und den Koordinaten abgleichen. Das funktioniert mit Sonys GPS-Geräten, aber auch einige Handys verfügen über entsprechende Aufnahmefunktionen. Und da man im Allgemeinen sein Handy unterwegs dabeihat, bietet es sich an, dieses auch gleich für das Geotagging zu nutzen. Nachfolgend soll der Vorgang beispielhaft für das Android-Handy G1 gezeigt werden.

1

Für das Android-Handy G1 ist eine entsprechende Applikation notwendig, um die benötigten Daten zu erzeugen. Laden Sie sich im Android Market die kostenlose Applikation MyTracks herunter und installieren Sie diese auf dem Handy.

2

Nachdem Sie MyTracks gestartet haben, sucht das Gerät die verfügbaren GPS-Satelliten und bestimmt Ihren Standort. Nun können Sie *Record track* wählen, um die Positionsdaten aufzuzeichnen, und Ihre Fototour kann gestartet werden.

3

Ist Ihre Fototour beendet, drücken Sie nochmals *Record track* und die Aufzeichnung wird beendet. Nach dem Drücken der Menütaste finden Sie im Bereich *Tracks* Ihre Aufzeichnung der Fototour wieder. Wie kommen nun die Daten vom Handy auf den Computer für die Nutzung in Lightroom?

4

Nach der Wahl des gewünschten Tracks sehen Sie die zurückgelegte Strecke auf dem Display. Unten rechts befindet sich ein Button. Nachdem Sie diesen gedrückt haben, öffnet sich ein Auswahlmenü. Wählen Sie hier *Write to SD card*.

5

Nun steht das Exportformat zur Auswahl. Hier wählen Sie *Save a GPX file*. Danach wird die Datei auf der SD-Karte abgespeichert. Übertragen Sie die Datei auf Ihren Computer. Auf dem Android G1 finden Sie die Datei im Verzeichnis *Tracks* auf der SD-Karte.

6

Starten Sie Lightroom. Im *Bibliothek*-Modul markieren Sie die Bilder Ihrer Fototour. Dann wählen Sie *Datei/Zusatzmoduloptionen/Geoencode*. Im sich öffnenden Fenster wählen Sie das Register *Geoencode from Tracklog*. Im Feld *Sync to tracklog(s)* wählen Sie Ihre Tracking-Datei über *Browse* aus.

7

Zu guter Letzt klicken Sie auf den Button *Geoencode Images*, womit die Positionsdaten aus der Tracking-Datei auf die Metadaten der markierten Bilder übertragen werden.

Nach der Übertragung der Positionsdaten finden Sie die Koordinaten des Fotos im Bereich *Metadaten*, nachdem *Alle Zusatzmodul-Metadaten* ausgewählt wurde. Hier können Sie auch auf den Link neben *Map* klicken, wodurch sich der Internetbrowser öffnet und Google Maps aufgerufen wird. Sie sehen dann den Standort der Bildaufnahme.

11. Zubehör, Kamerapflege und -schutz

Das für Ihre Sony optionale Zubehör wird ständig erweitert und hat bereits ein ansehnliches Ausmaß erreicht. In diesem Kapitel werden zweckmäßige Erweiterungen für die α450/500/550 betrachtet und sinnvolle Einsatzfälle aufgezeigt. Auch kommen der Kameraschutz und die richtige Pflege samt Sensorreinigung nicht zu kurz.

Zubehör, Kamerapflege und -schutz

11.1 Tipps zum Originalzubehör und Alternativen

Sony baut momentan mit großen Schritten das Zubehörprogramm für die Alpha-Serie aus. Neben Objektiven und Blitzgeräten finden sich viele weitere nützliche Dinge, um den Fotoalltag zu vereinfachen.

Sicher und komfortabel im Hochformat arbeiten

Gerade Fotografen mit großen Händen oder häufiger Arbeit im Hochformat sollten sich den Hochformathandgriff VG-B50AM einmal genauer ansehen.

▲ Praktisch: Der Hochformathandgriff bietet neben der erweiterten Funktionalität noch Platz für einen zweiten Akku (NP-FM500H). Eine Verdoppelung der Energiekapazität ist so möglich.

Der Handgriff ist unter den gleichen Einsatzbedingungen wie die der α450/500/550 verwendbar. Durch die Möglichkeit, zwei der NP-FM500H-Akkus zu benutzen, verdoppeln Sie die zur Verfügung stehende Kapazität und erreichen so bis zu 2.000 Aufnahmen ohne Akku-Wechsel. Die α450/500/550 benutzt zuerst immer den Akku, der die niedrige Ladung besitzt, und schaltet erst bei entladenem ersten Akku den zweiten Akku dazu. Das ist auch sinnvoll, da Sie so den entladenen Akku schnell wieder nachladen können und Ihnen ein voll geladener Akku zur weiteren Benutzung zur Verfügung steht. Bis dieser dann wieder entladen ist, dürfte in jedem Fall der andere Akku wieder geladen mit voller Kapazität bereitstehen. Auch wenn Sie den Hochformatgriff über den Schalter ON/OFF abschalten, stehen der α450/500/550 beide Akkus zur Verfügung.

> **Bilddrehung verhindern**
> Standardmäßig merkt sich die α450/500/550 die Bilder, die im Hochformat aufgenommen wurden, und stellt sie um 90° gedreht bei der Bildwiedergabe dar. Auch Bildverarbeitungsprogramme können die Information auswerten und drehen das Bild entsprechend richtig. Vielleicht ärgert Sie genau diese positive Eigenschaft, wenn Sie mit dem Hochformatgriff arbeiten. Denn nun werden die Bilder ebenfalls gedreht. Wenn Sie auf die Taste *Wiedergabe* drücken, sehen Sie das Bild bei Hochformatnutzung der α450/500/550 gedreht und müssen erst die α450/500/550 drehen. Sie haben aber die Möglichkeit, diese Bilddrehung abzuschalten und das Bild bei Bedarf von Hand zu drehen.
>
> ▶ Stellen Sie hierzu im Wiedergabemenü 2 die Option *Wiederg.anzeige* auf *Manuell drehen* um. Im Wiedergabemodus können Sie das Bild dann jederzeit nach Drücken der Fn-Taste mit der AF-Taste manuell drehen.

Bauartbedingt kann es u. a. mit den Objektiven AF 70-200 mm F2,8 G SSM, dem AF 300 mm F2,8 G SSM und dem AF 70-400 mm F4-5,6 G SSM zu Problemen im Bereich der Stativschelle und in der Griffposition mit den Fingern kommen. Drehen Sie in diesem Fall die Stativschelle einfach um 180° nach oben, nach Lösen der Befestigungsschraube. Nutzen Sie hingegen zusätzlich einen Telekonverter, brauchen Sie nichts zu verändern, da

Tipps zum Originalzubehör und Alternativen

in diesem Fall genügend Platz vorhanden ist. Der Handgriff bietet alle notwendigen Bedienelemente ergonomisch für das Hochformat angebracht. Die Stellung Ihrer Hand und der Finger muss somit bei Hochformataufnahmen nicht geändert werden. Ein entspanntes Arbeiten ist gewährleistet.

Ob das zusätzliche Gewicht von ca. 250 g zuzüglich etwa 70 g für den weiteren Akku als negativ gewertet werden soll, müssen Sie Ihren Bedürfnissen entsprechend selbst entscheiden. Profis werden die Arbeit mit dem Hochformathandgriff zu schätzen wissen.

Die α450/500/550 immer im Griff mit der Handschlaufe

Unter der Bezeichnung STP-GB1AM und STP-HS1AM bietet Sony zwei Handschlaufen für die α450/500/550 an. Mit diesen Schlaufen haben Sie die Kamera sicher in der Hand. Die Schlaufe wird zum einen am Stativgewinde und zum anderen an der rechten Öse befestigt.

Suchervergrößerung

Mit dem FDA-M1AM bietet Sony einen Adapter zur Vergrößerung des Sucherbildes an. Er besitzt zudem einen Dioptrienausgleich. Eine etwa 2,3-fache Vergrößerung ist möglich, was gerade im Makrobereich beim manuellen Scharfstellen nützlich ist. Neu ist zudem die Sucher-

▲ Die Sucherlupe FDA-M1AM bietet eine Vergrößerung um das 2,3-Fache.

lupe FDA-ME1AM. Diese bietet eine 1,15-fache Vergrößerung. Sie kann ohne Weiteres direkt auf dem Okular verbleiben und sorgt so für einen gewissen Ausgleich des doch etwas kleinen Sucherbildes der α450/500/550.

Dioptrienausgleich

Korrekturlinsen zum Aufsetzen auf den Sucher sind von Sony in den Stärken +0,5/+1,0/+1,5/+2,0/ +3,0/−1,0/−2,0/−3,0/ −4,0 lieferbar.

Der Dioptrienausgleich ist zwar auch an der α450/ 500/550 direkt und stufenlos einstellbar, der Einstellbereich liegt aber nur im Bereich von −2,5 bis +1 Dioptrien. Durch entsprechendes Kombinieren von Korrekturlinse und kameraseitiger Verstellung sind so auch stärkere Korrekturen möglich.

Displayschutz

Sicher möchten Sie gern das hochauflösende und scharfe Display Ihrer α450/500/550 vor Kratzern und Schlägen schützen. Haben Sie die α450/500/550 wirklich im harten Einsatz, haben Sie die Möglichkeit, eine transparente Folie (PCK-LS7AM) zum Schutz einzusetzen. Wahlweise kann auch eine Kunststoffabdeckung (PCK-LH6AM) an-

▲ Bei blendendem Licht kann das Display teilweise nur eingeschränkt für die Bildwiedergabe genutzt werden. Für diese Fälle bietet Sony einen LCD-Sonnenschutz (SH-L2AM) an. Eine LCD-Schutzabdeckung wurde integriert.

Zubehör, Kamerapflege und -schutz

gesetzt werden. Diese schützt dann zusätzlich vor gröberen Einflüssen. Beide trüben den Genuss des guten Displays kaum und können somit empfohlen werden. Unter der Bezeichnung „GGS" ist am Markt auch ein Displayschutz aus Glas verfügbar. Dieser ist extrem dünn und somit kaum sichtbar, entspiegelt und kratzfest.

Filter

Sony und Carl Zeiss haben sich ebenfalls im Bereich der Filter zusammengeschlossen. Für Durchmessergrößen von 49–77 mm stehen Ihnen somit hochwertige Filter zur Verfügung. Drei Bereiche werden hier im Moment abgedeckt: Mit der Endung CPAM liefert Sony zirkulare Polfilter aus.

▲ Sonys Filterprogramm: Pol-, Grau- und Schutzfilter.

Hinter der Endung NDAM verbergen sich die Neutral(dichte)graufilter. MPAM ist die Endbezeichnung für die reinen Schutzfilter (MC Protector). Allen gemeinsam ist die T*-Beschichtung von Carl Zeiss, die für hervorragende optische Leistung steht. In Kapitel 8.9 wird näher auf diese Filter eingegangen.

Netzteil

Für die α450/500/550 ist ein spezielles Netzteil von Sony lieferbar. Unter der Bezeichnung AC-PW10AM finden Sie dieses im Fachhandel. Nützlich erscheint dieses Netzteil vor allem dann, wenn Sie die Kamera für längere Präsentationen, z. B. am HDMI-fähigen Fernsehgerät, verwenden wollen. Ebenfalls als Netzteil können Sie das Gerät AC-VQ900AM nutzen. Es bietet zudem die Möglichkeit, zwei Akkus nacheinander aufzuladen. Gegenüber dem mitgelieferten Ladegerät steht eine Schnellladeoption zur Verfügung.

▲ Netzteil, um der α450/500/550 permanent Strom zur Verfügung zu stellen (AC-PW10AM). Der Akku kann mit dem Gerät dagegen nicht geladen werden.

11.2 Die Sensorreinigung, aber richtig und sicher

Die α450/500/550 ist zwar mit einem System gegen Staub ausgestattet, trotzdem kann es dazu kommen, dass Staub z. B. beim Objektivwechsel ins Gehäuse gelangt und sich auf dem Sensor festsetzt. Es ist zwar nicht sonderlich schwer, per Software Staubflecken zu retuschieren. Haben Sie aber eine Serie von Bildern, die nachbearbeitet werden müssen, ist das doch recht ärgerlich und man will dem Staub zu Leibe rücken. Besonders Aufnahmen, die mit stark geschlossener Blende fotografiert wurden, zeigen den Staub recht auffällig als Punkte.

▲ Per Software ist es meist kein Problem, die Störungen im Bild durch den Staub auf dem Sensor zu beseitigen. Größere Staubkörner sollten aber per Sensorreinigung entfernt werden. Meist wird der Staub auf dem Sensor erst bei kleineren Blenden, wie hier bei Blende 22, im Bild sichtbar.

Der Blasebalg gehört zu den einfacheren Mitteln gegen den Staub. Sind Sie z. B. ein paar Tage mit der α450/500/550 unterwegs, kann ein Blasebalg notfalls gute Dienste leisten. Mit ihm können Sie versuchen, den Staub aus dem Gehäuse bzw. vom Sensor zu entfernen.

▲ Dieses Utensil ist mit Blasebalg und Staubpinsel ausgerüstet und kann somit universell eingesetzt werden. Zur Sensorreinigung ziehen Sie den Pinsel einfach ab.

Bevor Sie die Reinigung des Sensors in Angriff nehmen, laden Sie den Akku der α450/500/550 vollständig auf. Ohne geladenen Akku verweigert die α450/500/550 die Sensorreinigungsfunktion. Das Minimum stellen drei Akku-Teilstriche dar.

Im schlimmsten Fall könnte der Spiegel zurückschnellen und der Verschluss würde geschlossen. Eine Beschädigung wäre in diesem Fall nicht auszuschließen.

Die Sensorreinigung per Blasebalg

1

Lösen Sie das Objektiv von der α450/500/550 und halten Sie die Öffnung nach unten geneigt.

2

Im Einstellungsmenü 3 wählen Sie den Menüpunkt *Reinigungsmodus* aus. Sobald Sie mit *OK* bestäti-

Zubehör, Kamerapflege und -schutz

gen, wird der Spiegel zurückgeklappt und der Verschluss geöffnet. Der Sensor liegt nun frei.

3

Führen Sie das Ende des Blasebalgs vorsichtig in die Nähe des Sensors. Ein gewisser Sicherheitsabstand muss eingehalten werden, damit er den Sensor in keinem Fall berührt. Pumpen Sie nun einige Male kräftig.

4

Jetzt schalten Sie die α450/500/550 über den OFF-/ON-Schalter aus und setzen ein Objektiv auf das Bajonett.

5

Am besten fertigen Sie noch eine Kontrollaufnahme mit hoher Blendenzahl im Blendenprioritätsmodus gegen den Himmel oder eine neutrale Fläche (siehe auch den nächsten Abschnitt) an. Sind noch immer Flecken zu erkennen, wiederholen Sie den Vorgang oder erwägen eine Feuchtreinigung.

Schritt für Schritt: Sensorstaub erkennen

Abhängig von der gewählten Blende und vom Motiv ist Staub auf dem Sensor mehr oder weniger gut sichtbar. Verwenden Sie die nachfolgende Methode, um auch kleinste Staubflecken sicher ausfindig zu machen.

1

Wählen Sie dazu den manuellen Modus am Moduswahlrad der α450/500/550. Dann stellen Sie die größtmögliche Blendenzahl über das Einstellrad ein und wählen eine Belichtungszeit von 10 Sek. Über die Taste ISO stellen Sie einen ISO-Wert unterhalb von ISO 400 ein, um Störeinflüsse durch Rauschen auszuschließen.

2

Nun stellen Sie an der Kamera bzw. am Objektiv den Fokussiermodusschalter auf MF und drehen den Einstellring am Objektiv auf die Unendlich-Stellung.

3

Jetzt gehen Sie an ein Motiv auf 10 cm heran. Die eigene Handfläche ist z. B. gut als Motiv geeignet. Verwackeln können Sie hier ruhig. Achten Sie nur darauf, dass die Aufnahme nicht völlig überstrahlt ist. Falls Staub auf dem Sensor vorhanden ist, werden Sie diesen auf der Aufnahme sehen. Andernfalls können Sie von einem sauberen Sensor ausgehen.

Wenn Sie schon dabei sind, den Sensor mit dem Blasebalg sauber zu pusten, reinigen Sie auch gleich den gesamten Innenraum. Bleibt dennoch Staub auf dem Sensor, kommen Sie um eine Feuchtreinigung nicht herum.

> **Feuchtreinigung selbst vornehmen?**
> Die Feuchtreinigung ist ein bereits erprobter Vorgang. Eine Garantie kann von unserer Seite jedoch für diese Aktion nicht übernommen werden. Sollten Sie sich die Reinigung nicht zutrauen und Angst um den Sensor haben, können Sie die α450/500/550 auch zu einer Sony-Vertragswerkstatt senden oder einen Fotofachhändler mit dieser Aufgabe betrauen. Rechnen Sie hier mit ungefähren Kosten von mindestens 50 Euro. Auf Tagungen und Veranstaltungen, an denen auch Sony teilnimmt, können Sie auch Glück haben, teilweise werden hier solche Reinigungen als Service vor Ort kostenlos durchgeführt.

11.3 Die Feuchtreinigung für hartnäckigen Schmutz

Lassen Sie sich nicht von diversen Internetgerüchten verunsichern und sparen Sie nicht an der falschen Stelle. Hier liest man von Methanol aus der Apotheke oder wasserfreiem Isopropanol in den unterschiedlichsten Mischungsverhältnissen. Lassen Sie die Finger davon, wenn Sie den Sensor der α450/500/550 nicht gefährden wollen. Verschiedene Firmen (z. B. Dörr mit dem Sensor Cleaning System) bieten professionelle Reinigungssets an. Dieses basiert auf einer Vorreinigung mit Druckluft. Im Gegensatz zum Blasebalg wird dabei ein Unterdruck erzeugt. Mit einer Kanüle saugen Sie so den Staub vom Sensor bzw. aus dem Kameragehäuse.

Zunächst führen Sie alle Schritte wie im Abschnitt „Die Sensorreinigung per Blasebalg" beschrieben durch. Anstatt mit dem Blasebalg den Sensor sauber zu pusten, saugen Sie nun mit der Kanüle den Sensor ab. Halten Sie dabei aber unbedingt den Sicherheitsabstand von 1 mm zum Sensor ein. Sorgen Sie für ausreichend Licht und nutzen Sie, falls vorhanden, eine Uhrmacherlupe. Ist nach diesem Vorgang immer noch Schmutz auf dem Sensor vorhanden, greifen Sie auf die mitgelieferten Schmutzaufnahmestäbchen zurück. Diese reinigen den Sensor mit einer speziellen Flüssigkeit, mit der sie getränkt sind. Anschließend nutzen Sie noch die Trockenstäbchen für die Endreinigung und zur Schmutzaufnahme. Dass der ganze Vorgang in einer möglichst staubfreien Umgebung durchgeführt werden sollte, versteht sich von selbst.

Alternative Reinigungsmethoden

- Absaugen mit dem Staubsauger: Die Sogwirkung eines normalen Haushaltsstaubsaugers ist einfach zu groß. Eventuell können Sie vorsichtig mit einem Minihandstaubsauger arbeiten.
- Feuchtreinigung mit Isopropanol: Isopropanol neigt zur Schlierenbildung und ist daher nicht zu empfehlen.
- Sensor Clean (Fa. VisibleDust): durchaus empfehlenswert, gelegentlich mit leichter Schlierenbildung. Nutzen Sie in diesem Fall zusätzlich Smear Away aus dem gleichen Hause.
- SpeckGrabber: Mit diesem Klebestift lassen sich gezielt einzelne Schmutzpartikel aufnehmen. Für geschickte Reinigungstüftler kann man ihn durchaus empfehlen. Da aber nicht alle Partikel visuell identifizierbar sind, ist es meist ein schwieriges Unterfangen.
- Sensor Brush: Durch statische Aufladung werden diese Reinigungspinsel aufnahmefähig für den Staub gemacht und einfach über den Sensor bewegt. Sie sind leider recht kostspielig in der Anschaffung, aber für lose Staubpartikel

zu empfehlen. Fetthaltiger Schmutz lässt sich jedoch nicht vom Sensor entfernen.
- Brillenputztücher: Hier ist mit Schlierenbildung zu rechnen, deshalb kann man diese feuchten Tücher nicht empfehlen. Chemische Reaktionen mit dem Deckglas des Sensors sind ebenfalls nicht auszuschließen.

11.4 Schutz und Reinigung von Gehäuse und Objektiven

Als erstes Mittel sollten Sie auch hier den Blasebalg einsetzen, um Objektive von Staub zu befreien. Schon kleinste Sandkörnchen könnten auf den teuren Optiken Kratzspuren hinterlassen. Gewöhnen Sie es sich am besten an, nach jeder größeren Fototour zumindest eine Reinigung der Front- und Rücklinse durchzuführen. Man staunt, welche Rückstände sich schon nach einem Tag im Freien bilden können. Mikrofasertücher oder Fensterleder sind gut dafür geeignet, Verschmutzungen zu beseitigen. Etwas Wasser kann bei stark haftendem Schmutz die Reinigung unterstützen. Gut geeignet ist auch ein Lenspen – gerade wenn es um schwer zugängliche Stellen wie z. B. tiefe Rück- oder Frontlinsen geht, die Sie sonst nur mit Mühe erreichen würden.

gedacht und daraufhin optimiert worden. Da zusätzliches Glas vor der Frontlinse allerdings meist mit optischen Einbußen einhergeht, sollten Sie auf eine hochwertige Qualität der Filter achten.

◀ Eine beliebte Methode zum Schutz der Frontlinse vor Kratzern ist ein aufgeschraubter UV-Filter.

Ist die maximale Qualität der Optiken wichtig, sollten Sie auf zusätzliche Filter – wann immer möglich – verzichten. Selbst die hochwertigsten Filter müssen zwangsläufig die Qualität der Optiken mindern. Auch wenn man noch so vorsichtig mit den Objektiven umgeht, werden sich kleine Kratzer im Laufe der Zeit nicht vermeiden lassen. Mehrfach wurde aber schon bewiesen, dass diese Kratzer auf der Frontlinse später auf den Aufnahmen nicht sichtbar sind.

▲ Ein Lenspen eignet sich besonders für fest sitzenden Schmutz auf den Objektiven. Mit ihm erreicht man auch tiefer eingelassene Front- oder Rücklinsen.

Filter als Linsenschutz

Sie möchten sicherlich Ihre teuren Linsen vor Umwelteinflüssen oder Stößen und dergleichen schützen. Besonders beliebt zum Schutz der Frontlinse sind Skylight- oder UV-Filter. Aber auch speziell zum Schutz der Frontlinse entwickelte Filter wie die Filter der MPAM-Serie von Sony sind hierfür geeignet. Letztere sind gerade für diesen Einsatzzweck

◀ UV-Filter der mittleren Preisklasse von Hama. Schärfe und chromatische Aberration blieben beim Einsatz des Filters unverändert. Der Kontrast wurde hingegen etwas gemindert.

Stichwortverzeichnis

A

Abbildungsmaßstab 270, 281
Abblenden.. 80
Actionaufnahmen 53
Actionprogramm.. 97
ADI-Messung 154, 164
Adobe Camera Raw 301
Adobe RGB 168
AEL-Taste 70, 90
AF-A-Modus 48
AF-C-Modus 48
AF-Hilfslicht 38, 46, 69
AF-S-Modus 49
Akku 28
Akkus von Drittanbietern 28
Apochromaten 219
APS-C-Format 13
Archivierung von Bildern 297
Asphärische Korrektur 220
Astrofotografie 255
Aufhellblitz 149, 253
Aufnahmen bei wenig Licht 132
Ausleuchtwinkel 146
Autofokus 44, 57
    Automatik 48
    Live View 14
    Nachführmodus 48, 53
    statischer 49
Automatische Messfeldwahl 55
Automatischer Weißabgleich 177

B

Backfokus 63
Balgengeräte 277
Bayer-Matrix 16
Belichtungskorrektur, manuelle 200
Belichtungsmessung 84
Belichtungsreihen 90, 112
Bewegte Objekte 53, 61, 97
Bewegungsunschärfe 59, 97
Bibble Pro 302
Bilder per Mail senden 209
Bildfolgezeitpriorität 54
Bildgestaltung, Schärfentiefe 71
Bildgröße 24

Bildrauschen 125
Bildschärfe 58
    Stativ 80
    SteadyShot 81
Bildschutz 303
Bildstabilisator 18, 253
Bildstile 197
BIONZ, Image-Prozessor 16
Blende 216
Blendenautomatik 103
Blendenprioritätsmodus 12, 62, 72, 254, 283
Blitzbelichtungskorrektur 154
Blitzen im Studio 165
Blitzgeräte 143
Blitzsynchronisationszeit 23
Blitztechnik 142
Blooming-Effekt 17
Bokeh 74
Bouncer 150
Bulb-Modus 106, 135, 258

C

Chromatische Aberration 259
CIELab-Farbraum 169
Close-up-Diffusor 161
CMOS-Sensor 13
CMYK 170
Cropfaktor 16

D

Dateinamen und Ordner 37
Deadpixel 128
Diffraktion 218
Dioptrien 274
Dioptrienausgleich 22, 311
Displayhelligkeit 40
Displayschutz 311
DNG-Format 208
Drahtlos blitzen 160
Dreibeinstativ 80
Drittel-Regel 289
Druckerkalibrierung 173
Dunkelbild 256
DxO Optics Pro 302

Stichwortverzeichnis

Dynamic Range Increase (DRI) 112
Dynamikbereich-Optimierer 108
Dynamikumfang 106

E

Einbeinstativ 80
Einstelllicht 155
Einstellrad 35
Einstellschlitten 280
Entfesseltes Blitzen 160
EXIF 297
Exif-Viewer 299
Eye-Start-Automatik 39, 48

F

Farbintensität 195
Farbmanagement 171
Farbräume 168
Farbrauschen 123
Farbtemperatur 176
Farbwerte 202
FDRTools 113
Feuchtreinigung des Sensors 315
Filter 312
Fisheye-Objektiv 225
Fn-Taste 34
Fokusbegrenzer 164
Fokusgeschwindigkeit 47
Fokusprobleme 57
Förderliche Blende 282
Frontfokus 63
Funkblitzauslöser 292
Fuzzylogik 85

G

Gegenlichtaufnahmen 88, 120
Geocoding 304
Goldener Schnitt 289
Gradationskurven 191
Graukarte 183
Grauverlaufsfilter 139, 246

H

HDR 110
HDR, vermindertes Bildrauschen 120

Helicon Filter 131
High-ISO-Rauschminderung 126
High-Key-Aufnahmen 192
High-Speed-Synchronisation 104, 161
High Dynamic Range (HDR) 112
Histogramm 187
Hotpixel 136
Hyperfokaldistanz 77

I

ICC-Profile 171
Image Data Converter SR 199, 299
Indirektes Blitzen 150
Individualfunktionen 38
IPTC 298
ISO-Automatik 36, 122
ISO-Rauschen 125
ISO-Werte 122, 256

J

JPEG-Format 24, 208

K

Kamerasoftware 296
Kameraverwacklungswarnung 104
Kamerazubehör 310
Kit-Objektive 32
Kontrastarme Motive 69
Kontrastumfang 89, 106, 113
Kontrastvoreinstellung 194
Konzertaufnahmen 250
Kreativmodus 194
Kreativprogramme 100
Kreativprogramme, Bildstile 199
Kreuzsensor 57

L

Landschaftsaufnahmen 72, 77, 263
Landschaftsprogramm 92
Langzeitaufnahmen 136
Langzeitbelichtung 135, 283
Langzeitbelichtungen bei Tageslicht 138
Langzeitblitzsynchronisation 95
LCD-Helligkeit 40
Leitzahl 142

Stichwortverzeichnis

Lichtarme Situationen 69, 132
Lichter- und Schattenwarner 194
Lichtschwache Objektive 73
Lichtstarke Objektive 134
Lightroom 300
Linsenschutz 316
Lithium-Ionen-Akku 27
Livehistogramm 190
Live View 13, 30
    Autofokus 14
    Weißabgleich 182

M

Makrofotografie 269
    Blitzen 284
    Kameraeinstellungen 283
    Schärfentiefe 281
    Stative 280
Makroobjektive 270
Makroprogramm 98
Makroringleuchte 146
Makrozubehör 280
Manuelle Belichtung 104
Manuelle Belichtungskorrektur 106, 200
Manuelles Scharfstellen 50
MC/MD-Bajonett 235
Mehrfeldmessung 84, 85
Memory Stick 209
Messfeldwahl 55
MF Check LV 51
Ministudio 292
Mired-Wert 176
Mischlichtsituationen 187
Mittenbetonte Messung 85, 87
Moduswahlrad 34
Mondaufnahmen 261
Monitorkalibrierung 173
Motive, gleichmäßige Strukturen 70
Motivprogramme 92

N

Nachführmodus 53
Nachtporträtprogramm 95
Naheinstellgrenze 263, 270
Nahlinsen 273

Neat Image, Rauschreduzierung 129
Neonlampen 292
Neutraldichtefilter 98, 138
Nodalpunkt 267
Normalobjektive 226

O

Objektive 216
    Bildstabilisator 253
    Innenfokussierung 217
    parfokal 76
Objektivtest 238
Okularabdeckung 138

P

Panorama 265
PanoramaStudio 266
Parfokale Objektive 76
Perspektive 263
Phasenvergleichsverfahren 45
Picture Motion Browser 296
Pixelmapping 128
Pixelmapping-Funktion 31
PNG-Format 209
Polfilter 246
Porträt 287
Porträt, Schärfentiefe 97
Porträtprogramm 97
Programm-Shift-Funktion 104
Programmautomatik (P) 100
Programmblitze 45

R

Randabschattung 221, 223
Rauschreduzierung 39
Rauschreduzierung per Software 129
Rauschunterdrückung 136
RAW-Format 25, 193, 206
Retroadapter 277
Ringblitz 284
Rote-Augen-Effekt 156

S

Schärfentiefe 71, 272, 281
Schärfentiefe, Landschaftsbilder 92

Stichwortverzeichnis

Schärfentieferechner 72
Schärfeprobleme 59
Scharf stellen
    außermittige Objekte 70
    gleichmäßige Strukturen 70
    kontrastarme Motive 69
Schlagschatten 149
Schutzfilter 246
Schwarz-Weiß-Modus 194
SD-Karten 209
Sensor 13
Sensorreinigung 312
Serienbildmodus 53, 62
Signaltöne ausschalten 36, 47
Smart-Digital-Telekonverter 30
Sofortwiedergabe 40
Sonnenuntergangsprogramm 93
Spitzlichter 151
Sportfotografie 54
Sportprogramm 97
Spotmessung 85, 88
sRGB 168
Statischer Autofokus 49
Stative 80, 134
Staubschutz 29
SteadyShot 18, 38, 81
    abschalten 20
    Vorteile 18
Steuerschalter 35
Streulichtblende 79, 246
Strichspuraufnahmen 257
Stroboskopblitzen 144, 159
Strom sparen 40
Studioaufnahmen 287
Studiobeleuchtung 291
Sucher 21
Sucherverößerung 311
Superzooms 80
Synchronisation auf den zweiten Verschluss-
    vorhang 153
Szenenwahlprogramme 92

T

Telekonverter 235, 272
Teleobjektive 219, 227, 264
Teleskop 260
Testverfahren für Objektive 238
Thermisches Rauschen 125
Tonemapping 112
Tonwertkorrektur 201, 202
TTL-Vorblitzmessung 164

U

Überbelichtung 188
Unterbelichtung 87, 188
Unterbelichtungswarner 194
USB-Verbindung 40
UV-Filter 246

V

Verschluss 23
Verschlusszeitenprioritätsmodus (S) 97, 103
Verstärkerglühen 136
Verwacklungsunschärfe 59
Verzeichnung 221
Vignettierung 221
Vollautomatik 99

W

Wasserzeichen 303
Weißabgleich 176
    automatisch 177
    halb automatisch 178
    Konzertaufnahmen 250
    Korrektur per Software 184
    Live View 182
Weitwinkelobjektive 224

Z

Zeitautomatik 72
Zerstreuungskreise 78
Zwillingsblitz 146, 284
Zwischenringe 77, 275